新媒体运营
从入门到精通

谭贤 著

人民邮电出版社
北京

图书在版编目（CIP）数据

新媒体运营从入门到精通 / 谭贤著. -- 北京：人
民邮电出版社，2017.3
ISBN 978-7-115-44282-6

Ⅰ．①新… Ⅱ．①谭… Ⅲ．①传播媒介－运营管理
Ⅳ．①G206.2

中国版本图书馆CIP数据核字(2017)第000950号

内 容 提 要

如何写出阅读量超10万的文案？如何快速打造百万级粉丝大号？有哪些工具可以借力营销？

本书从横向理论线和纵向应用线两条主线出发，以图解的方式深度剖析新媒体的特点、技巧、策略、模式和作用等内容，并通过详细介绍罗辑思维、锤子科技和淘宝等30多个新媒体营销案例，让读者全面掌握新媒体营销技巧。

本书结构清晰、案例丰富、实战性强，适合企业新媒体岗位的运营人员或对新媒体感兴趣的其他人员阅读使用，同时也可以作为新媒体专业运营公司或大中专院校的培训教材。

◆ 著　　　　谭　贤
　　责任编辑　恭竟平
　　责任印制　周昇亮
◆ 人民邮电出版社出版发行　　北京市丰台区成寿寺路 11 号
　　邮编　100164　电子邮件　315@ptpress.com.cn
　　网址　http://www.ptpress.com.cn
　　北京虎彩文化传播有限公司印刷
◆ 开本：700×1000　1/16
　　印张：15.75　　　　　　　2017 年 3 月第 1 版
　　字数：293 千字　　　　　2025 年 8 月北京第 41 次印刷

定价：49.80 元

读者服务热线：(010)81055296　印装质量热线：(010)81055316
反盗版热线：(010)81055315

前言

写作驱动

网络的快速发展将新媒体带入一个兴盛的时期，只要是做营销的人，就能够利用互联网或者移动互联网进行新媒体营销，也就能够通过新媒体创作价值。但有些人做得好，有些人做得不好。为什么？其实，那些做得不好的人缺少的只是技巧。在未来的 10 年中，无论哪个行业、哪个领域，无论是 PC 端还是移动端，营销工作都离不开新媒体。

本书是一本以新媒体为核心，以新媒体营销为根本出发点的专著，以图解的方式深度剖析新媒体的特点、技巧、策略、模式和作用等，详细介绍了众多的新媒体案例，如罗辑思维、锤子科技、艺龙网、筹趣网和淘宝等，从各个方面全面解析了 30 多个经典案例。

本书内容将理论线与应用线相结合，从横向理论线和纵向应用线两方面全面解析新媒体！

本书内容

横向理论线
- 运营模式
- 运营方法
- 运营技巧
- 营销模式
- 营销策略
- 营销误区

纵向应用线
- 微博营销
- 微信营销
- 社群营销
- 文案营销
- 粉丝营销
- 工具营销

💡 本书特色

本书主要特色：理论知识与平台运用相结合。

（1）内容丰富，通俗易懂，针对性强。本书体系完整，以新媒体为核心，以平台营销为根本出发点，8 章专题内容包括对新媒体的认识、新媒体的技能、微博、微信、社群、文案、粉丝和工具等，可帮助读者彻底掌握新媒体营销技巧。

（2）突出实用，注重技巧，涉及面广。本书在新媒体的各个方面全面解析了 30 多个与新媒体相关的案例，通过对这 30 多个新媒体案例的分析，以全图解的方式提炼出专业的营销技巧，一步一步指导读者轻松、快速地做好新媒体营销。

📖 图解提示

本书是一本侧重新媒体营销的实战宝典，采取全图解的方式进行分析。图解能够方便读者把握重点，让读者通过逻辑推理快速了解核心知识，降低阅读成本。读者在阅读过程中需要注意图解的逻辑关系，根据图解的连接词充分理解图解想要表达的重点，获得更好的阅读效果。

👤 作者售后

本书由谭贤著。参与编写的人员还有谢芬、胡杨等人，在此表示感谢。由于作者知识水平有限，书中难免有错误和疏漏之处，恳请广大读者批评指正，联系邮箱：feilongbook@163.com。

目录 | Contents

第 1 章　新媒体——新时代的制胜宝典

1.1　认识新媒体 / 2

1.1.1　什么是新媒体 / 2

1.1.2　新媒体分类 / 2

1.1.3　新媒体特点 / 6

1.2　新媒体与自媒体 / 7

1.2.1　有关自媒体 / 7

1.2.2　自媒体发展趋势 / 7

1.2.3　新媒体与自媒体的区别 / 8

1.3　新媒体人员的基本素质 / 8

1.3.1　了解新媒体 / 8

1.3.2　具备"网感"和灵感 / 9

1.3.3　写作和策划能力 / 10

1.3.4　具备良好心态 / 10

1.4　新媒体运营的常用思维 / 10

1.4.1　粉丝思维 / 10

1.4.2　平台思维 / 11

1.4.3　营销思维 / 11

1.4.4　病毒式传播思维 / 11

1.5　移动新媒体的发展机遇 / 12

1.5.1　移动新媒体的发展 / 12

1.5.2　为传统媒体带来机遇 / 13

1.5.3　微信、微博营销登上舞台 / 13

1.6　企业新媒体的运营流程和策略 / 14

1.6.1　企业新媒体营销团队的构成 / 14

1.6.2　新媒体线上与线下的配合流程 / 14

1.6.3　企业新媒体的整合运营策略 / 15

第 2 章　技能篇——新媒体编辑需知的技能

2.1　寻找热点选题 / 19

2.1.1　搜狗搜索：大部分的干货和干货材料都在这 / 19

2.1.2　西瓜公众号助手：收录了 200 万 + 的公众号 / 19

2.1.3　搜狐新闻、今日头条、新浪微博等媒体平台 / 20

2.2　基本内容编辑 / 21

2.2.1　草料二维码：快速生成及制作二维码 / 21

2.2.2　135 编辑器：实用的图文素材排版编辑器 / 21

2.2.3　快站微信编辑器：多图文编辑、一键同步 / 22

2.3　精彩图文设计 / 23

2.3.1　截图工具：快速对图片进行基本编辑 / 23

2.3.2　美图秀秀：简单易上手的小工具 / 24

2.3.3　Photoshop：专业的图片编辑工具 / 24

2.4　视频音频编辑 / 25

2.4.1　视频 GIF 转换：快速把视频切成 GIF / 25

2.4.2　Camtasia Studio：计算机屏幕录制编辑软件 / 27

2.4.3　Shou：手机屏幕录制软件 / 29

2.4.4　音频编辑器：手机上的全面音频编辑工具 / 29

2.4.5　Replay：专业的视频后期处理软件 / 29

2.5　营销文案策划 / 30

2.5.1　第一范文网：提供范文参考 / 30

2.5.2　Office：文案策划必备工具 / 31

2.5.3　PopClip：强大的文本扩展工具 / 32

2.5.4　Paste：强大的复制粘贴工具 / 32

2.5.5　爱墨：最好用的文案采集软件 / 33

2.6　线上活动策划 / 34

2.6.1　Liveapp：移动 APP 场景应用平台 / 34

2.6.2　品趣：社会化媒体营销软件 / 34

2.6.3　Vxplo：专注在线交互设计 / 35

2.6.4　Epub360 意派：满足个性化设计需求 / 36

2.6.5　易企秀：针对移动互联网营销的手机工具 / 36

2.7　H5 海报制作 / 37

2.7.1　搜狐快站：可视化建站工具 / 37

2.7.2　初页：快速创作有特效的初页 / 38

2.7.3　MAKA：HTML5 数字营销创作及创意平台 / 39

2.8　寻找其他平台 / 39

第 3 章　微博篇——八面"微"风的媒体时代

3.1　了解微博营销 / 42

3.1.1　什么是微博营销 / 42

3.1.2　微博营销的特点 / 43

3.2 微博运营的商业战略意义 / **44**

3.2.1 帮助企业了解消费者 / 44

3.2.2 为企业提供服务平台 / 47

3.2.3 加速企业的品牌推广 / 47

3.2.4 为企业处理危机公关 / 48

3.2.5 推进企业展开促销活动 / 49

3.3 微博营销策略 / **49**

3.3.1 基本设置技巧 / 50

3.3.2 推广内容技巧 / 52

3.3.3 标签设置技巧 / 53

3.3.4 提高粉丝技巧 / 54

3.3.5 品牌营销技巧 / 55

3.3.6 互动营销技巧 / 56

3.3.7 硬广告营销技巧 / 58

3.3.8 公关服务技巧 / 58

3.3.9 话题营销技巧 / 59

3.4 微博运营的误区 / **60**

3.4.1 微博适用所有企业及产品 / 61

3.4.2 把微博作为唯一的营销平台 / 62

3.4.3 微博帖子的撰写十分容易 / 62

3.4.4 每天发帖就算营销完成 / 63

3.4.5 转发量大就算达到效果 / 64

3.5 微博运营的案例 / **64**

3.5.1 快书包：全员微营销 / 65

3.5.2 凡客：粉丝团话题营销 / 66

3.5.3 海底捞：微博传递出的服务精神 / 67

3.5.4 康师傅："二次元"微博方便吗 / 68

3.5.5 百事："把爱带回家" / 69

第 4 章　微信篇——最接地气的媒体运营

4.1　了解微信营销 / 71

4.1.1　微信营销的特点 / 71

4.1.2　微信营销的作用 / 72

4.2　微信运营模式 / 72

4.2.1　扫一扫 / 73

4.2.2　查看附近的人 / 74

4.2.3　漂流瓶 / 76

4.2.4　微信公众平台 / 78

4.3　微信运营的商业价值 / 79

4.3.1　微信号：你的身份标志 / 80

4.3.2　微信公众账号：销售渠道多元化 / 80

4.3.3　自由度：迅速与好友互动 / 81

4.3.4　定位：专属你的交易记录 / 81

4.3.5　微信游戏化：手机社交游戏有价值 / 82

4.3.6　形成闭环 O2O：线上线下融合 / 83

4.3.7　打造一个轻量版的 APP Store / 83

4.4　微信推广运营的方法 / 84

4.4.1　微信公众号做好内容定位 / 84

4.4.2　微信尽快完成认证 / 84

4.4.3　灵活利用所有线上线下推广渠道 / 84

4.4.4　搭建自定义回复接口 / 85

4.4.5　策划大量有奖互动活动 / 85

4.5　朋友圈五大运营模式 / 85

4.5.1　代理模式 / 86

4.5.2　直营模式 / 86

4.5.3　淘宝营销 / 87

4.5.4　O2O 模式 / 87

4.5.5　品牌模式 / 87

4.6　微信营销的八大误区 / 88

4.6.1　不注重粉丝的质量 / 88

4.6.2　不了解互动的形式 / 88

4.6.3　错误理解微信 APP / 89

4.6.4　过度地推送微信消息 / 90

4.6.5　随意地编写微信内容 / 91

4.6.6　把朋友当作营销桥梁 / 92

4.6.7　单一无趣的微信广告 / 93

4.6.8　盲目地开发功能 / 94

4.7　微信运营案例 / 95

4.7.1　圣诞帽：病毒式营销 / 95

4.7.2　温馨提示：一张图片引发的刷屏 / 95

4.7.3　小草发夹：头上长草啦 / 96

4.7.4　神州专车：Beat U，我拍黑专车 / 97

4.7.5　艺龙网：互动式推送微信 / 98

4.7.6　筹趣网：筹话费活动 / 98

4.7.7　魔漫相机：朋友圈疯狂涨粉 / 98

4.7.8　星巴克：音乐推送 / 99

第5章　社群篇——充满魅力的传播媒体

5.1　了解社群运营 / 101

5.1.1　什么是社群运营 / 101

5.1.2　社群运营的特点 / 104

5.1.3 社群运营的优势 / 106

5.1.4 社群运营的方式 / 109

5.2 社群经济时代的商业趋势 / 110

5.2.1 粉丝 + 社群 = 用户 / 111

5.2.2 用户的创造 = 企业的制造 / 112

5.2.3 众筹 = 角色转换 / 114

5.2.4 社群 + 情景 = 触发 / 116

5.2.5 实时响应 + 服务 = 营销 / 118

5.2.6 数据 + 协同 = 打破边界 / 121

5.3 移动社群时代来临 / 121

5.3.1 基于用户的演变而来的移动社群 / 121

5.3.2 手机移动互联网与用户体验 / 123

5.3.3 移动"Google +"的社群服务 / 124

5.3.4 打造"用户至上" / 125

5.3.5 社群需要场景来深入人心 / 127

5.3.6 深入目标客户群才能实现精准社群 / 128

5.3.7 移动社群离不开内容营销 / 128

5.3.8 移动社群的传播是吸铁石 / 128

5.4 互联网下的"社群经济" / 129

5.4.1 粉丝与社群共存亡 / 129

5.4.2 CBMCE 模式：粉丝团的指引 / 129

5.4.3 社群之饥饿和病毒营销 / 130

5.5 社群运营案例 / 130

5.5.1 天鸽：互动式社群营销 / 131

5.5.2 小米：QQ 空间引爆营销 / 131

5.5.3 锤子手机：基于心智连接下的社群 / 132

5.5.4 MyBMWClub：建设高黏度的社群圈 / 132

5.5.5 Facebook：疯狂社群营销 / 133

5.5.6　QQ 兴趣部落：基于兴趣的社群营销 / 134

第 6 章　文案篇——新媒体人士的必备技能

6.1　文案组成和要求 / 136

6.1.1　文案的直接构成 / 136

6.1.2　创造文案的要求 / 137

6.2　文案的标题类型和技巧 / 142

6.2.1　文案标题的类型 / 142

6.2.2　文案标题的撰写技巧 / 146

6.3　文案创作者的要求 / 152

6.3.1　文案写作的方法 / 152

6.3.2　网络文案的要求 / 153

6.3.3　可控的文字能力 / 153

6.4　文案写作的思维逻辑 / 154

6.4.1　写作思路循序渐进 / 154

6.4.2　以读者思想为核心 / 155

6.4.3　突出文案内容中心 / 155

6.4.4　善于运用词语短句 / 156

6.4.5　以通俗易懂为重点 / 157

6.4.6　专业术语的适当性 / 157

6.5　文案的专业表现手法 / 158

6.5.1　有格局的精准文案 / 158

6.5.2　无装饰的精巧文案 / 158

6.5.3　突出式的简短文案 / 159

6.5.4　通过故事引人入胜 / 160

6.5.5　注重韵律斟酌表现 / 160

6.5.6　华丽型的地产文案 / 161

6.6　文案运营的趋势 / 162

6.6.1　打造内容性产品 / 162

6.6.2　内容成为体验一环 / 162

6.6.3　普通人影响普通人 / 162

6.6.4　抓住"二次元"群体 / 163

6.6.5　多形态的细分化媒体 / 163

6.6.6　内容与技术融合 / 163

6.6.7　打造"职业 UGC" / 163

6.7　文案媒体运营的案例 / 164

6.7.1　锤子科技："文青版坚果手机" / 164

6.7.2　士力架：包装上的饥饿文案 / 165

6.7.3　印度精品茶：茶盒和诗 / 165

6.7.4　欧莱雅：打造"内容工厂" / 166

6.7.5　700Bike：用内容传递生活方式 / 166

6.7.6　John Lewis：用孩子的视角讲故事 / 166

6.7.7　淘宝："双十二"的二次元动态漫画海报 / 166

6.7.8　德克士：B 站大神自制搞笑视频 / 167

6.7.9　杜蕾斯：在社交媒体上广布 Touch Points / 168

6.7.10　百度全景尼泊尔古迹复原行动 / 168

6.7.11　淘宝：解读小众文化潮流趋势 / 168

6.7.12　Cinemagraph：视觉营销利器 / 169

第7章　粉丝篇——将人口红利转为商业驱动

7.1　粉丝的世界，粉丝做主 / 171

7.1.1　新媒体时代的变化 / 171

7.1.2　粉丝互动的 4 个特点 / 171

7.2 粉丝经济的 4 个重构 / 172

7.2.1 社会资本与信任关系 / 172

7.2.2 自组织网络与口碑推荐 / 173

7.2.3 互惠关系与消费者驱动的 C2B / 174

7.2.4 社交对话与虚拟自我 / 175

7.3 吸引粉丝的七大诀窍 / 175

7.3.1 定位：找准目标消费群体 / 175

7.3.2 内容：精致的内容和互动 / 176

7.3.3 活动：快速吸引粉丝关注 / 177

7.3.4 游戏：充满趣味的植入营销 / 177

7.3.5 认证：让商家获取粉丝信任 / 178

7.3.6 CRM：拥有二次营销能力 / 179

7.3.7 精准：一对一的个性化营销 / 179

7.4 八大策略教你如何增加粉丝 / 179

7.4.1 微博群发 / 180

7.4.2 摇一摇，漂一漂 / 180

7.4.3 头像换一换 / 181

7.4.4 广告扫一扫 / 182

7.4.5 活动推广 / 182

7.4.6 以号养号 / 183

7.4.7 合作互推 / 184

7.4.8 线下推广 / 185

7.5 粉丝运营模式 / 185

7.5.1 与粉丝互动是增加粉丝的基础 / 186

7.5.2 学会使用网络工具，让粉丝具备"凝聚力" / 186

7.5.3 互联网的部落时代：如何运营好你的粉丝 / 187

7.5.4 网络推广：百万粉丝的运营秘诀 / 187

7.5.5 超越粉丝的期望值 / 188

第8章 工具篇——新媒体以小博大的妙境

8.1 微信公众平台：再小的个体也有自己的品牌 / 191

8.1.1 首先要注重用户定位 / 191

8.1.2 了解公众号的内容特点 / 191

8.1.3 学会使用 QQ 功能推广 / 192

8.1.4 公众号之百度贴吧推广 / 192

8.1.5 通过品牌设计吸引人 / 193

8.1.6 必须掌握的营销方法 / 194

8.1.7 诱导粉丝多次消费 / 199

8.1.8 引导粉丝尝试购物 / 199

8.1.9 为粉丝打造极致体验感 / 199

8.1.10 公众号运营的几大忌讳 / 200

8.2 二维码：全新的数字化媒体运营模式 / 201

8.2.1 二维码的制作要点 / 201

8.2.2 二维码的推广途径 / 223

8.2.3 二维码营销的方法 / 223

8.2.4 选择正确的制作功能 / 223

8.2.5 追踪二维码营销效益 / 224

8.2.6 彩色二维码 / 224

8.2.7 二维码的营销平台与渠道 / 225

8.2.8 如何创意改造二维码 / 225

8.2.9 企业 APP 的五大用户体验要素 / 225

8.3 APP：解密如何抢占媒体移动端入口 / 226

8.3.1 创新营销战术：理论与实际相结合 / 226

8.3.2 抢占推广渠道：线上线下与新媒体 / 226

8.3.3 攻心为上的策略：留住用户的 3 种计谋 / 226

8.3.4 亮点的创意设计：展现 APP 的独特价值 / 227

8.3.5 剖析精准数据：流量变现的技巧 / 227

8.3.6 把握话题营销：创意成就 APP 热点 / 227

8.3.7 分流微信攻略：把握入口赢得市场 / 228

8.3.8 成就高质口碑：APP 与口碑营销的结合 / 228

8.4 微电影：兼顾商业和大众舆论 / 229

8.4.1 新媒体时代的微电影传播特点 / 229

8.4.2 微电影在新媒体时代的机遇 / 229

8.4.3 微电影在新媒体时代的挑战 / 230

8.4.4 微电影的传播策略 / 230

8.4.5 微电影的营销策略 / 231

8.4.6 微电影的营销技巧 / 231

8.5 微视频：新时代的引爆方式 / 231

8.5.1 微视频的发展 / 231

8.5.2 微视频的特点 / 232

8.5.3 微视频的营销策略 / 232

8.5.4 移动微视频的营销技巧 / 232

8.5.5 微视频的营销原则 / 233

8.6 大数据：如何做新媒体运营 / 234

8.6.1 大数据时代的新媒体 / 234

8.6.2 新媒体指数 / 234

8.6.3 大数据的营销价值 / 234

8.6.4 大数据带来的机遇和挑战 / 235

8.6.5 大数据中获取的优势 / 235

第1章

新媒体——新时代的制胜宝典

学前提示

移动互联网的发展，不仅促进了报纸、电视等传统媒体的转型，也催生了一种新型的媒体形式——新媒体的出现。在新媒体迅速发展的当下，各大行业的参与者也开始采用新的营销手段来提升自身的影响力。本章主要对新媒体进行简单介绍，进而探究它的发展机遇。

要点展示

- ≫ 认识新媒体
- ≫ 新媒体与自媒体
- ≫ 新媒体人员的基本素质
- ≫ 新媒体运营的常用思维
- ≫ 移动新媒体的发展机遇
- ≫ 企业新媒体的运营流程和策略

1.1　认识新媒体

在移动互联网迅速发展的当下，新媒体作为一种新的媒体形态应运而生。它不仅对传统媒体产生了很大的冲击，也为其他行业的发展提供了新的营销平台。本节主要带领大家一起认识新媒体，帮助读者了解新媒体运营的基础知识。

1.1.1　什么是新媒体

目前，对新媒体的定义主要包括以下两个方面。

（1）狭义上，新媒体是继报纸、广播、电视等传统媒体之后，于最近几年发展起来的一种新的媒体形态，主要包括网络媒体、手机媒体、数字电视等，它是相对传统媒体而言的。

（2）广义上，**新媒体指的是在各种数字技术和网络技术的支持下，通过计算机、手机、数字电视机等各种网络终端**，向用户提供信息和服务的传播形态，其特点是一种媒体形态的数字化。

总之，**相比传统媒体来说，新媒体更偏重于为受众提供个性化的服务**。在注重个性化的同时，它也为传播者和受众提供了一个可以交流的平台。如微博、微信等都属于新媒体的具体表现形态。

1.1.2　新媒体分类

目前，由于划分标准不一，所以业界对新媒体的分类还没有做出完全硬性的规定。但是，就目前行业的发展来说，最具代表性的当属科技博客、手机媒体、IPTV、数字电视、移动电视、微博、微信这七大类，其中，微博、微信在新媒体运营方面的发展最为火热。

下面对新媒体的这七大类型进行具体介绍。

1. 科技博客

科技博客是发展比较早的一类新媒体的代表，属于众多博客中一个比较强大的分支。博客的文章大多由一些从业者或行业的专家凭兴趣进行撰写。因此，科技博客里的文章的最大特点是以业余的形式展现专业的知识。

最具代表性的科技博客是 Tech Crunch，图 1-1 所示为 Tech Crunch 的官方网站界面。

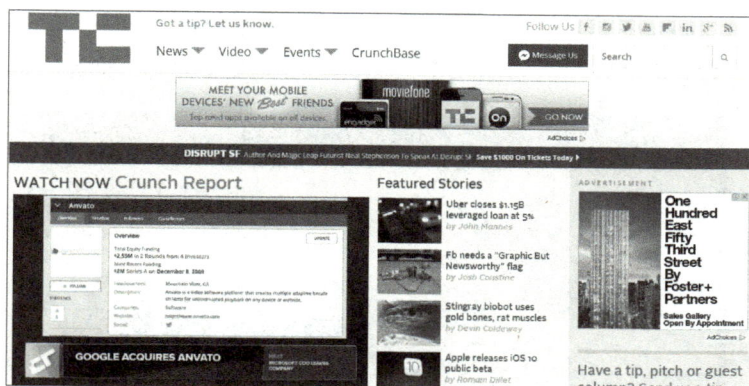

▲ 图 1-1　Tech Crunch 的官方网站页面

2. 手机媒体

　　如今，对每一个手机用户而言，手机早已不只是一个用来通信的工具，也是人们认识世界、了解世界、发现世界的新通道，人称"第五媒介"。一般来说，手机用户除了用手机与他人联系外，还会订阅手机报、书刊、杂志等。各种电子版的书稿成为人们获取知识的重要来源。

　　现在看来，也许很多人会认为手机报、电子书刊、杂志早已过时，但是也不能完全否定它所潜在的消费市场。图 1-2 所示为手机用户用手机看书的形象图。

▲ 图 1-2　手机用户用手机看书的形象图

3. IPTV

　　IPTV（Internet Protocol Television）指的是一种交互网络电视，是互联网和传统电视的结合。它不再是以固有的传播者与受众的定位来进行传播，而更偏重于两者之间的互动，以实现共享和移动。中国移动、中国联通、中国电信都在不断努力打造新型的 IPTV，以获得竞争优势，其中，中国电信 IPTV 的软终端界面如图 1-3 所示。

▲ 图 1-3 中国电信 IPTV 的软终端界面

4. 数字电视

数字电视是新媒体的重要代表之一。随着数字电视用户的不断增加，数字电视的产业链也在不断地完善与发展。如今，虽然年轻人更偏向于网络平台，但是对中老年人来说，他们还是更偏向于看电视。因此，商家在销售数字电视时应该打开老年人市场。图 1-4 所示为数字电视的界面图。

▲ 图 1-4 数字电视的界面图

5. 移动电视

作为一种新兴的媒体形态，移动电视覆盖面广、移动性强，"强迫收视"是其最大的特点。受众不仅可以借助移动电视欣赏相关的娱乐节目，还可以从中获取城市的应急信息。移动电视一般出现在公交车或地铁上，图 1-5 所示为公交车上的移动电视。

▲ 图 1-5　公交车上的移动电视

6. 微博

微博是继新媒体发展后新兴的一种媒体形态，它通过一对多的互动交流方式，以及快速广泛传播的特性，为企业带来了良好的推广平台，图 1-6 所示为新浪微博的界面图。

▲ 图 1-6　新浪微博的界面图

7．微信

　　微信，作为一种新的生活方式，远远超越了社交媒体交流平台的定义。从免费的短信聊天功能，到最火热的语音交流体验，再到"摇一摇""搜索号码""附近的人""扫二维码"等功能的增加，微信为广大用户提供了更多的信息传播渠道，同时这些功能也给用户带来了全方位、高品质的服务体验。除此之外，微信还有很多功能，用户还可以将看到的精彩内容分享到微信朋友圈，如图 1-7 所示。

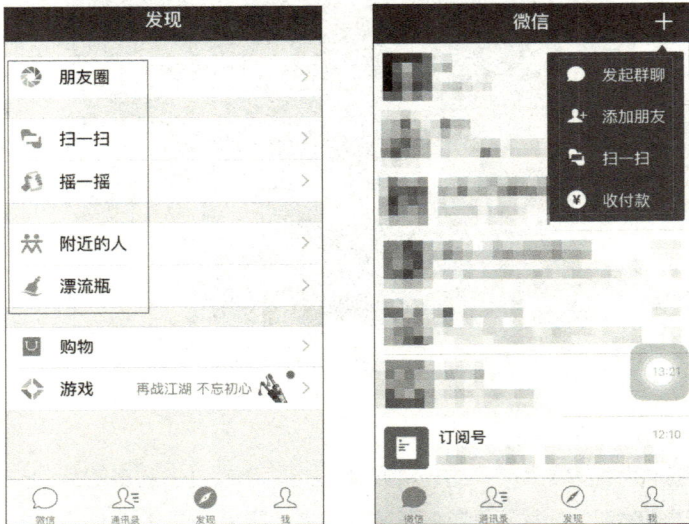

▲ 图 1-7　微信的功能

1.1.3　新媒体特点

　　随着新媒体的不断发展，它所呈现的形式主要包括微博、微信、论坛等。由此可见，新媒体多偏向于自媒体方面的发展。从现在主要的新媒体表现形式来看，新媒体具有以下 5 个特点。

1．传播方式：双向化

　　新媒体的传播方式是双向传播。它改变了传统媒体"传播者单向发布、受众被动接受"的状态，使每个受众既是信息的接受者，又扮演着传播者的角色。这样便于信息的互动传播，增强传播效果。

2．接收方式：移动化

　　新媒体是在移动互联网的基础上发展而来的，因此，受众在接收信息时带有明显的移动化特性，从而摆脱了固定场所的限制。

3. 传播行为：个性化

从微博、微信等新媒体的传播方式可以看出，人人既可以是接收者，也可以是传播者。每一个人不管是作为传播者还是受众，都可以自由地发布观点、信息等。这就是新媒体在传播行为上的个性化特征。

4. 传播速度：实时化

在互联网技术的支持下，新媒体的信息传播速度相比传统媒体更加迅速，甚至还可以实时接收信息，为受众做出相应反馈。

5. 传播内容：多元化

从传播内容来看，新媒体呈现出了多元化的特点。它在进行内容传播时，可以做到将文字、图片、视频等同时传播。新媒体传播内容的多元化不仅增加了传播内容的信息量，也在一定程度上扩大了传播内容的深度和广度。

1.2 新媒体与自媒体

现如今，随着新媒体的不断发展，很多行业都会利用这个平台来展开营销之战。此外，也有很多商家会利用自媒体平台进行宣传推广。也许有人会问，在进行营销之时，到底是利用新媒体比较好还是利用自媒体比较好？作为企业或商家，首先就要对新媒体与自媒体进行一定的了解，这样才能选择更适合自己的方式。

1.2.1 有关自媒体

自媒体可以说是一种个人媒体，是一种利用电子媒介向他人或特定的某个人传递信息的新媒体。自媒体一般都具有私人化、平民化的特点，因此，人人都可以成为自媒体人。

简单来说，自媒体就是人们用来发布自己所见所闻的主要渠道，包括微博、微信、贴吧、论坛等。企业或商家也可以利用这些渠道进行宣传推广，从而进行自媒体营销。

1.2.2 自媒体发展趋势

目前，随着新媒体的不断发展，自媒体主要呈现出 3 个发展趋势。下面对其进行图解分析，如图 1-8 所示。

价值的飙升	随着自媒体价值的不断上升，很多企业都瞄准了这块"蛋糕"，尤其是风投行业。此外，它还可以利用多种方式实现变现。
实现网红营销	很多企业纷纷开始利用网红来进行营销，比如淘宝模特、游戏竞技解说等。"网红＋电商"已成为社交营销的发展趋势。
版权受到保护	近几年，很多行业内的产品版权开始受到法律保护。随着自媒体之间的竞争加剧，相关版权也必将受到保护。

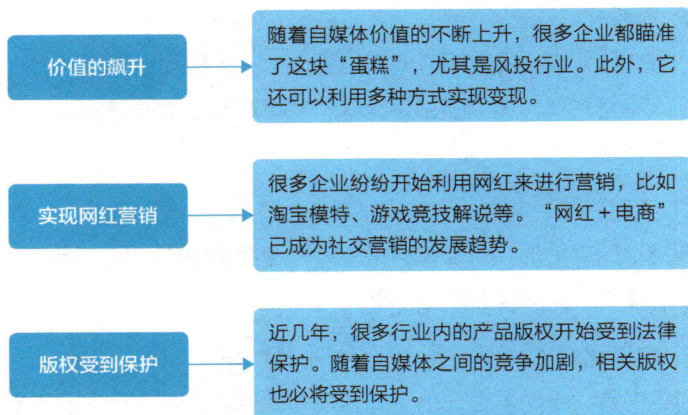

▲ 图 1-8　自媒体的发展趋势

1.2.3　新媒体与自媒体的区别

新媒体和自媒体的区别主要表现在以下两个方面。

1. 被动与主动

在移动互联网的推动下，自媒体实现了飞跃发展，成为了主要的新媒体发展形势。一般来说，对用户而言，新媒体的大部分传播信息还处在被动接受的位置。但是，自媒体却可以化被动为主动，实现对信息的个性化传播。

2. 自主选择

相比新媒体来说，自媒体拥有更多的话语权和自主选择权，它不仅可以对社交平台进行个性化的构建，还可以在传播信息的同时张扬个性。正是因为自媒体的这种自由性，其才成为人们表现自我的平台。

1.3　新媒体人员的基本素质

企业或商家要进行新媒体运营的话，必然要选择一些适合这些岗位的人才。这就需要对新媒体人员的基本素质进行相应的了解。本节的主要内容就是对新媒体人员的基本素质进行相应的介绍。

1.3.1　了解新媒体

作为新媒体的从业人员，首先，要对新媒体本身有一定的了解。了解的层面包括它的含义、特点、类型等，这些内容在以上章节都已讲过。本节主要从新媒体从业人员的角度出发，对新媒体的岗位和具体要求做进一步介绍。

新媒体的相关岗位主要包括新媒体运营、编辑、策划、营销等，如图 1-9 所示。

▲ 图 1-9　新媒体行业的相关岗位

在了解新媒体行业的相关岗位之后，也要对每个岗位的具体要求做了解。这样才能更好地开展工作。图 1-10 所示为新媒体运营岗位的具体要求。

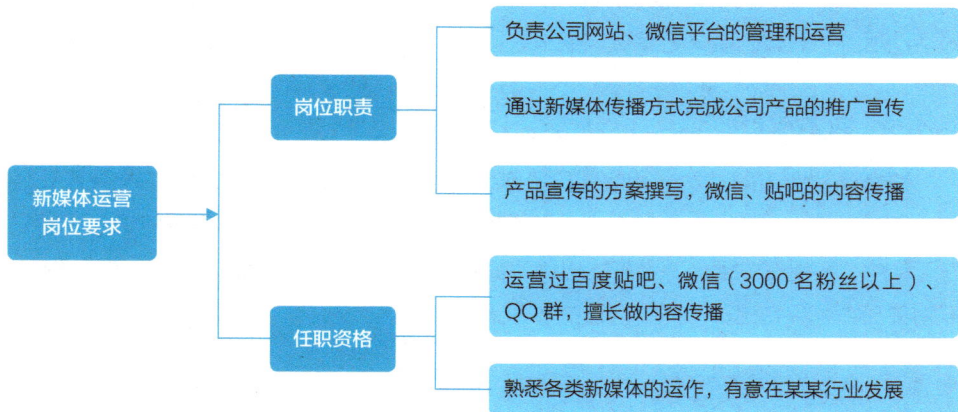

▲ 图 1-10　新媒体运营岗位的具体要求

1.3.2　具备"网感"和灵感

简单来说，所谓的"网感"就是对网络的一种感觉。这种感觉主要是指新媒体从业人员对网络信息的敏感度。这种敏感度会给新媒体从业者带来一些灵感，使其对网络热点、网民的关注方向及网络的发展趋势具有很强的把控能力。微博风云榜上一般都会发布一些网民关注的热点，如图 1-11 所示。

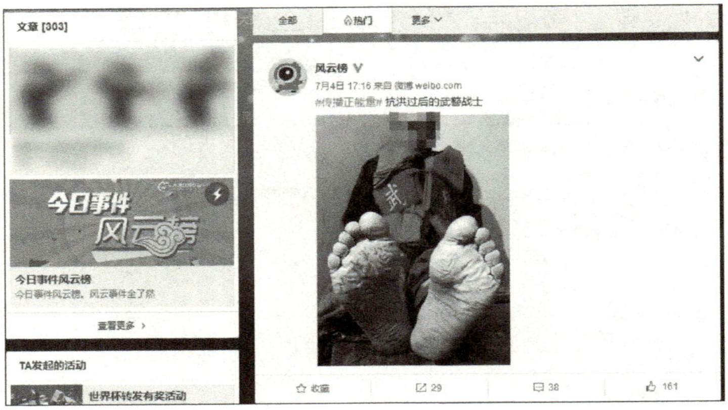

▲ 图 1-11 微博风云榜界面

1.3.3 写作和策划能力

在写作上，新媒体从业者一定要多写、多练，只有这样才能不断提高自己的写作能力，写出更好的软文，为公司的软文营销创造价值。

除了提高写作能力之外，新闻从业者还应该在实践中提高自己的策划能力。一份好的策划是企业进行活动推广的基础，因此，新媒体从业者在做活动策划时，一定要对活动目的、背景、具体方案做详细策划。

1.3.4 具备良好心态

新媒体从业者的基本素质就是具备良好的心态。"心态决定成败"这一观点在任何方面都适用。一个人的心态往往会相应地影响到他的行为，心态不好的话，不管是在工作中，还是在生活上，做事的出错率都会很高。新媒体从业者一定要受得了诱惑，抵得住压力，只有这样才能将自己的本职工作做好。

1.4 新媒体运营的常用思维

在移动互联网时代，新媒体的发展最重要的就是新媒体思维的运用。要想实现新媒体的营销，就要创造出有价值的内容。只有这样，才能更好地运营媒体平台。新媒体的常用思维主要包括粉丝思维、平台思维、营销思维和病毒式传播思维。本节将详细介绍这四种思维。

1.4.1 粉丝思维

粉丝思维主要体现在新媒体平台与粉丝之间的互动上。 传统意义上的互动指的是一群人聚集在一起，通过脑力去解决某个问题，而移动互联网时代的互动却是指网络信息的双向互通。网络的特殊性改变了传统单向的信息流动方式，网络舆论的生成让企业可以看到用户内心的想法，每个人都是互动的主体，每个人都有属于自己的不同观点和意见。这些观点的交流和交融能够为新媒体运营带来全新的面貌。

1.4.2　平台思维

平台思维其实是一种"打造精品内容"思维，即通过优质的、对用户有价值的内容吸引用户、留住用户。打造一个好的平台，除了要在内容上下工夫之外，还需要从排版、图片、文字等细节上入手，通过舒适的版面、高清的图片和有料的文字来吸引用户。

同时，平台内的资源运作也是平台思维的思想之一。什么是资源运作？资源运作就是当一个平台的粉丝量达到一定程度时，这些粉丝就可以成为一种资源，与平台成为利益共存体。这样的平台，不仅能够留住粉丝，还能实现平台和粉丝的利益最大化。

因此，对于公众平台来说，平台思维是相当重要的。

1.4.3　营销思维

新媒体的营销思维很大程度上体现在内容的娱乐性上。移动互联网时代，消费者喜欢任何具备娱乐性质的事物，新媒体在运营的时候要抓住这个要点，打造一套创新的娱乐化新媒体营销策略。

娱乐化的新媒体营销方式也是传播的一种手段。它主要指企业在利用移动互联网进行新媒体营销的过程中，利用各种娱乐化元素，吸引消费者的目光，达到信息传播的目的。

娱乐化的新媒体营销策略主要表现在以下两个方面。

1．娱乐精神

新媒体从业者在营销过程中要充分发挥娱乐精神，用创意的思维为用户制造轻松的环境，打造具备娱乐精神的营销活动。

2．制造好玩的事件

新媒体从业者还需要注意的是，在营销内容上不要以严肃的、乏味的说教形式进行内容营销，而要制造好玩的事件，让全民狂欢起来，只有这样才能得到关注。

1.4.4　病毒式传播思维

病毒式传播是由受众自发产生的一种发散式、激荡式、扩散式的传播方式。新媒体从业者具有的病毒式传播思维其实就是一种"病毒"营销思维。这种思维方式有利于扩大辐射面、影响力，从而提高企业的知名度和美誉度。下面为大家提供一些病毒式传播的建议。

（1）长篇文章更容易被分享，转发量也更大，应多发表一些篇幅较长、质量较高的文章。

（2）愤怒是一种最容易进行病毒式传播的情绪，要想引起受众的愤怒只要多写一些可以激起受众愤怒情绪的内容即可。当然，这种愤怒并不是针对作者而是针对内容本身。

（3）充满感情的内容更容易实现病毒式传播，这不仅可以让受众产生共鸣以获得情感体验，对企业来说也是一种情感营销的方式。

1.5　移动新媒体的发展机遇

在这个互联网时代，各大行业都会选择利用互联网来进行发展。移动互联网的发展为新媒体的发展带来了机遇。本节主要向读者介绍移动新媒体的发展情况，从其为传统媒体带来的机遇及微信、微博的营销等方面进行具体分析。

1.5.1　移动新媒体的发展

随着移动互联网用户的不断增加，移动新媒体也进入了新的发展时期，走向了发展的新巅峰。它开启了"智能移动终端＋AAP"的新模式。腾讯、网易、搜狐等各大移动新闻客户端进入了全面的深度整合时期，以打通微信、微博及视频平台的方式，打造全媒体的发展战略，进一步满足了受众的个性化需求。2016年的新媒体发展态势如图1-12所示。

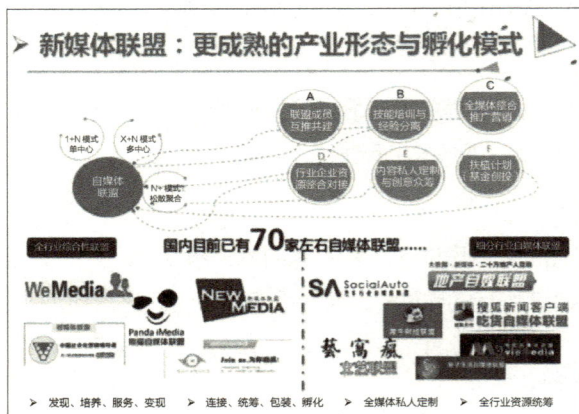

▲　图1-12　2016年的新媒体发展态势

1.5.2　为传统媒体带来机遇

近年来，传统媒体因受到新媒体的冲击，发展形式并不是很好。但是，随着新媒体的不断发展，传统媒体也迎来了新的变革。很多传统媒体，如报社、电视台等都开创了新媒体的方向，以受众为中心，实现传播内容的移动化、数字化和网络化。其实，传统媒体应与数字媒体携手前行，这样双方才能得到长足发展。那么，新媒体会为传统媒体带来哪些机遇呢？下面进行图解分析，如图 1-13 所示。

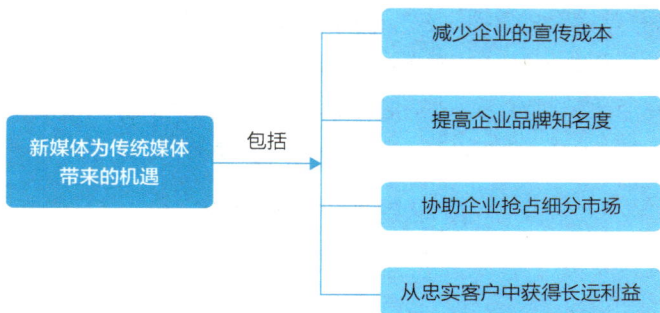

▲　图 1-13　新媒体会为传统媒体带来的机遇

1.5.3　微信、微博营销登上舞台

新媒体的发展不仅为传媒行业带来了新的传播方式，也为各大企业带来了新的营销思路。尤其是近几年，随着微博、微信的火热发展，微博营销和微信营销也成为了营销战略的主要方式。

随着微博、微信用户激增，以及两大平台的不断优化，商家利用这两大平台挖掘客户价值，实现大数据营销。虽然微博与微信都是各大企业或商家采取的新媒体营销方式，但是，两者之间还是有一定区别的，如表 1-1 所示。

表 1-1　微信与微博的区别

区　别	微　信	微　博
平台属性	社会化关系网络	社会化信息网络
用户关系	点对点，对等双向	点对面，非对等关系
传播方式	闭环传播，私密，重视交流	开放扩散，公开，传播
媒体定位	订阅，精选，精确	信息多样，海量
互动特性	自动回复＋人工回复	非指向性回复
时间特点	瞬时（信息发布）	差时（信息传递）
移动属性	为移动而生，占领碎片	可以移动

1.6 企业新媒体的运营流程和策略

俗话说，"磨刀不误砍柴工"，企业在进行新媒体运营之前也要做好一系列的准备工作。只有这样，企业才能将新媒体运营得更好。本节主要介绍新媒体的运营流程和策略的相关知识。读者应熟练掌握本节内容。

1.6.1 企业新媒体营销团队的构成

企业要想进行新媒体的营销，首先要了解新媒体营销团队的构成。一般来说，企业在拓展新媒体业务时，都会成立相应的新媒体部门。虽然是以部门的形式呈现的，但是，更确切地说它是一个团队。虽然整个部门由为数不多的几个人组成，但是每个人的分工都特别明确。下面对新媒体营销团队的构成进行图解分析，如图 1-14 所示。

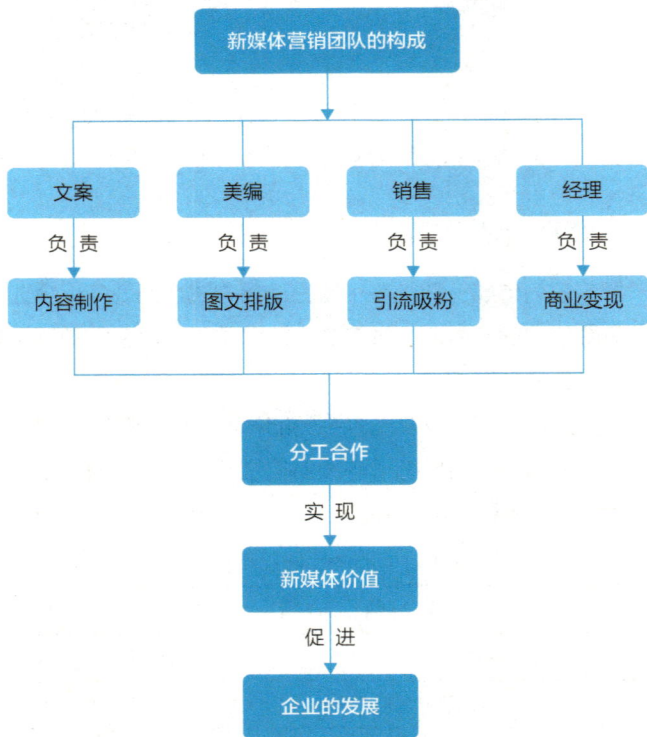

```
              新媒体营销团队的构成
                     │
        ┌────────┬────────┬────────┐
       文案       美编      销售      经理
        │负责     │负责     │负责     │负责
      内容制作   图文排版   引流吸粉   商业变现
        └────────┴────────┴────────┘
                     │
                   分工合作
                     │实现
                  新媒体价值
                     │促进
                  企业的发展
```

▲ 图 1-14　新媒体营销团队的构成

1.6.2 新媒体线上与线下的配合流程

新媒体运营一般是通过线上线下的配合来完成的。线上运营者主要负责内容的制作、吸粉、互动、营销推广等内容。然而，线下的工作人员则负责一些线下的推广活动，比如海报宣传、线下活动、商业合作等。很多企业都会利用新媒体平台来对产品或服务进行 O2O（Online To Offime，线上线下一体化）式的营销。例如，京东商城也会利用新媒体平台来进行营销推广，开辟新的营销渠道。图 1-15 所示为京东商城的微信公众平台界面。

就新媒体的配合流程来看，它主要体现出的特点是线上线下配合的密切性。但是，线上线下工作的优先级是根据具体情况来定的。线上的推广需要线下的一些地推才能实现。然而，有时候，在线下的营销推广之前，也需要利用新媒体平台预先发布信息，提前告知用户相关情况。

由于互联网快速传播的特点，所以活动在举办之前需先进行线上的预热。这有利于快速地扩大活动的宣传推广范围。

▲ 图 1-15　京东商城的微信公众平台界面

专家提醒

值得注意的是，对线上运营者来说，吸粉、互动很重要。然而，就线下推广而言，拥有一支较强的地推队伍，加强商业合作才是重中之重。

1.6.3　企业新媒体的整合运营策略

对一个企业来说，新媒体的运营主要包括内容运营、用户运营、活动运营这 3 个方面。下面从这 3 个方面对企业的新媒体运营策略进行具体介绍。

1. 内容运营

对企业而言，内容不仅是新媒体平台呈现给用户的信息，也是一种营销手段。因此，对内容运营来说，软文的撰写及图文的编辑都是值得思考的。下面以微信公众平台为例，对新媒体内容运营的技巧进行简单介绍。

（1）企业在进行某个活动或某种推广之前，可以在新媒体平台上对其具体内容进行相应预告。

（2）对于那些原创内容，可以在文章的开始或结束时添加一个版权声明，并注明诸如"未经同意不得非法转载"的字样。在进行版权声明之后，别人转载你的文章也会注明出处，这无疑也是为你的公众号增加了一个吸粉的入口。

（3）为避免出错，微信运营者在编辑完具体的内容之后，在群发之前一定要先进行预览，这也是一种规避风险的办法。

（4）使用自定义菜单，进行自定义回复。在提高工作效率的同时，也可以一定程度上保持对用户的互动，以达到稳定粉丝的目的。

（5）多进行好文推荐及软文推广。此外，还可以设置"每天一问"，加强与粉丝的互动，进而进一步了解粉丝的需求。

2. 用户运营

用户运营的关键是要了解用户需要什么或缺少什么。只有对用户进行深入的了解，才能实现精准营销。事实上，用户运营主要体现在运营者与用户之间的互动上。图1-16 所示为青年特稿微信平台与用户的互动界面图。

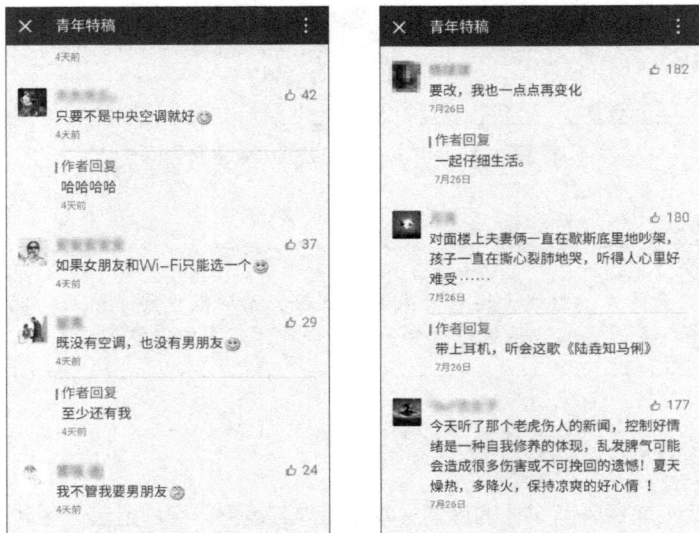

▲ 图 1-16　青年特稿

3. 活动运营

企业在进行新媒体运营时，运营效果最好的要属对活动的运营了。在新媒体平台上开展活动，是企业增加新用户、扩大知名度及增强用户黏性的重要方法。企业在新媒体平台上做活动的话，主要需要考虑以下 4 个因素，如图 1-17 所示。

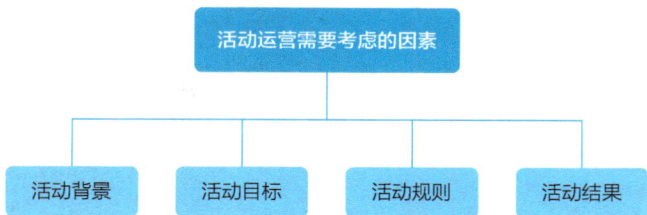

▲ 图 1-17　活动运营需要考虑的因素

新媒体平台进行的线上活动主要包括签到、红包、刮奖、游戏、有奖转发、有偿投稿等，图 1-18 所示为"学术中国"发布的招募撰稿人的推送界面图。

▲ 图 1-18　"学术中国"发布的招募撰稿人的推送界面

专家提醒

应该注意的是，运营者对活动的策划方案、具体流程、取得的效果等一系列工作都要进行相应的跟进。

第 2 章

技能篇——新媒体编辑需知的技能

学前提示　随着新媒体的不断发展，现如今，越来越多的人从事新媒体工作。可见，新媒体的发展前景不可估量。但是，相对来说，新媒体还是一个新的产物，大多数人对它还不太熟悉。那么，作为新媒体的编辑人员，到底应该掌握哪些技能呢？本章主要对新媒体编辑所需的技能进行具体介绍。

要点展示

>> 寻找热点选题　　>> 营销文案策划
>> 基本内容编辑　　>> 线上活动策划
>> 精彩图文设计　　>> H5 海报制作
>> 视频音频编辑　　>> 寻找其他平台

2.1　寻找热点选题

对新媒体运营者来说，内容应该是最让其头疼的事。因为要想每天都有高质量的内容，确实挺难。现如今，新媒体的各大平台对文章的转载非常频繁。一方面可以使某些优秀的推文更火热，另一方面也会使用户产生审美疲劳。那么，到底应该怎么样来进行选题呢？

本节主要以搜狗搜索、西瓜公众号助手及搜狐新闻、今日头条、新浪微博等媒体平台为例，向读者介绍一些热点选题的方法。

2.1.1　搜狗搜索：大部分的干货和干货材料都在这

搜狗搜索是人们常用的一种搜索方式，打开其页面你可以发现现在的搜狗搜索也加入了一些新的元素，如图 2-1 所示。

新闻　网页　微信　知乎　图片　视频　明医　英文　学术　更多▾

Ⓢ 搜狗搜索

▲　图 2-1　搜狗搜索的页面

由上图可见，用户在利用搜狗搜索时，可以进行微信搜索和知乎搜索了。只要单击上图的"微信"或"知乎"，就能够进入相应的链接，找到你想要的干货和干货材料。

2.1.2　西瓜公众号助手：收录了 200 万＋的公众号

西瓜公众号助手收录了 200 万＋的公众号。此外，它还对行业进行了相应的分类，实现了大数据式的文章素材库。西瓜公众号助手在实现大数据素材库之后，为微信运营者和其他自媒体人士提供了更多的可检索的内容和服务。如图 2-2 所示，西瓜公众号助手首页界面图中，用户可以单击右上角的"登录"按钮，登录西瓜公众号助手后台，然后编辑相应的公众号文章。

西瓜公众号助手为用户提供了管理多个微信公众号的功能。用户进入西瓜公众号助手后台，只要单击"公众号管理"下方的"我运营的"按钮，即可添加多个微信公众号。通过在素材库中找到满意的素材，加入图文生成器，单击右上方的"生成图文素材"按钮，并选择相应的公众号，单击"同步到公众号后台"即可。

▲ 图 2-2　西瓜公众号助手界面

2.1.3　搜狐新闻、今日头条、新浪微博等媒体平台

要寻找热点选题，就要了解当前的热点资讯，其中，各大新闻的门户网站是寻找热点选题的首选。比如，搜狐新闻、今日头条、新浪微博等媒体平台。

比如，新媒体运营者想要了解某次比赛的动态，可以进入新浪微博来查看相关新闻，如图 2-3 所示。

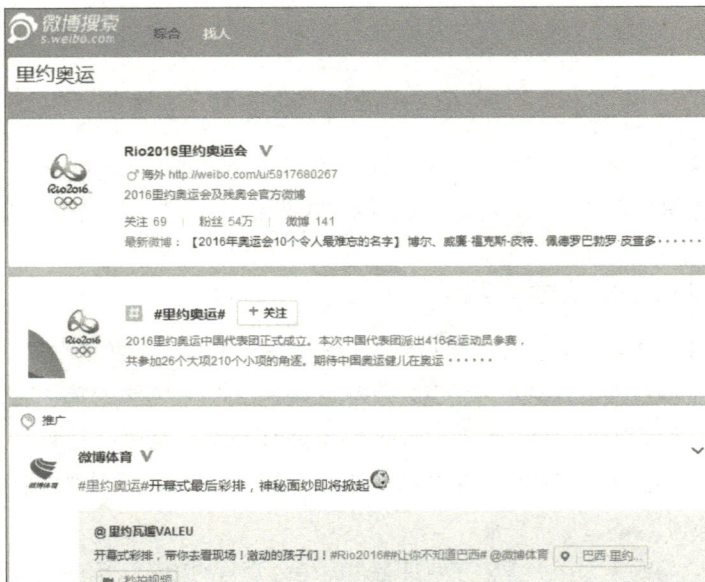

▲ 图 2-3　新浪微博界面

2.2　基本内容编辑

　　作为一名新媒体的编辑人员，在寻找到热点选题之后，就要对自己想要编辑的具体内容进行考虑。本节主要以草料二维码、135 编辑器及快站微信编辑器为例对新媒体的内容编辑方法进行简单介绍。

2.2.1　草料二维码：快速生成及制作二维码

　　草料二维码是国内最大的二维码生成网站。它不仅可以为用户提供电话、短信、邮件、Wi-Fi（Wireless-Fidelity，无线网）等二维码，也可以提供图片、视频、音频的二维码。图 2-4 所示为草料二维码的界面，具体的操作方法在第 8 章中会有详细介绍。

▲　图 2-4　草料二维码

　　草料二维码凭借其领先的技术，不仅可以快速地生成及制作二维码，而且还可以根据用户的需要对扫描二维码后的内容进行修改。

2.2.2　135 编辑器：实用的图文素材排版编辑器

　　135 编辑器是一个为微信文章进行美化的工具。它不仅操作简单，而且样式多样、模板精美。微信用户利用 135 编辑器进行图文排版之后，会产生优质的效果，并且也能够让读者赏心悦目。135 编辑器的界面，如图 2-5 所示很简洁，左侧和上方有相应的功能区按钮，用户可根据需要进行相关图文操作与编辑。

▲ 图 2-5　135 编辑器界面

2.2.3　快站微信编辑器：多图文编辑、一键同步

快站微信编辑器主要为用户提供的是多图文编辑、一键同步的功能。它拥有搜狐快站庞大的站点用户群，页面清新简洁。同时，它为用户提供了多图文编辑、一键同步的特色功能。用户只要回复"笑话""听歌""天气"等就可以弹出相应的对话框，实现用户的需求。图 2-6 所示为快站首页。

▲ 图 2-6　快站首页

用户在利用快站微信编辑器进行多图文编辑时，首先应该在图片素材库中对那些需要编辑的图片进行上传。图片上传完之后，就可以对图文进行编辑。此外，还要填写好标题和摘要，并且上传封面图。最后，单击"保存并同步"按钮，即可将多条图文信息同步到微信公众号后台了。

2.3 精彩图文设计

微信运营者在编辑完主要内容之后，就该对图文设计进行考虑了。本节主要以截图工具、美图秀秀和 Photoshop 为例，向大家介绍一些图文设计的方法。

2.3.1 截图工具：快速对图片进行基本编辑

一般来说，大家普遍都是利用 QQ 来进行截图的。其实，在 Windows 的"附件"中就自带"截图工具"。用户只需在"截图工具"界面左上角位置，单击"新建"按钮，如图 2-7 所示，即可截取需要的图片画面。

▲ 图 2-7　在界面左上角单击"新建"按钮

> 专家提醒
>
> 　　此外，用户还可以利用各种快捷键来进行截屏。例如，利用【PrtScn】键可以截取整个计算机屏幕，并且，【Alt】+【PrtScn】键可以截取当前的活动程序窗口。Windows 自带的这些截图方式，会为用户在进行计算机操作时提供较大便利。因此，每一个用户都应该熟悉 Windows 自带的截图工具的使用方法。

2.3.2 美图秀秀：简单易上手的小工具

美图秀秀是大众普遍使用的一种修图工具，尤其在年轻群体中，非常受欢迎。它最大的特点就是，简单易上手，操作方式非常灵活、方便，而且还为用户提供很多有用的素材，如图 2-8 所示。

▲ 图 2-8　美图秀秀的界面

其实，美图秀秀的用途很广泛，其美图功能对那些非专业的用户来说都是非常有用的，受到很多用户的赞赏与青睐，而对那些爱自拍的女性来说，其更是一款手机的必备软件。

> 💡 **专家提醒**
>
> 　　美图秀秀的常用工具主要包括裁剪旋转、去水印、图片拼接、压缩图片大小、新建画布做海报等。用户可以利用这些工具对自己所拍的图片进行加工处理，以达到自己想要的效果。

2.3.3 Photoshop：专业的图片编辑工具

Photoshop 是一款专业的图片编辑工具，主要针对那些由像素所构成的数字图像的处理。它在图片处理上具有非常强大的功能，涉及图像、图形、文字、视频、出版等各方面。

在 Photoshop 工作界面中，单击"图像"｜"调整"菜单，即可弹出菜单列表，其中有很多修图的功能，包括亮度 / 对比度、色阶、曲线、曝光度、饱和度、色彩白平衡、照片滤镜、阴影 / 高光、色调均化等。用户可以通过这些功能完成对图片的编辑与精修。

现如今，除了 Photoshop 之外，虽然有很多修图软件，但是，当用户所需要的图片对其清晰度及 GIF 图的制作与编辑的要求比较高时，就应该多学习 Photoshop 工具了。图 2-9 所示为 Photoshop 的工作界面。

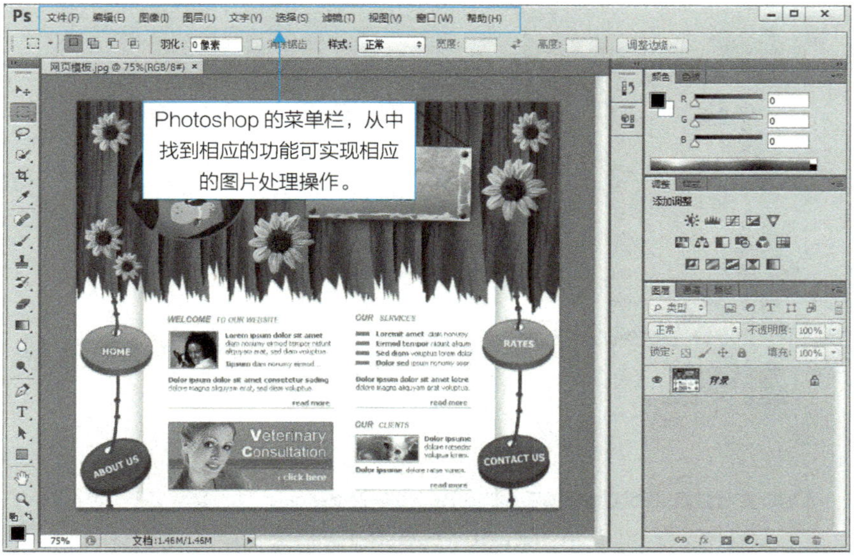

▲ 图 2-9　Photoshop 的工作界面

2.4　视频音频编辑

为了进一步美化并丰富新媒体推送的内容，新媒体编辑也可以在内容中加入视频或音频。这不仅是对内容推送的一种创新，也更加符合受众的观看习惯，是满足受众诉求的一种表现。视频音频的编辑需要借助一定的工具才能够完成，因此从业者也需要对一些基本的视频音频软件进行学习。本节主要介绍 5 种这样的软件，希望能够对大家有所帮助。

2.4.1　视频 GIF 转换：快速把视频切成 GIF

在影视制作的过程中，常常会因为许多原因需要对视频进行格式的转换，才能改变视频的大小或是实现视频的播放等，这是很多人都会遇见的问题。视频的格式转换需要借助一定的工具才能够完成。

　　将视频转换成 GIF 格式时，常常用到的工具是格式工厂。下面以格式工厂为例，对视频的 GIF 转换进行简单介绍，具体步骤如下。

　　（1）打开格式工厂，在"视频"选项区中选择"GIF"格式，如图 2-10 所示，在界面的右上方，单击"添加文件"按钮，如图 2-11 所示。

　　（2）在弹出的对话框中，选择用户需要转换的视频，视频添加完成后，返回 GIF 对话框，单击右下方的"添加文件夹"按钮，如图 2-12 所示。

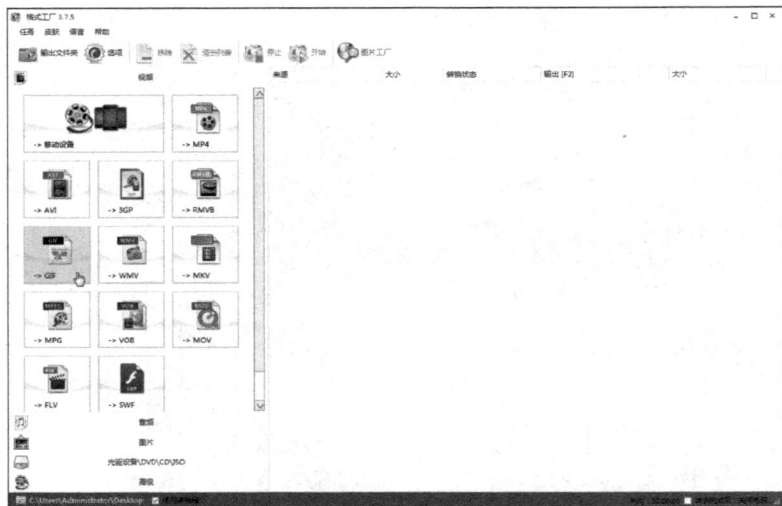

▲ 图 2-10　选择"GIF"格式

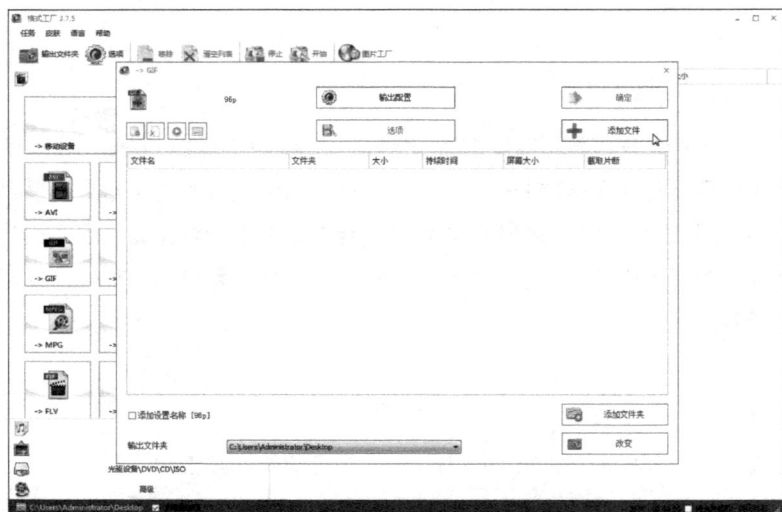

▲ 图 2-11　单击"添加文件"按钮

▲ 图 2-12 单击"添加文件夹"按钮

（3）在弹出的对话框中，单击"确定"按钮，即可添加目录里的文件，如图 2-13 所示。文件添加完成后，单击右上角的"确定"按钮，即可对文件进行格式转换。

▲ 图 2-13 添加目录文件

2.4.2 Camtasia Studio：计算机屏幕录制编辑软件

Camtasia Studio 是一款专业的计算机屏幕录制与编辑软件，主要的功能是对屏幕、配音、声音的录制及视频制作等。Camtasia Studio 录制的屏幕清晰度非常高，声音也特别清晰，由于其操作简单，深受广大用户的喜爱。

下面介绍 Camtasia Studio 软件的基本操作方法。

（1）打开 Camtasia Studio 工作界面，在左上方找到"录制屏幕"按钮，并单击"录制屏幕"按钮，如图 2-14 所示。

▲ 图 2-14　单击"录制屏幕"按钮

（2）单击"录制屏幕"按钮之后，将弹出屏幕录制面板，如图 2-15 所示，在"选择区域"中对录制尺寸进行调节，然后单击"rec"按钮，即可对屏幕进行录制操作。

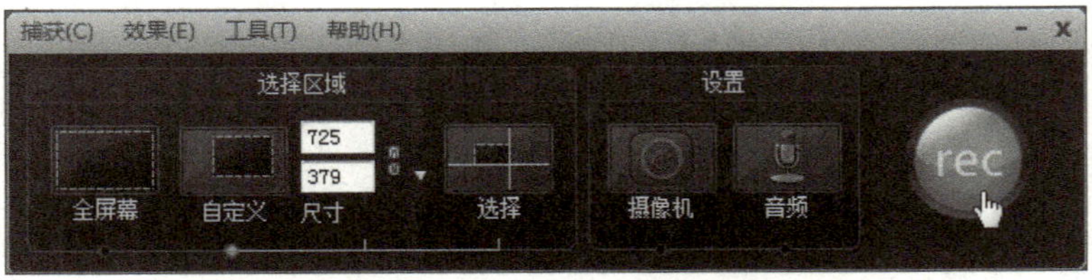

▲ 图 2-15　屏幕录制面板

💡 专家提醒

在录制视频完成之后，按【F10】键，该软件会自动弹出录制好的视频文件，用户可以根据录制的视频效果，对视频文件进行保存、编辑、生成和删除等操作。

2.4.3　Shou：手机屏幕录制软件

Shou 是一款免费的手机屏幕录制软件，不仅屏幕高清，支持分辨率的修改，还对视频的录制时长也没有限制。

Shou 这款手机屏幕录制软件有以下三大特点。

（1）可录制高清屏幕视频，或播放录制的高品质视频。

（2）拥有顶级的手机游戏、玩家和电子竞技赛事，用户可以通过游戏频道的名称来实现浏览。

（3）拥有全功能的聊天模式，用户可享受创新的浮动聊天，甚至可以开启"聊天 –only"的模式。

2.4.4　音频编辑器：手机上的全面音频编辑工具

音频编辑器是一种对音频进行调试的工具。自从这种音频编辑器开发了手机 APP 后，用户在处理各种音频时就更加方便了。在音频编辑器上方有一排编辑音频的工具，用户只要单击相应的按钮，就可以实现对音频的相应编辑，如图 2-16 所示。

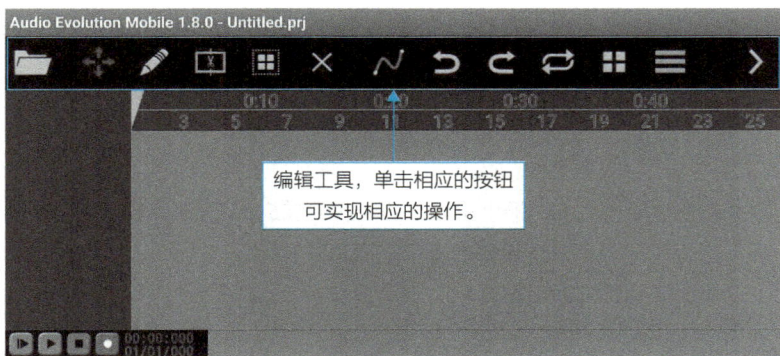

▲　图 2-16　音频编辑器

2.4.5　Replay：专业的视频后期处理软件

Replay 是一款专业的视频后期处理软件。它为用户提供了多种滤镜和编辑效果，其背景音乐更是风格各异，图 2-17 所示为 Replay 的软件界面。

这款视频处理软件不仅为用户提供了各种不同的视频滤镜和编辑效果，而且也允许用户进行文字的编辑、复制及删除等操作。在进行视频处理时，用户不仅可以插入相应的背景音乐，也可以对视频播放的速度和格式进行调整。此外，视频制作完成后，既可以保存在手机相册中，也可以分享到各种社交平台。

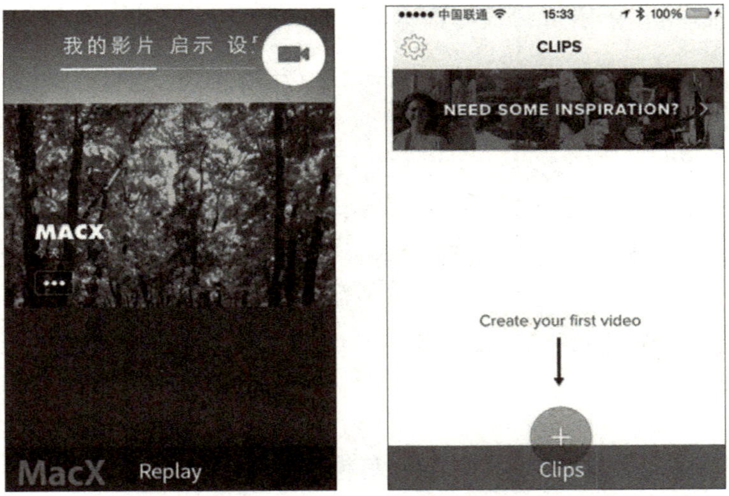

▲ 图 2-17　Replay 的软件界面

2.5　营销文案策划

新媒体除了要具备一定的内容整合能力之外，还要具备一定的有关营销的文案策划能力。本节主要向读者介绍新媒体的营销文案策划方法。

2.5.1　第一范文网：提供范文参考

第一范文网是一家专门为用户提供范文参考的网站，以提供各种实用性资料为主，受到广大师生以及其他各种从业者的喜爱，如图 2-18 所示。

▲ 图 2-18　第一范文网

2.5.2 Office：文案策划必备工具

Office 软件是一个最基本、最常用的办公软件，主要包括 Word、Excel、PPT 3 个部分。对一名文案策划者来说，熟练掌握 Office 软件是这个职业必备的要求，也是所有的职场办公人员需要掌握的一项基本技能。

下面简单介绍 Word 的操作方法。

（1）用户首先新建一个 Word 文档，将光标定位在文档中输入文本，如图 2-19 所示。

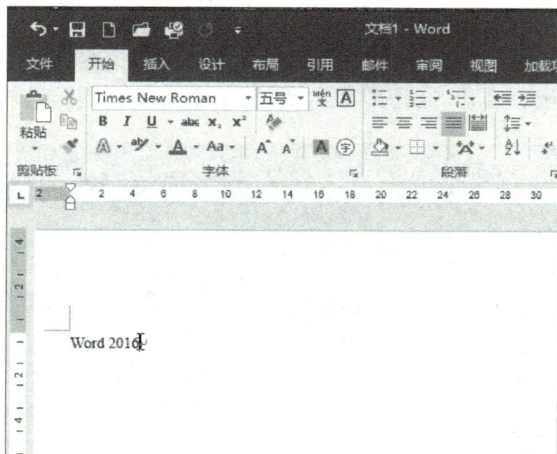

▲ 图 2-19　输入文本

（2）按【Enter】键，光标将移至第 2 行，如图 2-20 所示，在第 2 行输入相应的内容，即可完成对文字对象的输入。

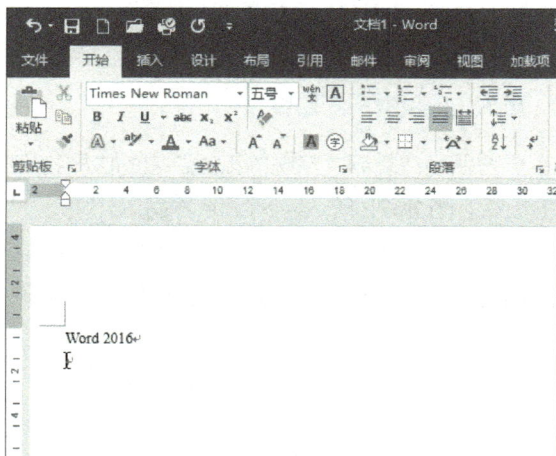

▲ 图 2-20　移动光标

专家提醒

　　Office 强大的操作功能，相信大家都有一定的了解。但是，要将它所有的功能都开发、利用起来的话，并不是所有的人都能够做到。"光说不练假把式"，只有将 Office 真正地运用于实践中，才能实现它真正的价值。

2.5.3　PopClip：强大的文本扩展工具

　　PopClip 是一个强大的文本扩展工具，如图 2-21 所示。该软件的基本操作方法是：将所有文本操作归结到一个弹出框中，用户选择相应的文本时，可以在弹出框内做拷贝、剪切、粘贴、搜索、校正、进入超链、写邮件、查看辞典等操作。

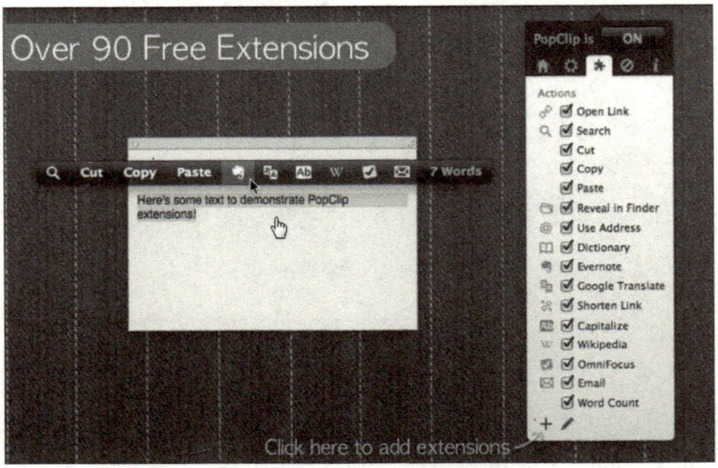

▲ 图 2-21　PopClip 的操作界面

2.5.4　Paste：强大的复制粘贴工具

　　Paste 是一个主要方便用户复制、粘贴的工具。它的主要特点是可以进行重复的粘贴，以节省时间的负载。图 2-22 所示为 Paste 界面。

　　运行 Paste 之后，用户只需使用【Ctrl】+【C】组合键对文章的多处内容进行复制，然后将光标放到需要粘贴的地方，按【Ctrl】+【V】组合键，即可对复制的内容进行循环的粘贴操作，提高编辑文档的工作效率。

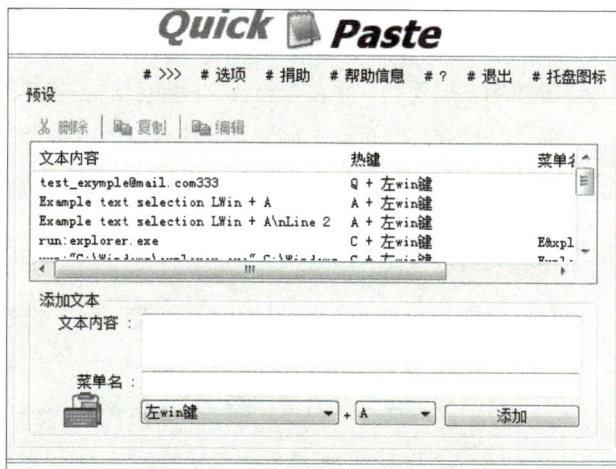

▲ 图 2-22　Paste 界面

2.5.5　爱墨：最好用的文案采集软件

爱墨是一款被用户公认的最好用的文案采集软件之一。用户在利用爱墨进行文案采集时，只要将剪切板上的内容复制到爱墨的文本编辑框中，然后单击"保存"就可以了。爱墨还有一个好处就是，用户在利用爱墨复制文本时，可以直接保存为文档形式，并且同步到印象笔记。图 2-23 所示为爱墨 APP 界面。

▲ 图 2-23　爱墨 APP 界面

2.6　线上活动策划

众所周知，对新媒体的发展而言，平台与粉丝之间的互动是非常重要的。平台在线上进行的一系列活动，是加强粉丝互动的重要方式之一。因此，做好线上的活动策划，对新媒体工作人员来说，是必不可少的工作内容之一。

2.6.1　Liveapp：移动 APP 场景应用平台

Liveapp 是一个移动 APP（APPlication）的场景应用平台。它汇集了众多的可以展示手机 APP 场景应用模版的网站。这不仅为用户提供了一个可以展示自己作品的平台，也为企业购买适合的场景提供了方便。图 2-24 所示为 Liveapp 的官方网站界面。

用户在官网完成注册之后，可以获得一个免费的 Liveapp 模板。拥有这个模板之后，可以根据自身的具体情况来设计模板。运用这种模板内容，用户只需上传自己需要的商品信息即可。

▲　图 2-24　Liveapp 的官方网站

2.6.2　品趣：社会化媒体营销软件

品趣是时趣推出的一款主打社会化媒体营销的软件。它的主要特点是双微打通，实现一站式服务，具有一定的专业性和权威性，在业界获得了很大的影响力。图 2-25 所示为品趣 APP 界面。

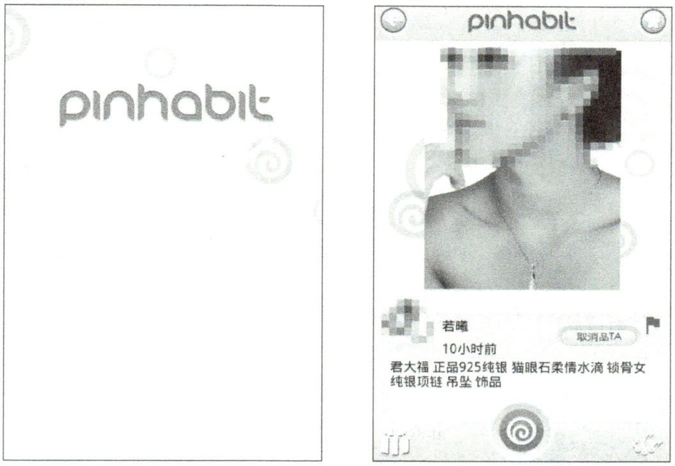

▲ 图 2-25 品趣 APP 界面

　　用户可以通过品趣 APP 内的图片标签来了解不同的品牌、风格、品类。此外，用户还可以通过其搜索功能和订阅功能来实现对任何品牌、品类及风格的搜索和订阅。在品趣上，用户还可以实现互动，对商品进行评论、赠送、收藏等。

2.6.3 Vxplo：专注在线交互设计

　　Vxplo 是一个在线交互媒体设计平台，其交互效果好、显示速度快、制作流程方便，融入了众多的新媒体元素。用户可以在线完成交互媒体设计，不需要写任何代码，并且，在完成设计之后，用户可以快速将其分享到互联网任何网站。图 2-26 所示为 Vxplo 官网界面。

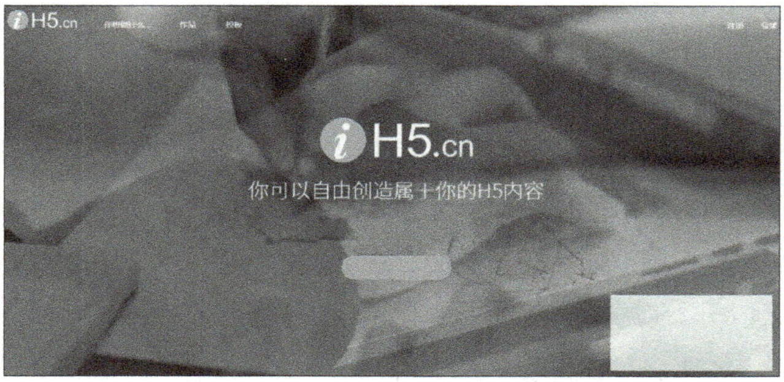

▲ 图 2-26 Vxplo 官网界面

　　Vxplo 的在线交互设计主要体现在对视频、音频、图片、文字等的集合上。其实，对 Vxplo 来说，这些东西都是具有交互性的。用户通过 Vxplo 可以加入各种事件，实现了网页感受用户行为的可能。正是因为 Vxplo 作品具有的多种交互方式，才能使用户与网页之间实现直接互动。

2.6.4　Epub360 意派：满足个性化设计需求

Epub360 意派是一款专业的 H5（HTML5，超文本标记语言）设计工具。用户想要获得这种设计利器的话，必须在官网上免费注册。图 2-27 所示为 Epub360 意派官网。

▲ 图 2-27　Epub360 意派官网

Epub360 意派拥有专业的动画控制器，其支持路径动画、组合动画、序列动画等，并且可以利用手势、重力感应、参数变量等实现对作品的触发交互。此外，它还可以利用微信高级接口实现对用户的身份认证、微信拍照、录音等。为满足用户的个性化需求，它打造了很多关于 H5 的设计，并将许多设计创意融入到各种不同的 H5 模板之中。

2.6.5　易企秀：针对移动互联网营销的手机工具

易企秀是一款针对移动互联网营销的手机工具，其主打的是手机网页 DIY 制作。个人用户只要在易企秀 APP 上完成注册，就可以在这个 APP 上制作相册、贺卡、恋爱笔记、美食记忆、旅行记忆、精美简历、生日祝福等。

同时，企业也可以在易企秀 APP 上制作邀请函、招聘海报、促销海报、名片设计、活动推广设计等，如图 2-28 所示。

通过易企秀，用户可以直接编辑手机网页及制作精美的手机幻灯片，并且不需要去学习那些复杂的编程技术就可以轻松搞定。

此外，用户还可以将自己编辑的网页及制作的手机幻灯片分享到社交网络，易企秀也可以通过报名表单来收集潜在的客户或其他反馈信息。

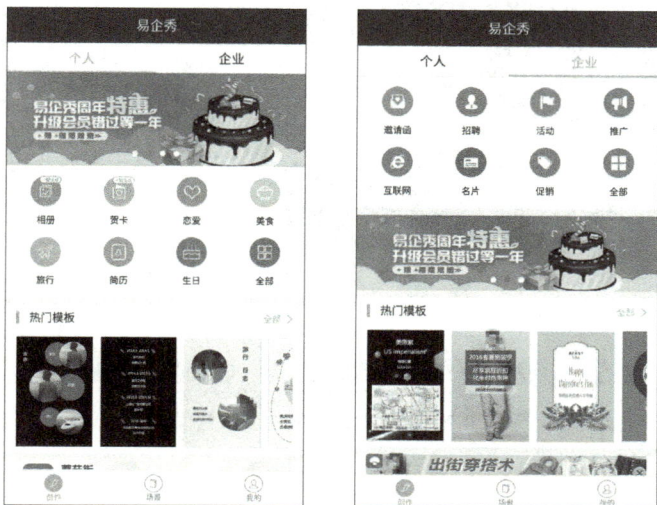

▲ 图 2-28　易企秀 APP 界面

💡 **专家提醒**

　　易企秀提供的设计内容全面而实用，作品的制作精美而有个性，不管是对个人还是对企业，都具有很大的作用。

2.7　H5 海报制作

　　在这个移动社交时代，H5 营销凭借着其简单、快捷、灵活、酷炫的特点获得了大量用户的认可。同时，它也因此迎来了新的发展，推动了移动营销的新热度。

　　一份 H5 海报一般包括文字、图片、声音、视频、链接等多种元素，拥有多种用户使用场景。H5 海报制作的主要目的是帮助企业展开宣传推广活动，介绍产品信息及具体的营销内容。

2.7.1　搜狐快站：可视化建站工具

　　搜狐快站是搜狐推出的一款可视化建站工具。它代表着又一巨头进入了移动建站领域。它的主要功能包括：拖拽生成页面、强大的内容管理、丰富美观的模板、适配所有移动设备、一键生成 APP 等。图 2-29 所示为搜狐快站上的生活服务模板界面。

▲ 图 2-29　搜狐快站上的生活服务模板界面

2.7.2　初页：快速创作有特效的初页

初页是一种类似于 PPT 的移动端设备展示与传播的 H5 页面。它的主要功能是在移动端社交媒体展示与传播。图 2-30 所示为初页 APP 界面。

对于企业来讲，初页可以帮助它们制作精致的邀请函或者海报；对于普通用户来讲，初页可以为其制作生日贺卡、纪念册、旅行图志等。个别特定用户可以利用初页来制作微信公众号的欢迎页，甚至可以利用它在朋友圈展示自己的产品等。

▲ 图 2-30　初页 APP 界面

2.7.3 MAKA：HTML5 数字营销创作及创意平台

MAKA 是国内首家 HTML5 数字营销创作及创意平台。具体来讲，它不仅是一个海量的行业模板，也是一个图文编辑工具。它的主要功能是为用户提供表单收集潜在客户信息，方便用户随时创作、编辑、管理 H5 项目。图 2-31 所示为 MAKA APP 界面。

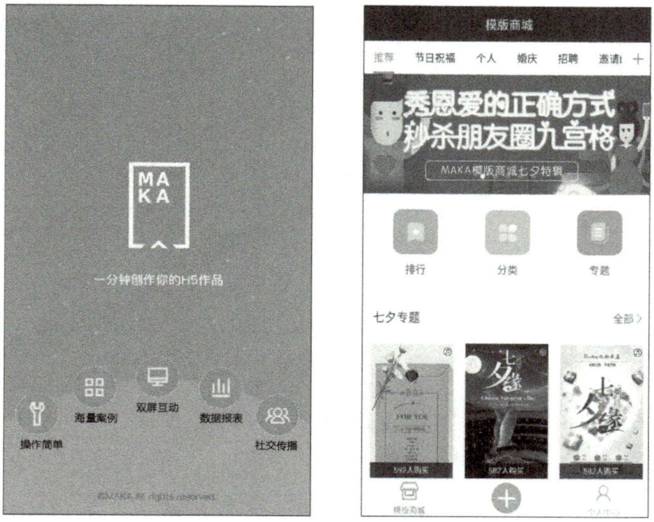

▲ 图 2-31　MAKA APP 界面

在使用 MAKA 制作作品时，有一个简单的方法，就是利用 MAKA 提供的模板来制作需要的内容。如果用户对提供的模板不满意，则需要新建一个项目，上传自己的作品封面、命名、描述等，对背景的内容进行相关设置，在文本框中添加相应的文字，即可出现制作后的效果，最后制作完成后，单击"预览"就可以实现对作品的预览了。

2.8　寻找其他平台

现如今，新媒体发展趋向于多元化。因此，各大新媒体或自媒体都应该试着寻求与其他平台进行合作，以实现互推及资源的互换。

一般来说，新媒体或自媒体都是通过互推对方的热点图文，引导用户单击后导入到对方的落地页面以实现转化。

平台之间的这种互推方式，也是为双方快速增加新用户的一种有效的方式。其中，移客联盟就是这样一个应用互推平台，如图 2-32 所示。

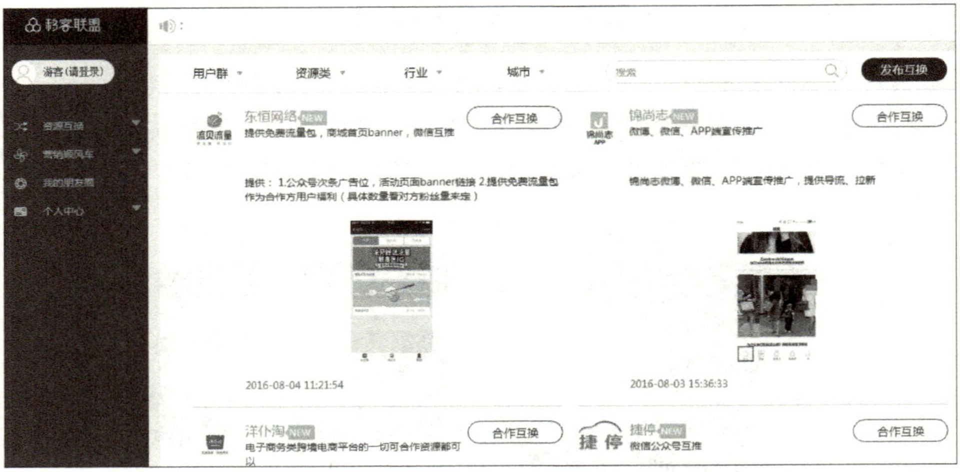

▲ 图 2-32　移客联盟

> 💡 **专家提醒**
>
> 　　移客联盟是一种应用互助合作平台。在这个平台上，用户不仅可以实现资源的互换，还可以进行应用的互推，甚至可以实现跨界营销，是一个可以真正实现共赢共享的平台。

第3章

微博篇——八面"微"风的媒体时代

学前提示

随着新媒体的不断发展，人们对新媒体的认识也不断加深，微博、微信已成为人们重要的社交工具或营销平台。本章主要介绍了微博营销的基本情况。读者应重点掌握微博营销的策略。

要点展示

- ≫ 了解微博营销
- ≫ 微博运营的商业战略意义
- ≫ 微博营销策略
- ≫ 微博运营的误区
- ≫ 微博运营的案例

3.1 了解微博营销

在新媒体火热发展的当下，微博不仅是一种流行的社交工具，还是一种重要的营销平台。在进行微博营销之前，应对微博营销的具体情况有一定的了解，以达到最好的营销效果。

3.1.1 什么是微博营销

虽然微博的发展时间并不长，但它给企业或商家带来的营销力量却是惊人的。在互联网与移动互联网快速发展的时代，微博凭借其庞大的用户规模及操作的便利性，逐步发展成为企业微营销的利器，为企业创造了巨大的收益。由于网络营销的迅速发展，微博营销作为网络"微营销"的"左手"，也具有非常火爆的人气，是各大企业与商家营销推广的重要平台。

简单来说，微博营销就是企业、商家或个人为创造自身的价值利用微博平台进行的一种营销方式。通过微博营销，企业、商家或个人可以满足自身的各种需求，进而获得商业利益。在微博平台，企业、商家或个人只需要用很短的文字就能反映自己的心情或发布信息。这样便捷、快速的信息分享方式使得大多数企业与商家开始抢占微博营销平台，利用微博"微营销"开启网络营销市场的新天地。下面对微博营销进行图解分析，如图 3-1 所示。

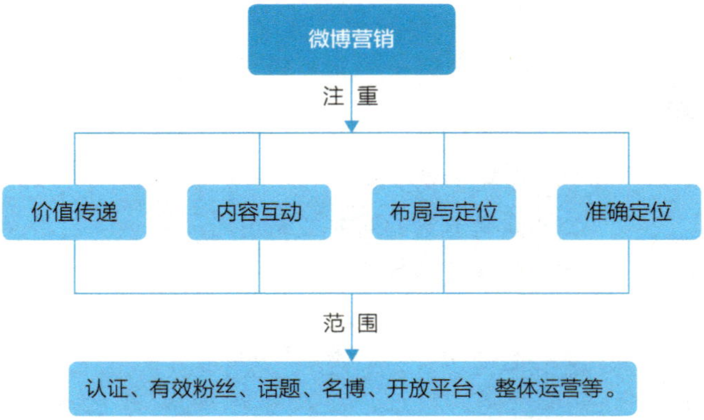

▲ 图 3-1 微博营销

值得一提的是，微博的每一个用户，即粉丝，都是企业或商家进行营销的潜在的营销对象。企业可以利用微博更新消息向网友传播企业信息、产品信息，以此树立良好的企业形象和产品形象。企业不仅可以通过每天更新消息内容与用户进行交流互动，还可以通过发布用户感兴趣的话题，来进一步达到营销目的。

💡 **专家提醒**

现在，国内有四大主要微博平台，分别是新浪、腾讯、网易和搜狐，其中，用户基数最多、流量占比最庞大的微博平台是新浪。新浪凭借其强大的用户量，成为了微营销的最佳选择。

3.1.2 微博营销的特点

在移动互联网迅速发展的当下，消费者的消费行为也发生了巨大的变化。消费者由以往的被动选择变成了在网上主动搜索和分享。此外，消费者的消费决策还受到其他消费者的评价的影响。这无疑给营销战略带来了新的挑战和机遇。

微博是从一个单一化的社交和信息分享平台转化而来的，在网络营销时代，微博凭借其巨大的商业价值属性成为了企业重要的网络营销推广工具。微博营销的特点主要体现在几个方面，如图 3-2 所示。

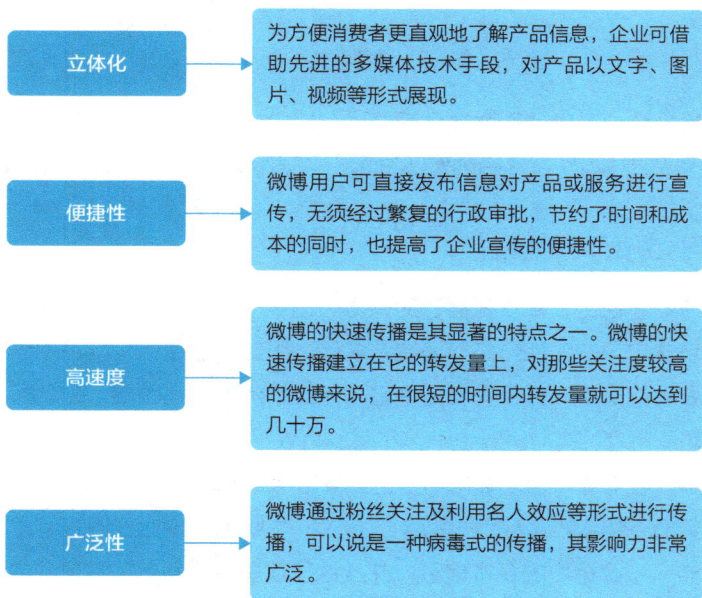

立体化	为方便消费者更直观地了解产品信息，企业可借助先进的多媒体技术手段，对产品以文字、图片、视频等形式展现。
便捷性	微博用户可直接发布信息对产品或服务进行宣传，无须经过繁复的行政审批，节约了时间和成本的同时，也提高了企业宣传的便捷性。
高速度	微博的快速传播是其显著的特点之一。微博的快速传播建立在它的转发量上，对那些关注度较高的微博来说，在很短的时间内转发量就可以达到几十万。
广泛性	微博通过粉丝关注及利用名人效应等形式进行传播，可以说是一种病毒式的传播，其影响力非常广泛。

▲ 图 3-2 微博营销的特点

近年来，微营销成为营销创新的主要趋势，而微博就是其中一个性能优异的营销平台。由于使用方便快捷、进入门槛低、应用丰富多彩、能够快速获得信息并与他人交流，微博聚集了巨大的人气。可以看到，近两年来国内微博平台迅猛发展，成为移动互联网社交网络的主流。

3.2　微博运营的商业战略意义

价值的传递与内容的互动是微博营销的重点，正是因为有这两点要求的存在，才使微博能够得以快速发展，并以其显著的营销效果创造巨大的商业价值。下面对微博营销的商业价值进行图解分析，如图 3-3 所示。

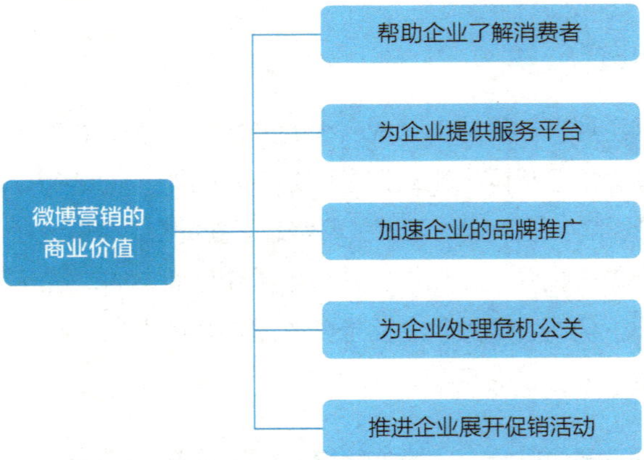

▲　图 3-3　微博营销的商业价值

通过微博，企业可以获取更加全面的潜在用户信息，以了解用户的消费心理与消费习惯，并根据其特点制订准确的营销方案，实现微博运营的商业战略意义。

3.2.1　帮助企业了解消费者

微博用户一般都比较喜欢在自己的微博上记录一些自己的兴趣爱好、计划、想法等，真实地表达自己的生活形态、消费需求等。因此，企业便可以利用这一平台进一步地了解消费者的需求，并且有针对性地制定出恰当的营销策略。由此可见，微博是企业或商家对消费者的需求进行进一步了解的有效平台。

在微博中，以下 4 个板块非常利于企业掌握用户资料。

（1）最直观的用户个人资料区域，如图 3-4 所示。企业或商家可以通过查找用户的个人资料来了解用户的基本信息，并从这些信息中找到自己需要的内容，进而对用户的基本信息进行数据统计，为实现大数据营销做准备。

（2）用户的消息发布平台，如图 3-5 所示。微博用户都是通过这个消息的发布平台来发布消息的。用户可以用文字、图片、视频等方式来发布信息。

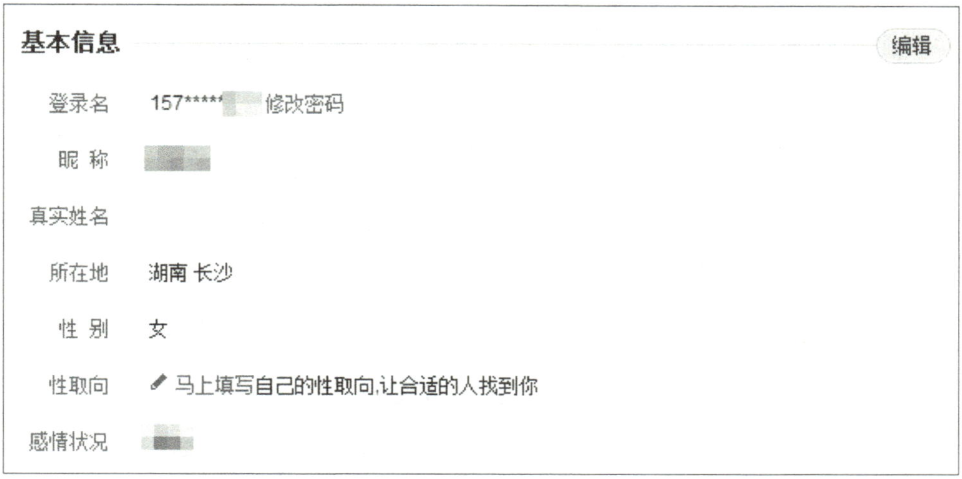

基本信息 编辑

登录名　157*****　修改密码

昵　称

真实姓名

所在地　湖南 长沙

性　别　女

性取向　✎ 马上填写自己的性取向,让合适的人找到你

感情状况

▲ 图 3-4　微博的用户个人资料区域

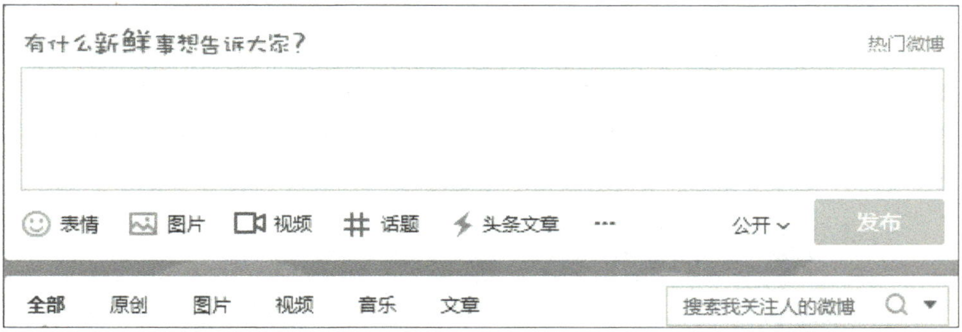

有什么新鲜事想告诉大家？ 热门微博

☺ 表情　🖼 图片　📷 视频　＃ 话题　⚡ 头条文章　…　公开∨　发布

全部　原创　图片　视频　音乐　文章　搜索我关注人的微博 🔍 ∨

▲ 图 3-5　微博用户的消息发布平台

💡 **专家提醒**

　　在这个读图时代,一般"文字＋图片"或"文字＋视频"的形式更加吸引人。这两种方式也是最为常见的微博信息传播方式。

　　(3)用户的日常重点关注,如图 3-6 所示。每一个微博用户都可以根据自己的日常喜好来设定自己关注的内容。用户可以通过关注的对象来获取相关信息,加强与外界的交流。对企业或商家来说,用户的关注也是其了解用户的重要内容。企业或商家可以通过用户关注的内容来进一步判定用户的需求。

▲ 图 3-6 微博用户的日常重点关注

（4）用户讨论的热门话题，如图 3-7 所示。微博的热门话题给用户提供了一个可以相互交流的平台，满足用户表达欲的同时，也提供了一个为产品或服务进行宣传推广平台。企业或商家可以利用这一平台来打造自己的话题，并运用粉丝思维开展营销战略。

▲ 图 3-7 微博热门话题界面

3.2.2 为企业提供服务平台

除了帮助企业了解消费者以外，微博还可以为企业提供服务平台。在微博平台，企业可以对用户进行实时跟踪，从而快速地了解到用户在对企业产品或服务发出的质疑或请求的帮助等信息。企业还可以通过微博来回复用户的信息，以解决用户的问题，避免用户因为不满而在网络上大规模地传播对企业不利的信息。微博这个服务平台能快速解决用户的问题，有效地提高客户的满意度。图 3-8 所示为太仓市企业公共服务平台的微博界面。

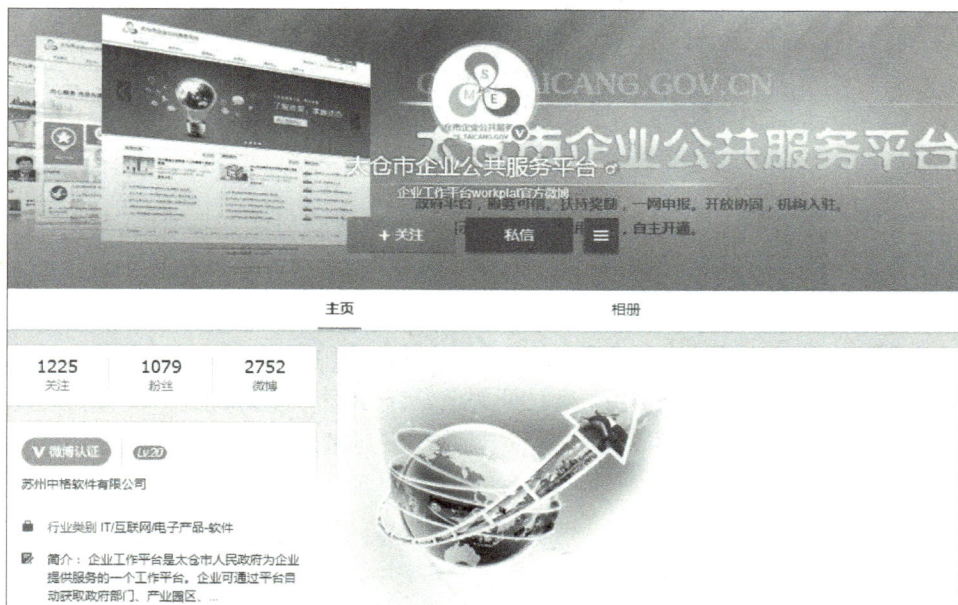

▲ 图 3-8 太仓市企业公共服务平台的微博界面

3.2.3 加速企业的品牌推广

在这个新媒体时代，微博已成为用户进行社交、实现营销的最为火热的工具之一。一般来说，现在的很多企业都会利用微博来向消费者及潜在的消费者进行宣传，并在软文推广、促销活动等营销方式的推动下有效地展开精细化的品牌信息传播。

企业通过主动公布自身产品与服务信息，让用户通过微博接触到这些信息，吸引其注意力，并达到推广品牌与树立企业品牌形象的目的。现如今，很多企业都有自己的官方微博，他们都会在自己的微博上进行宣传推广，获取更高的粉丝量。图 3-9 所示为凡客诚品在微博上为产品所做的营销推广活动。

▲ 图 3-9　凡客诚品的微博营销

3.2.4　为企业处理危机公关

公关危机一直是各大企业不可避免的主要问题之一。尤其是在这个互联网飞速发展的时代，人们的言论更加自由，互联网也呈现出一种病毒式传播的现象。这种病毒式的传播让许多企业的产品或服务的相关负面评价讯速蔓延，进而导致企业很有可能遭遇到公关危机。

微博作为一个信息共享社区，信息的传播效率是非常高的。当企业遭遇公关危机时，通过微博快速处理，能够将危机的影响降到最小。图 3-10 所示为中国移动的微博危机公关处理。

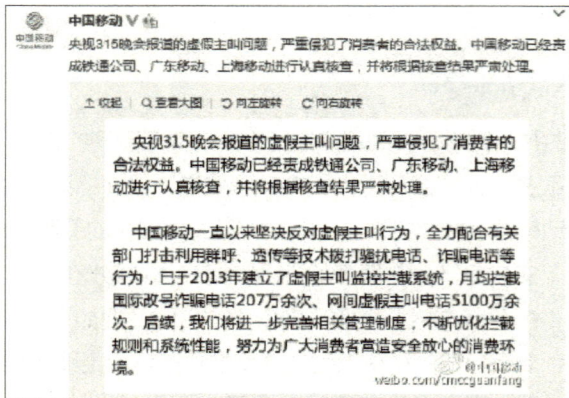

▲ 图 3-10　中国移动的微博危机公关处理

3.2.5 推进企业展开促销活动

利用微博这个平台，企业还可以开展免费的推广或促销活动。在官方微博上促销是企业为抓住微博用户来进行宣传推广的实践活动。对企业来说，企业不仅降低了成本，也提高了效率。企业在官方微博上进行宣传推广可信度很高，对微博用户来说，这种方式也更方便快捷。这样，用户便也更加愿意接受企业的这种宣传推广方式。图3-11 所示为凡客诚品的微博促销。

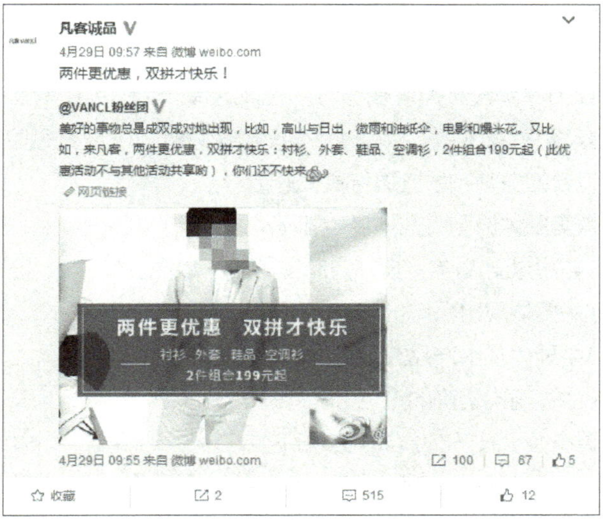

▲ 图 3-11 凡客诚品的微博促销

新媒体时代，微博已成为了人们主要的社交工具之一，在新浪、腾讯、网易等巨头的推动下，微博的商业化发展也走在了时代的前端。小小的微博平台，有着如此巨大的能量，其发展前景是不容小觑的。微博凭借其拥有庞大的用户群体，能为企业带来更多的用户，促进企业促销活动取得圆满成功。

💡 **专家提醒**

对于企业来说，只要针对这群人做微博促销，就能达到精准营销的目的，为营销创造更好的发展机会。

3.3 微博营销策略

微博营销因其成本低、传播快等特点，成为很多企业或商家的选择。虽然微博营销给企业或商家带来了很多方便，但是，运用得不好的话，它也会使企业或商家受损

严重。因此，对企业或商家来说，微博营销的策略非常重要。本节主要介绍微博营销的策略。读者可从这些技巧中来挖掘微博营销的精髓。

3.3.1　基本设置技巧

企业在进行微博营销时，首先要做到的就是诚信。除了上传真实的头像之外，还应该尽可能地完善资料的设置，只有这样，才能获得微博用户的信任。下面对微博资料的设置技巧进行具体介绍。

1．昵称

企业或商家在为品牌设置微博昵称时，应该选择一个适合微博营销的昵称，这样才能够让微博粉丝更好地记住你。因此，在设置昵称时，一定要把握好原则和技巧。下面对微博昵称设置的原则和技巧进行具体介绍。

微博昵称设置有四大原则，具体内容如下。

（1）字数不要超过 7 个字，最好控制在 4 个字以内。

（2）在昵称中要体现出品牌价值。

（3）在昵称中要体现出产品或服务的具体内容。

（4）在昵称中体现出明确的定位。

微博昵称设置有两大技巧，具体内容如下。

（1）在设置微博昵称时，最好突出行业的关键词。为了获取更多被检索的机会，在符合用户搜索习惯的前提下，尽量增加关键词的密度。

（2）在设置微博昵称时，可以按照"姓名＋行业＋产品"的格式来命名。

总之，微博的昵称设置首先要考虑到搜索的需要，注意用户的搜索习惯。用户一般都是搜索企业或产品，在昵称中体现行业或产品可以方便消费者快速找到企业或产品。

2．头像

企业或商家的微博头像一定要真实，最好能够直观地体现出企业、产品或品牌。例如，可以用品牌标识、店面或商品的照片等来作为微博的头像，这样可以让用户在搜索时对企业或产品一目了然，便于用户以此来与其他企业或产品进行区分。

3．简介

简介是微博账号设置基本信息里的最后一项内容。企业可以根据自己的产品准备很多词组，去掉个人标签用掉的几个，剩下的就写在简介里。注意，不要只是写一句话，更不要写成诗情画意的一句话，励志名言写在这里也是没用的。

简介的具体内容一般都是考虑搜索的概率来写的。需要注意的是，词语之间要用空格隔开，不要用任何标点符号。其次，写完后面要加上企业的电话号码或微信号、

QQ 号。但是，在简介中最好不要写网址。因为，对于手机用户来说，那些写在简介中的网址是无法直达的。图 3-12 所示为佳能微博的简介界面。

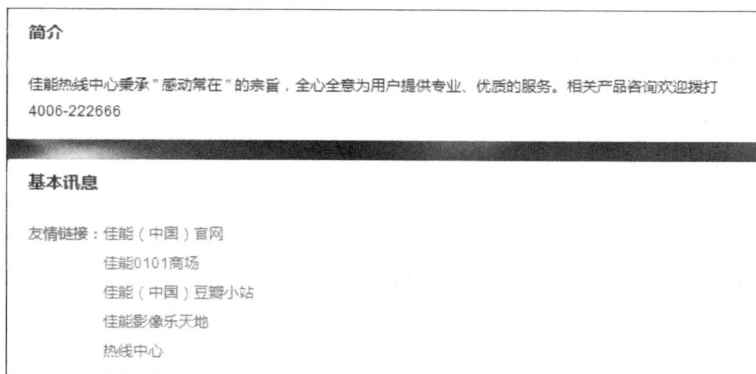

简介

佳能热线中心秉承"感动常在"的宗旨，全心全意为用户提供专业、优质的服务。相关产品咨询欢迎拨打 4006-222666

基本讯息

友情链接：佳能（中国）官网
佳能0101商场
佳能（中国）豆瓣小站
佳能影像乐天地
热线中心

▲ 图 3-12　佳能微博的简介界面

4．完善基本信息

对个人微博来讲，用户还应该完善微博的基本信息，信息越完善，就越能让用户了解你，也更方便用户搜索到你，毫无疑问，也可以增加用户的信任感。此外，用户最好将微博与自己的常用手机进行绑定，因为与手机绑定的用户可以享受到很多高级的功能。这样更方便微博平台开展业务。图 3-13 所示为个人用户的微博基本信息界面。

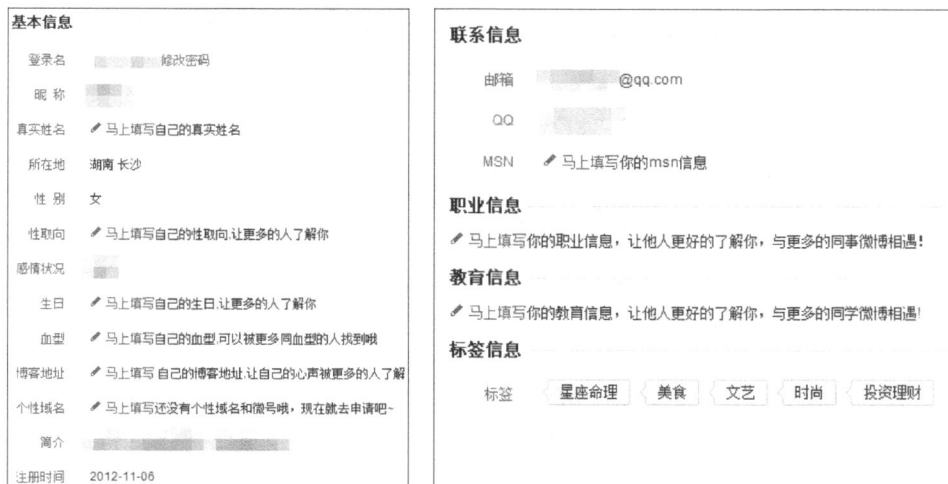

▲ 图 3-13　个人用户的微博基本信息界面

5．微博广告牌

微博广告牌主要是用来进行宣传推广的，它与 QQ 空间的背景设计相类似。微博用户只要开通会员就可以对背景进行自定义设置。用户在自定义设置时，可以将自己的二维码、微信号、QQ 号、电话号码、网店地址等具体信息添加上。这样的话，当别人打开你的微博主页，就可以看见你所有的联系方式了，方便他人与你取得联系。

微博最好申请认证。微博的个性域名可以用官方网址，没官方网址的可以用你的英文名字或微信号，这样能起到好记、互相支撑的作用。

3.3.2 推广内容技巧

对于微博营销来说，只是做完前期的工作是远远不够的。它更需要的是后期的内容的更新以及推广技巧的使用。用户不要注册好了一个微博后就放在那里当摆设，不去更新它。这样是不行的，因为根本没有发挥它的价值。但是，一天发几十条甚至几百条也是没必要的，这样只会让你的粉丝厌烦。对用户来说，每天平均发二十几条就差不多了。重点是，你发布的内容一定要有吸引力。

微博用户每天都应该发布一些粉丝感兴趣的、有创意的内容，只有这样才不容易"掉粉"，粉丝的忠诚度也会进一步提高。内容新颖的微博借助粉丝的转发可以让更多的人来关注你，这样就更加容易"吸粉"。papi 酱之所以能成为网络红人，最根本的就在于她发布的每一条微博的内容，对粉丝来说，都具有很强的吸引力。图 3-14所示为 papi 酱的微博界面。

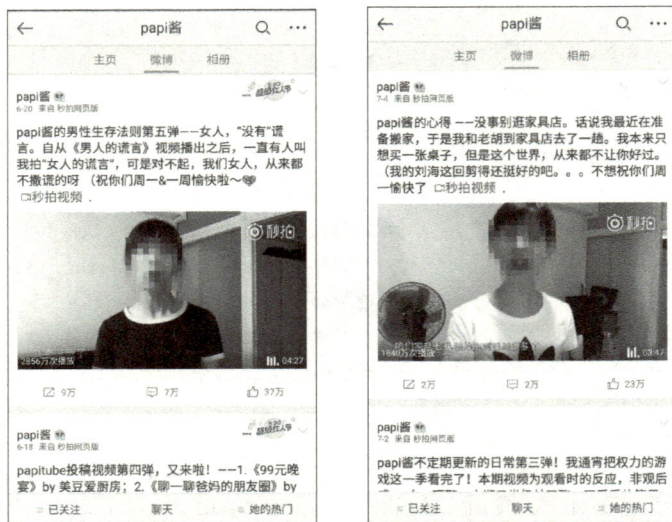

▲ 图 3-14　papi 酱的微博界面

微博内容的推广具有很多的技巧，下面对微博的推广技巧进行简单介绍。

（1）坚持原创，并且适当进行转发。

（2）增加发布的次数，提高微博的活跃度。

（3）图文并茂，在图片上打上水印，便于宣传。

（4）重视直播报道和现场直播，利用视觉冲击力来吸引粉丝的关注。

（5）内容要贴近生活、贴近现实，多发布与粉丝生活息息相关的内容。

3.3.3　标签设置技巧

微博个人标签能让用户搜索的时候快速找到你，还能增加在搜索结果中排名靠前的概率。个人标签的设定是非常讲究的，可以用 10 个词的形式来展现，如图 3-15 所示。

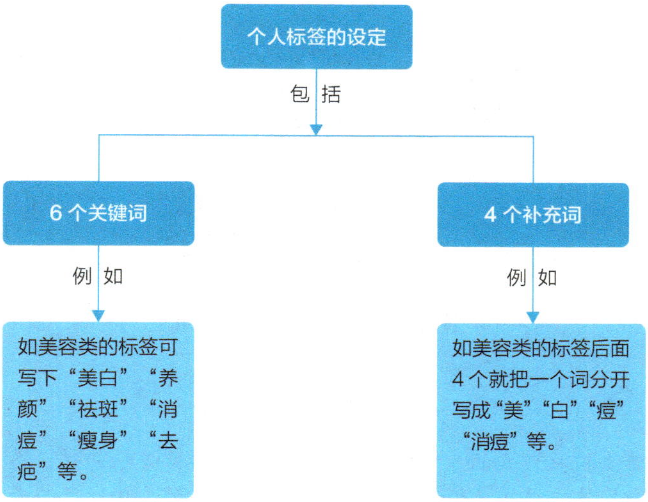

▲　图 3-15　微博个人标签的设定

💡 **专家提醒**

　　微博的标签设置之所以用 10 个词的形式来展现，目的就是让用户能够更快更好地搜索到你。由此可见，微博标签词的匹配度与用户对微博的搜索及曝光的概率是成正比的。

当然，微博个人标签设置也是有一定规则的，用户不能盲目地设置个人签名，否则，不仅取得的效果不佳，甚至还会阻碍微博的营销。

那么，微博个人标签设置有哪些规则呢？下面对微博个人标签的设置规则进行图解分析，如图 3-16 所示。

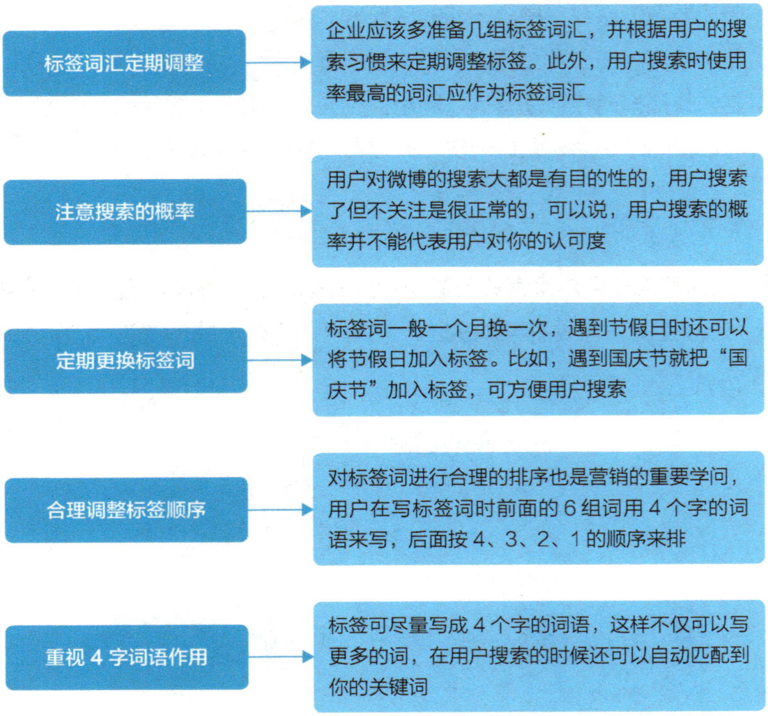

标签词汇定期调整	企业应该多准备几组标签词汇，并根据用户的搜索习惯来定期调整标签。此外，用户搜索时使用率最高的词汇应作为标签词汇
注意搜索的概率	用户对微博的搜索大都是有目的性的，用户搜索了但不关注是很正常的，可以说，用户搜索的概率并不能代表用户对你的认可度
定期更换标签词	标签词一般一个月换一次，遇到节假日时还可以将节假日加入标签。比如，遇到国庆节就把"国庆节"加入标签，可方便用户搜索
合理调整标签顺序	对标签词进行合理的排序也是营销的重要学问，用户在写标签词时前面的 6 组词用 4 个字的词语来写，后面按 4、3、2、1 的顺序来排
重视 4 字词语作用	标签可尽量写成 4 个字的词语，这样不仅可以写更多的词，在用户搜索的时候还可以自动匹配到你的关键词

▲ 图 3-16　微博的标签设置规则

💡 专家提醒

　　微博标签是用户搜索的入口，因此，要想做好微博营销的话，企业或商家必须重视对微博标签的设置。值得注意的是，微博标签还要体现产品或品牌，还要方便用户搜索。

3.3.4　提高粉丝技巧

　　微博营销是一种基于信任的用户自主传播的营销手段。企业在发布微博营销信息时，只有了解用户的兴趣并且取得用户的信任，才能够让用户愿意帮助企业转发、评论信息，进而使信息产生较大的传播效果与营销效果，如图 3-17 所示。

　　微博所处的不同阶段主要体现在微博的粉丝量上。企业要想提高粉丝量的话，首先要对自身微博进行管理，这是因为微博的每个账号最多只能加 2000 个关注。在粉丝还没达到 1000 时，企业就应该诚信互粉；当粉丝到 1000 时，企业就应该开始理关注的人了，即把那些粉丝量少的清理掉。

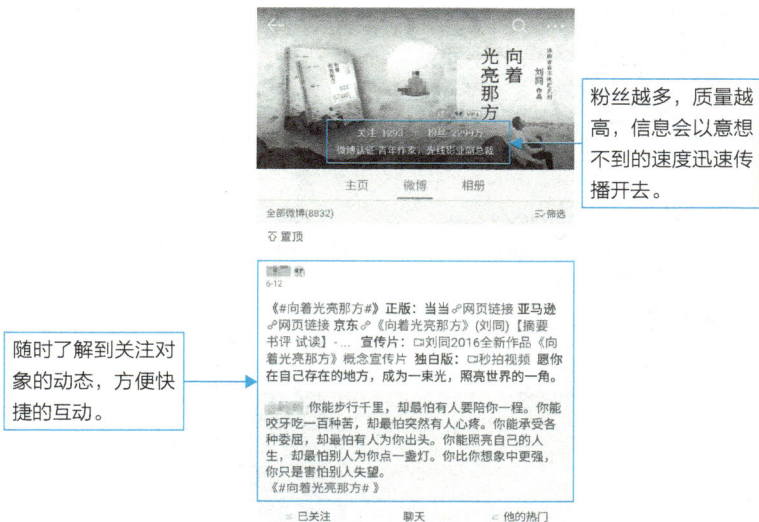

粉丝越多，质量越高，信息会以意想不到的速度迅速传播开去。

随时了解到关注对象的动态，方便快捷的互动。

▲ 图 3-17 微博粉丝的营销力量

企业在清理微博之后，可以开始对微博进行定位，并且每天要有计划地发布内容。就发布的内容来说，企业应该多发布一些原创的、有趣的、高质量的内容，不要发布一些没用的。只要这样坚持下去，粉丝量就会不断增长。当然，要想进一步提高粉丝量，还应该掌握以下几点技巧。

（1）坚持原创，多发布一些原创的微博，以吸引更多志同道合的粉丝关注。

（2）经常更新微博，多发布一些有内容的信息，不要半途而废。

（3）多组织活动吸引更多的粉丝加入，以提升微博的传播力。

（4）多与粉丝进行互动，积极 @ 别人并对其进行回复、转发、评论、点赞等。

（5）积极向知名微博投稿，利用微博积极推广自己，增加粉丝的关注与支持。

3.3.5 品牌营销技巧

在微博的平台里，企业可以对用户进行实时跟踪，从而快速地了解到用户在对企业产品或服务发出的质疑或请求帮助等信息。企业还可以通过微博来回复用户的信息，以解决用户的问题，避免用户因为不满而大规模地在网络上传播负面信息。微博这个服务平台能快速解决用户的问题，有效地提高客户的满意度，并实现品牌真诚度的累积。

例如，著名的餐饮品牌海底捞就利用微博快速了解到了用户的反馈信息，并通过即时回复，解决了用户的问题。海底捞举办过一次最佳幸福照评选活动，活动规定由海底捞的粉丝投票评选出最佳照片，如图 3-18 所示。

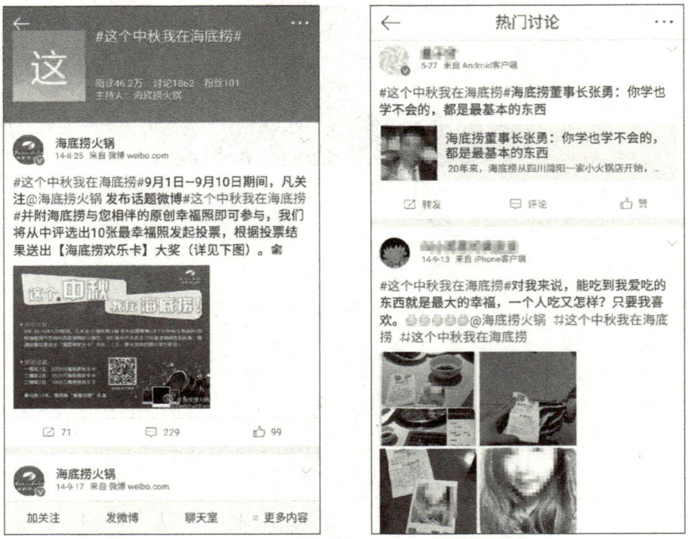

▲ 图 3-18　海底捞最佳幸福照评选活动

海底捞不仅在微博上利用粉丝的热门讨论来进行宣传推广，也从众多参与者中评选出 10 张最幸福照片来利用微博投票功能再次发动粉丝互动，以此来进一步提高粉丝的积极性和参与度，图 3-19 所示为海底捞最佳幸福照的获奖名单。

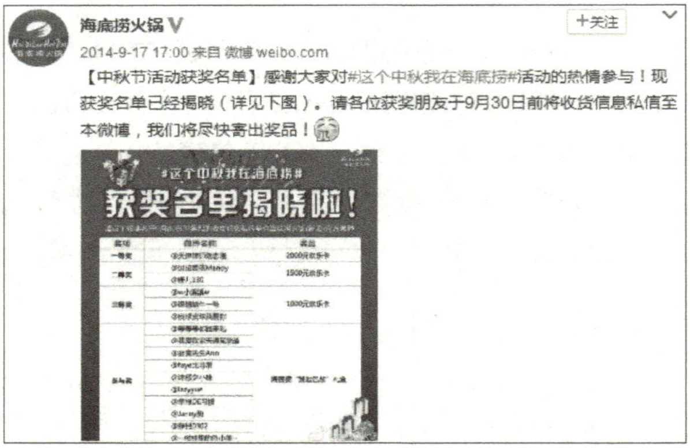

▲ 图 3-19　海底捞最佳幸福照的获奖名单

3.3.6　互动营销技巧

微博互动营销最主要的一点就是要主动与别人进行互动。当别人点评了你的微博后，你就可以和他们进行对话。企业或商家还可以利用微博举办一些具体的活动，以此来加强与粉丝的互动。在活动的互动中，可以挖掘客户或潜在的客户，以此来实现产品或服务的互动营销。

企业或商家可以举办一些抽奖活动或促销活动来吸引用户的眼球，进而增加与粉丝的互动。在抽奖活动中，企业或商家可以设置一些条件，比如用户按照一定的格式转发或评论相关信息，这样就有机会中奖。图 3-20 所示为网易云音乐在微博上发布的抽奖活动信息。

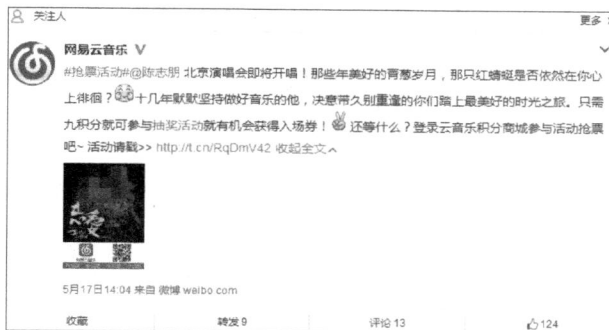

▲ 图 3-20 微博的抽奖活动

然而，在促销活动中，企业或商家应该提供比较大的折扣和优惠，只有这样才能够引发粉丝的病毒式传播，如图 3-21 所示。

▲ 图 3-21 微博的促销活动

在微博中发布促销信息时，文字一定要有吸引力，图片一定要精美。企业或商家还可以请各种人气博主帮忙转发，这样可以更加扩大促销活动的宣传力度。

总之，企业或商家只要不断地和粉丝互动，对粉丝发布的微博经常进行转发、评论，让粉丝感觉到自己的诚意，就可以获得粉丝的信任。获得粉丝的信任是企业或商家进行微博营销的第一步。与粉丝建立亲密的关系后，粉丝才能自愿转发相关的营销信息。

3.3.7　硬广告营销技巧

硬广告是生活中最常见的一种营销方式，指的是人们在报刊、杂志、电视、广播、网络等媒体上看到或听到的那些为宣传产品而制作出来的纯广告。微博中的硬广告传播速度非常快，涉及范围也比较广泛，常常以图文结合的方式出现，也常伴有视频或链接。下面对微博广告的特征进行图解分析，如图 3-22 所示。

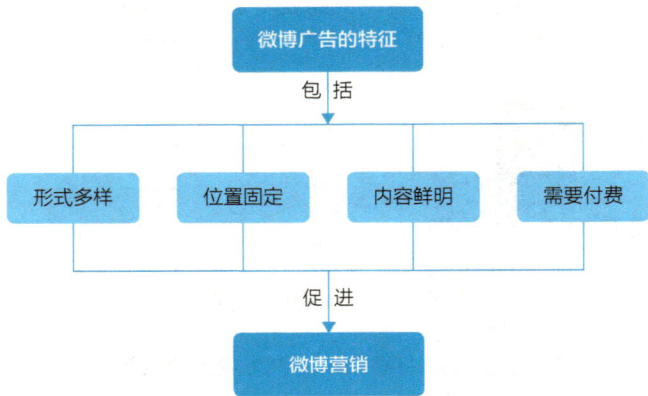

▲ 图 3-22　微博广告的特征

从现实来看，微博用户一般对各种硬广告大都有排斥心理，因此，企业在发布广告时，要尽量将那些硬广告软化，文字内容不要太直接，要学会将广告信息巧妙地设置在那些比较吸引人的软文里。只有这样，对用户才有吸引力。企业或商家发布的广告信息能够让用户产生转发的欲望，这才是微博广告营销的王道。

企业在发布微博硬广告时，最常见的也是最直接有效的方式就是图文结合。除此之外，企业在优化关键词的时候，也应该多利用那些热门的关键词，或者是那些容易被搜索到的词条，只有这样才能够增加用户的搜索率。

3.3.8　公关服务技巧

公关危机是各大企业都可能面临的重要问题，尤其是在这个病毒式传播的互联网时代，用户对产品或服务的负面评论很可能导致企业直接面临公关危机。作为一个信息共享的社区，微博的传播速度是非常快的，只要企业掌握了正确处理公关危机的技巧，才能够及时地将危机降到最低。在面临危机时，微博、企业及一些专门解决危机的专业团队都可以采取相应措施来进行危机公关。下面对微博的公关服务技巧进行图解分析，如图 3-23 所示。

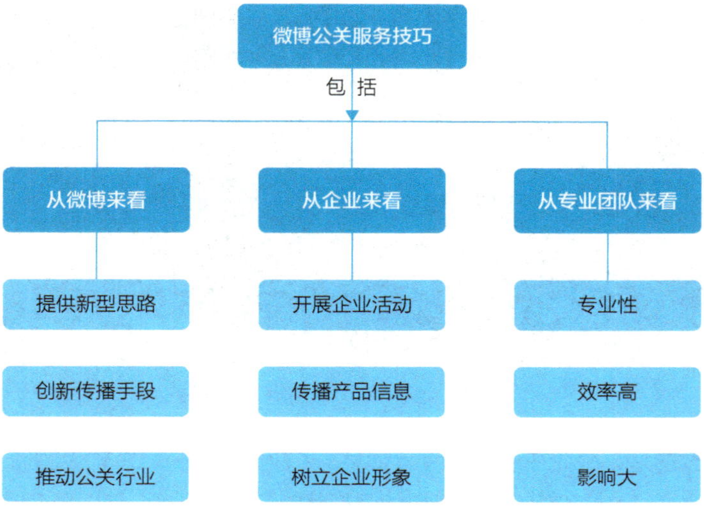

▲ 图 3-23 微博的公关服务技巧

💡 **专家提醒**

　　微博公关是企业解决公关危机的一种新的方式。企业利用微博平台进行危机公关，不仅效率高，而且影响大。企业通过参与和回复关注者的评论的方式，还可以实现与用户的互动，进一步影响舆论。

3.3.9　话题营销技巧

　　一般来说，微博用户在打开微博之后，大都会先选择微博里那些好玩的内容来浏览，然后就是查找热门微博或是查看热门话题。因此，对企业而言，就可以抓住用户的这一习惯，借势进行话题营销。

　　企业在进行话题营销时，首先应该了解用户对什么话题感兴趣，然后把这个话题策划成自己营销的内容。这样，用户在搜索话题时，就可以搜索到自己的内容了。企业一般在发微博的时候，应该对热门关键词加上双井号如"＃热门关键词＃"。这样就可以增加用户的搜索率了。

　　例如，电影《大鱼海棠》便是微话题营销上很好的尝试。在《大鱼海棠》上映不到一个星期的时间里，其话题的阅读量达到 28.6 亿次，讨论达 183.9 万次，粉丝达到 2.5 万人。这对于在微博上的影视类宣传来说，毫无疑问是一次成功的微博营销。图 3-24 所示为《大鱼海棠》话题的界面。

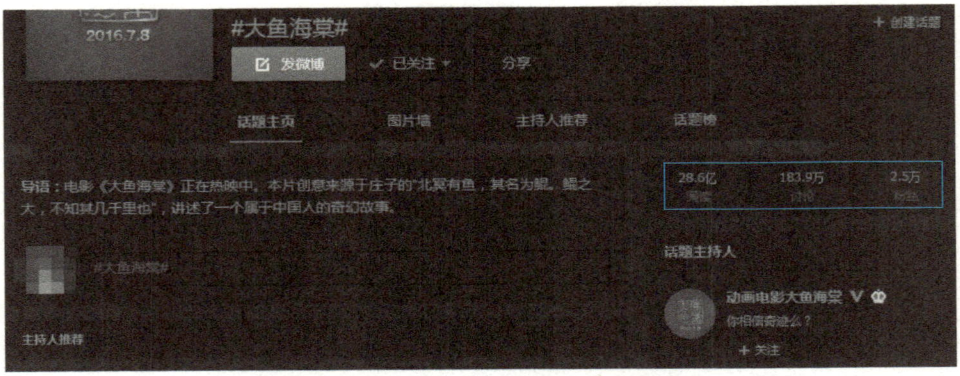

▲ 图 3-24　《大鱼海棠》话题

　　值得注意的是，企业在进行微博运营时，还应该适当地转发别人的微博，对别人的微博进行留言。这样的话，不仅可以加强彼此的互动，也可以获取更多博主的信任。你对别人的关注度高，别人也会对你更加关注。这就是微博营销的主要策略之一。

　　企业在转发别人的微博时一定要把握一个度，转发过多、留言过多、互动过多的话，只会让别人感到厌烦，甚至是对你取消关注。因此，企业在进行微博运营时一定要坚持适度原则，只有把握好了那个度，才能够让企业的微博营销真正地达到自己想要的效果。

> **💡 专家提醒**
>
> 　　话题营销是企业在进行微博营销时采用的主要方式之一。企业在进行话题营销时一定要注意选择正确的话题，只有将品牌和产品的实际情况准确地融入到正确的话题之中，才能够取得话题营销的成功，否则，只会让营销内容显得格格不入，既不能达到营销的目的，也不能让微博用户信服。这样，微博营销也就变得毫无意义了。

3.4　微博运营的误区

　　对于企业来说，在进行微博运营时，不仅要掌握微博的推广技巧，还要学会规避微博营销的误区，只有这样才能避免造成一些不必要的损失。企业不要妄想刚进驻微博平台就能取得明显的营销效果，因为微博营销是一个循序渐进的过程。企业只要认清自己的位置，找准合适的目标，并且巧妙地规避误区，才能够在微博平台上开辟出一片属于自己的营销天地。

　　微博运营的误区主要包括以下 5 个方面。

（1）微博适用所有企业及产品。

（2）把微博作为唯一的营销平台。

（3）微博帖子的撰写十分容易。

（4）每天发帖就算营销完成。

（5）转发量大就算达到效果。

本节主要对微博运营的这 5 个方面的误区进行具体分析。企业或商家应该对本节内容足够重视，以便在自身进行微博运营时可以做到成功地规避误区，以真正地实现微博营销的价值。

3.4.1 微博适用所有企业及产品

微博作为一种新型的营销工具，相比其他平台而言，也有自身的短板。因此，并不是所有的企业及产品都适合进行微博营销。下面对微博自身的短板进行图解分析，如图 3-25 所示。

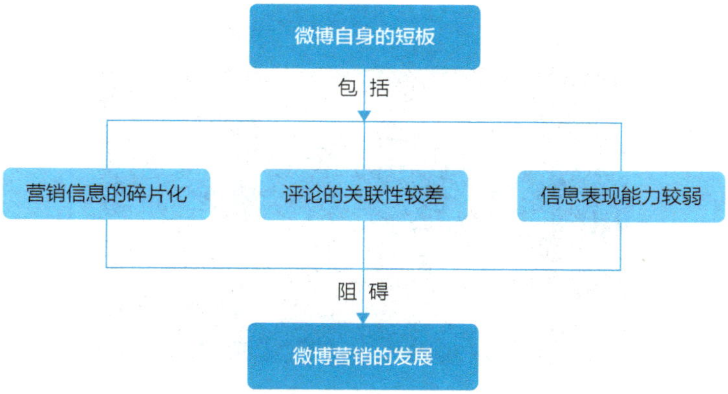

▲ 图 3-25 微博自身的短板

任何营销工具都不会是万能的，它都有其自身的短板。当然，微博也不例外。因此，企业或商家在进行营销时，就要对营销工具进行正确的选择。但是，选择好了正确的营销工具还是不够的，企业或商家还应该运用正确的营销方法才能够打响营销之战。下面对微博营销的正确做法进行简单介绍。

（1）对自身发展及相关产品的特点进行了解。

（2）对产品进行精准的定位，锁定目标客户群。

（3）加强与用户的互动，稳定客户群的同时，也要扩大潜在客户。

（4）抓住潜在客户的特点。为此，企业对其营销策略也要做出相应的调整。

（5）保证企业在微博营销中具有一定数量的客户或潜在客户。

> 🔵 **专家提醒**
>
> 　　企业在进行营销活动时，一定要找准适合自身发展的营销平台。要知道，并不是所有的企业都适合利用微博来进行营销的。那些不适合利用微博进行营销的企业应该早点寻找适合自己的发展平台，如微信、QQ、博客、BBS 等。只有找准适合自身发展的平台，企业在营销活动中才能够产生明显的营销效果。

3.4.2　把微博作为唯一的营销平台

　　一般来说，营销活动都不是通过某一个单一的渠道就可以完成的，企业利用各种平台进行营销才能取得较好的效果。那些为了夸大微博的营销作用，称只要把微博这个平台利用起来就不再需要其他的营销渠道的说法是错误的。

　　微博是一个很好的营销平台，但绝不是唯一的平台。企业可以打通多种营销渠道，采取多面夹击的方式，获取品牌用户。说到企业的多渠道营销，诺基亚就曾做得很好。诺基亚曾为了推出其品牌手机 N8，与新浪微博、人人网、开心网和优酷网等平台联合对产品进行了全面的营销推广，获得了很好的传播效果，如图 3-26 所示。

▲ 图 3-26　诺基亚 N8 全社交网络营销推广

3.4.3　微博帖子的撰写十分容易

　　虽然微博的帖子被要求控制在 140 字以内，非常短小精悍，但是要写好一篇140 字以内的帖子也不是那么容易的。就微博营销来说，140 字既要包括产品或服务的所有内容，也要吸引用户以达到营销推广的目的，其难度可想而知。对微博的帖子进行撰写也是有一定技巧的，企业只要真正地掌握好了这些基本的技巧，很好地完成一篇微博帖子是不成问题的。下面对撰写微博帖子的技巧进行简单介绍。

1. 构思巧妙，具有创意性

　　企业发布的微博营销的帖子一定要具有创意性。撰写微博帖子之前拥有一个巧妙的构思，才能够使帖子更好地吸引用户。企业发布的微博营销的帖子一定要让客户感觉到既有趣好玩又有利可图，只有抓住用户的这种心理，才能吸引更多的用户参与进来，回答相关问题并且帮忙转发。

2. 内容清楚，表达方式新颖

企业在撰写微博帖子内容时，一定要将所有的信息量表达清楚，并且要注意文字表达的话语口气。一般来说，微博帖子的话语口气不要太生硬，否则只会将软文写成硬广告，使用户产生反感。如果有必要的话，企业还可以借助图像、音频或视频来配合帖子中的文字描述。

> 💡 **专家提醒**
>
> 在撰写帖子时，也要注意各种修辞手法甚至是标点符号的正确运用。有时候，一种恰当的修辞手法或者是标点符号可以让帖子获得意想不到的效果。总之，微博帖子虽然简短，但是真正撰写起来却并不是一件简单的事，它需要企业精心的构思。

3.4.4　每天发帖就算营销完成

目前，微博的营销团队大多是由一些兼职人员组成的。团队的管理者给这些兼职人员规定一定的量，只要团队成员每天发布相应的帖子数量，就可以算作基本完成了微博营销的相应任务。

对企业的微博营销来说，每天发帖固然是好事，但是，那种认为每天发帖就算完成微博营销的想法和做法，肯定是错误的。很简单的一个原因是，并不是每天发的帖子都能够产生营销效果，也并不是每天发帖子就能够促进产品的营销。其实，企业进行微博营销时有很多的发帖技巧，下面进行图解分析，如图 3-27 所示。

企业在进行微博营销时，不仅要掌握这些发帖的技巧，也需要安排专业人员来进行官方微博的维护及利用微博小号进行品牌舆论的宣传，以扩大用户群体。对于微博营销来说，定期更新合理的内容，制造引人热议的话题，才会形成品牌价值，收获更高的营销价值。

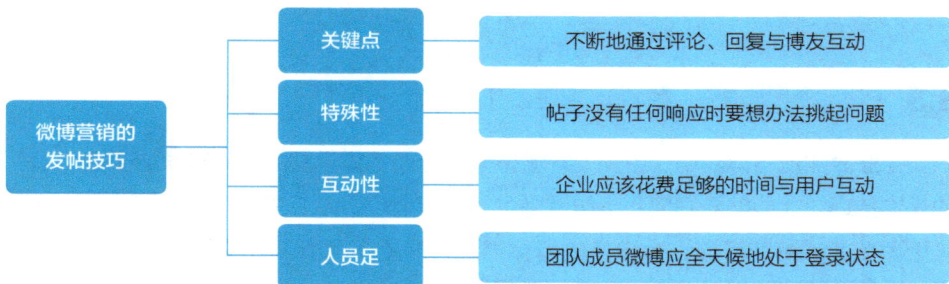

微博营销的发帖技巧	关键点	不断地通过评论、回复与博友互动
	特殊性	帖子没有任何响应时要想办法挑起问题
	互动性	企业应该花费足够的时间与用户互动
	人员足	团队成员微博应全天候地处于登录状态

▲ 图 3-27　微博营销的发帖技巧

3.4.5 转发量大就算达到效果

很多人认为，微博的评论数多，转发量大就代表了其传播效果广泛。其实，这种观点是错误的。微博的评论数和转发量虽是衡量营销效果的重要指标，但其传播效果并不能完全依照评论数和转发量来看。因为，有时候也会出现评论数和转发量相当大，但是其营销效果却并不明显的情况。企业微博营销出现转发量大但是效果不明显的情况的主要原因包括以下两个方面。

1. 抽奖专业户或马甲账号及水军账号的存在

由于微博中的大量抽奖专业户或马甲账号的存在，企业在进行微博营销时很容易被表面的评论数和转发量所迷惑，难以判断其微博营销的真正传播效果。除此之外，大量水军的存在，也是传播效果不明显的重要原因之一。

水军账号一般粉丝数量很少，对企业的微博营销来说，它只会带来一些表面的繁荣，并不能产生实质性的效果。水军账号的存在也只会给企业增加一些表面的粉丝，对微博营销的贡献非常小。因此，企业想要获得真正的粉丝，还必须整治水军账号。

2. 评论数和转发量的质量问题

如果微博的评论数和转发量都是真实的话，那么，就要对它们的质量进行把关了。在此，微博的质量指的是评论中的那些有价值的评论及转发中的那些高质量的账号。其中，高质量的账号包括带∨字的用户、相对专业的用户及粉丝较多的用户。如果能够确保评论数和转发量都是真实的，并且这两个数据都很低，那么，这样的微博营销效果就真的不算好了。

> 💡 **专家提醒**
>
> 在刚开始涉入微博营销时，企业必须让从事微博营销的团队在一定时间内熟悉微博的使用特点，增加自己的关注人数，进而争取更多的粉丝。
>
> 微博营销者可以通过发帖参与他人的帖子讨论来寻找粉丝；也可以通过@某人的方式来吸引某些知名博友的关注。总之，营销团队成员的微博必须在拥有一定的粉丝之后，才可以真正地进行微博营销。

3.5 微博运营的案例

企业要实现微博营销，首先要知道微博平台是怎样运营的，只有掌握了微博运营的基本技巧，才能够更好地利用微博来进行宣传推广。本节主要对微博运营进行案例分析，企业或商家可以结合自身的具体情况，借鉴下面所要介绍的品牌的微博营销方法。

3.5.1 快书包：全员微营销

　　快书包是徐智明创办的一家专注于畅销书的公司，主要服务地点在北京、上海、西安、成都、长沙、杭州、深圳这七大城市。快书包实行的是"限时送"和"定时送"这两种配送服务方式，并在这七大城市中推行"一小时到货"服务。快书包在营销方面最突出的是它的微博营销，图 3-28 所示为快书包的微博主页。

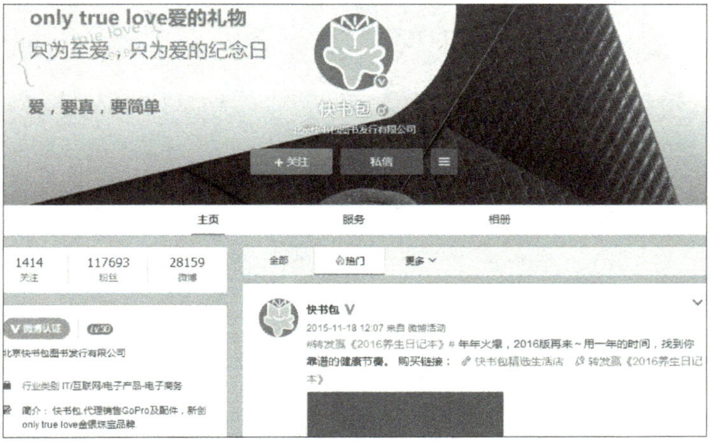

▲ 图 3-28　快书包的微博主页

　　快书包的微博营销主要表现在微客服和全员微营销这两个方面。快书包的微客服服务态度非常好，回复速度也非常快，这是值得每个公司的客服人员学习的。但是，快公司的全员微营销战略更是快书包中的营销王牌。在微博中搜索关键词"快书包"，查看有关快书包的微博可以发现，很多帖子都会既 @ 快书包又 @ 徐智明。图 3-29 所示为快书包的粉丝微博截图。

▲ 图 3-29　快书包的粉丝微博截图

　　快书包近一半的订单都是来自于微博营销，这也就是徐智明，作为公司的老总，能够经常守在微博前的重要原因之一。

快书包除了拥有一个总的官方微博以外，每个地区也都有自己的官微，并且用户还可以很容易搜到快公司高管的微博。这样不仅方便每个地区的用户在当地的官方微博上与快书包的工作人员取得联系，也可以方便快书包加强地区管理。图 3-30 所示为快书包部分地区官方微博截图。

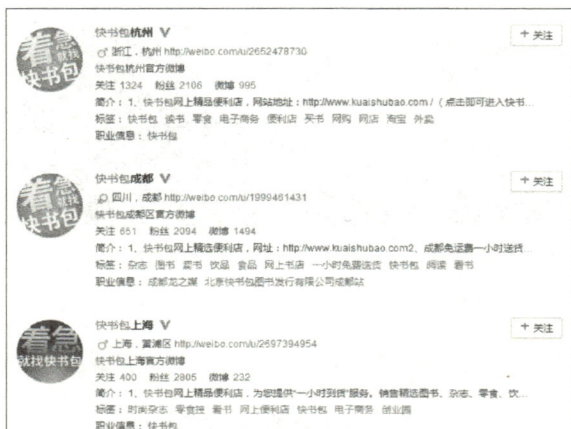

▲ 图 3-30   快书包部分地区官方微博截图

3.5.2   凡客：粉丝团话题营销

凡客的微博营销最著名的就是它的凡客体和挺住体。这两种营销方式新颖而别致，吸引了很多粉丝的关注。其实，凡客的微博营销主要体现在它的品牌塑造和话题营销两个方面。下面对凡客的微博营销进行图解分析，如图 3-31 所示。

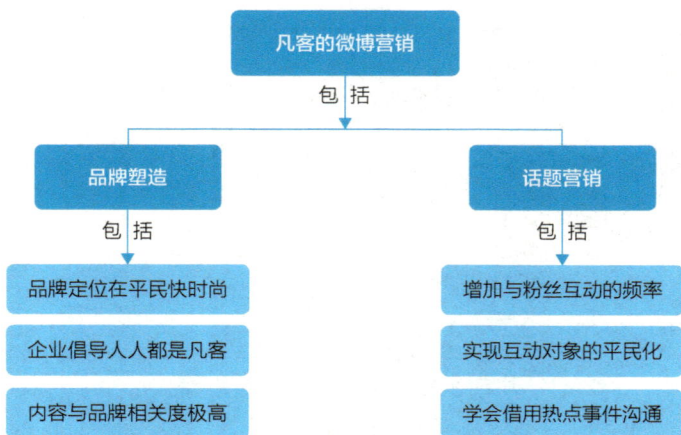

▲ 图 3-31   凡客的微博营销

💡 **专家提醒**

凡客在微博营销中，将品牌塑造与话题营销很好地进行了结合。在增加粉丝量的同时也进一步推动了品牌推广。其实，凡客营销最突出的就是它那平民化的定位。在粉丝互动时，不管是明星、名人还是普通的粉丝，它都会与其进行互动。这不仅让用户受到尊重，也与品牌平民化的定位达成了一致。

3.5.3　海底捞：微博传递出的服务精神

海底捞是一家以经营川味火锅为主的品牌火锅店，现已在国内的很多城市甚至在美国、日本等国家都已开设海底捞连锁餐厅。它的火锅味道地道，并且物美价廉，吸引了很多喜欢吃火锅的顾客。图 3-32 所示为海底捞的火锅图。

海底捞的营销主要体现在它的服务上。例如，当遇见外地客户时，工作人员会在他们点的菜上写上欢迎词。当遇见过生日的顾客时，海底捞还会送给顾客长寿面和果盘以表示祝福，如图 3-33 所示。

▲ 图 3-32　海底捞的火锅图

▲ 图 3-33　海底捞的服务

　　海底捞一向都是以服务至上，热情、周到、贴心的服务不仅让海底捞获得了良好的口碑，也是其顾客源源不断的重要原因之一。

3.5.4　康师傅："二次元"微博方便吗

　　康师傅的香辣牛肉面打造过一个名为"香辣小宝"的卡通形象，并用这个形象在腾讯微博上建立了一个卡通账号，利用这个卡通化的品牌形象来与消费者进行互动、联系，赢得了众多消费者的喜爱。图 3-34 所示为康师傅香辣牛肉面的腾讯微博首页。

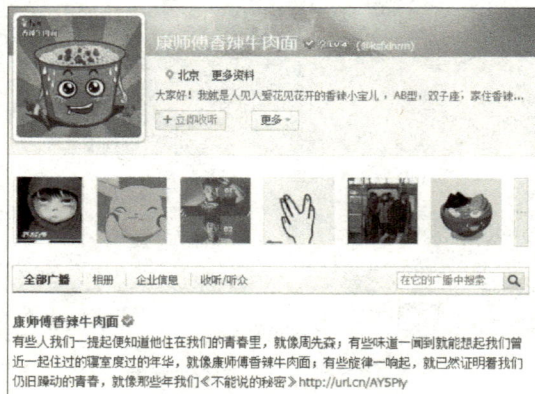

▲ 图 3-34　康师傅香辣牛肉面的腾讯微博首页

康师傅香辣牛肉面在"香辣小宝"在这个主账号的基础上，还设置了 4 个子账号，共同组成了"香辣好伙伴"。康师傅香辣牛肉面品牌在这 4 个账号的共同配合下，实现了最大化的品牌营销。

3.5.5　百事："把爱带回家"

2016 年，百事可乐继续沿袭了往年的"把乐带回家"主题春节营销活动。此次活动借势猴年上架了"乐猴王纪念罐"，如图 3-35 所示。此外，百事可乐还与六小龄童共同合作，推出了"把乐带回家之猴王世家"的广告。百事可乐利用名人效应及消费者对传统猴王的认同感将这则广告进行了病毒式的传播，以致"乐猴王纪念罐"也产生了脱销的状况。那么，百事是怎样在 2016 年将"把爱带回家"玩出新意的呢？下面对其进行具体分析。

1．迎合年轻消费群体

百事可乐的固定消费群体一般集中在年轻一代，然而，现在的年轻人一般都比较喜欢一些有新意的东西。"乐猴王纪念罐"的推出，不仅体现了猴年浓浓的年味，也迎合了年轻消费群体爱创新、爱折腾的个性。

2．产品本身要有创意

猴年春节离不开的一个话题就是"美猴王"，百事可乐借美猴王这样一个既有代表性又有个性的人物形象打造出的"乐猴王"形象，不仅符合了"把乐带回家"的活动主题，也迎合了猴年的浓浓年味。这样的创意，既是一种设计的创新，也是一种情感的维系。

3．为产品注入文化元素

百事可乐携手六小龄童拍摄的"把乐带回家之猴王世家"的广告，其广告语只在片尾出现，其实，可以说是百事可乐的一种广告软植入。这样做的好处是，更能突出猴王世家的文化元素。

▲ 图 3-35　百事可乐"乐猴王"

第4章

微信篇——最接地气的媒体运营

学前提示

移动互联网时代，微信营销已成为一种新型的营销模式。用户只要注册微信账号，就可以通过摇一摇、扫一扫、漂流瓶等手段进行增粉，也可以通过微信群、个人微信公众号、微信朋友圈等渠道推广自己的产品，从而达到点对点的推广营销目的。本章主要向读者介绍的是微信营销的具体情况。

要点展示

- ≫ 了解微信营销
- ≫ 微信运营模式
- ≫ 微信运营的商业价值
- ≫ 微信推广运营的方法
- ≫ 朋友圈五大运营模式
- ≫ 微信营销的八大误区
- ≫ 微信运营案例

4.1　了解微信营销

现如今，微信使用得越来越频繁，从聊天到创业赚钱，微信逐渐融入到了人们的生活当中，成为人们生活中不可或缺的一部分。毫无疑问，微信营销已成为各大企业或商家进行营销推广的重要方式之一。本节主要从微信营销的特点和作用这两个方面来进行具体分析。

4.1.1　微信营销的特点

微信营销是在互联网经济时代兴起的一种新型的营销模式。企业或商家利用微信平台向用户推广自己的产品或服务信息，进而实现产品的营销推广。下面对微信营销的特点进行图解分析，如图 4-1 所示。

点对点营销	→	微信公众平台的各种信息都是可以进行推送的，并且微信的每个用户都可以接收到此信息，是商家点对点的精准化的营销平台
形式灵活多样	→	企业或商家可以利用位置签名、二维码、开放平台、公众平台等多种方式进行营销，甚至还可以利用漂流瓶来与用户进行互动活动
实现强关系	→	利用互动的方式与用户建立联系，进而打造强关系。企业与消费者建立强关系后，有助于其实现更大的价值

▲　图 4-1　微信营销的特点

微信营销的形式主要有位置签名、二维码、开放平台、公众平台这三大类型。下面对这三大形式的特点进行简单介绍。

1. 位置签名

微信用户的签名档可以说是一个免费的广告位。进行微信营销时，可以利用微信用户的位置签名来进行宣传推广。例如，K5 便利店就是利用这种位置签名来进行营销的。

2. 二维码

微信的二维码营销是微信营销的重要方式，并且进行微信营销的主体都有自己的二维码。用户可以通过扫描二维码来关注营销主体，而企业也可以利用折扣和优惠来吸引用户的关注，进而实现线上线下的营销。

3. 开放平台

对企业来说，微信开放平台也是一个很好的营销方式。企业可以在微信开放平台上接入第三方应用，并且利用这个应用来将自身的 LOGO 放入微信附件栏中。企业为用户提供这样一个可以进行内容选择与分享的平台，也是实现口碑传播的有效方式。

4. 公众平台

现如今，微信公众平台趋向于个人化。每个人都可以利用自己的邮箱、微信号、QQ 号等来建立自己的微信公众号，并且以文字、图片、语音等各种方式来与用户进行沟通与互动，以实现群体化、个性化的交流。

4.1.2　微信营销的作用

微信营销已成为各大企业或商家都会选择的重要营销方式之一。那么，对于企业来说，微信营销到底有哪些作用呢？下面对微信营销的作用进行图解分析，如图 4-2 所示。

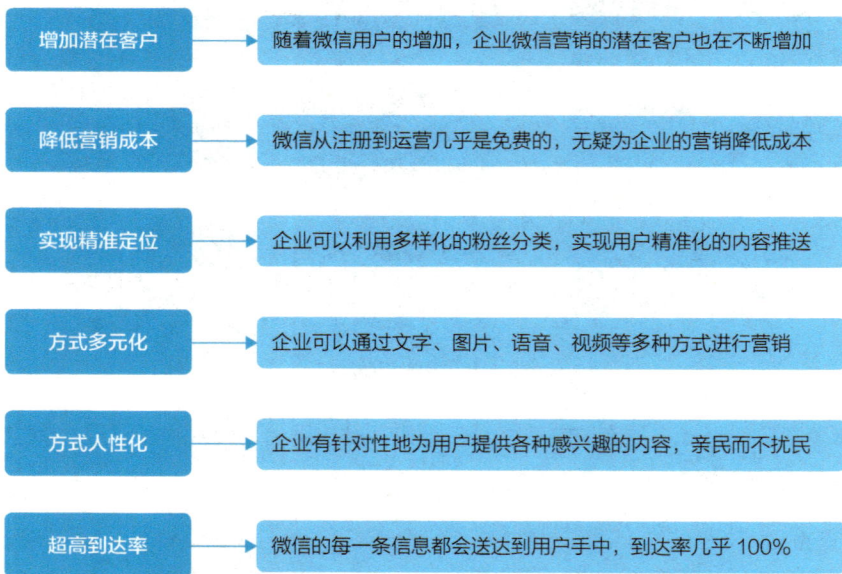

增加潜在客户	➤	随着微信用户的增加，企业微信营销的潜在客户也在不断增加
降低营销成本	➤	微信从注册到运营几乎是免费的，无疑为企业的营销降低成本
实现精准定位	➤	企业可以利用多样化的粉丝分类，实现用户精准化的内容推送
方式多元化	➤	企业可以通过文字、图片、语音、视频等多种方式进行营销
方式人性化	➤	企业有针对性地为用户提供各种感兴趣的内容，亲民而不扰民
超高到达率	➤	微信的每一条信息都会送达到用户手中，到达率几乎 100%

▲ 图 4-2　微信营销的作用

4.2　微信运营模式

微信，是一种生活方式。它功能强大，远远超越了社交媒体交流平台的定义。

从免费的短信聊天功能，到最火热的语音交流体验，再到"摇一摇""搜索号码""附近的人""扫二维码"等功能的增加，微信为广大用户提供了更多的信息传播渠道，同时这些功能也给用户带来了全方位、高品质的服务体验。除此之外，微信用户还可以将看到的精彩内容分享到微信朋友圈。微信运营有四大模式，主要包括"扫一扫""查看附近的人""漂流瓶""微信公众平台"。本节主要对微信运营的这四大模式进行具体分析。

4.2.1 扫一扫

"扫一扫"是二维码在微信上的具体应用，并且这种应用方式因其私密性而受到广大微信用户的青睐。现如今，用户通过微信的"扫一扫"功能扫描二维码，就可以实现微信所提供的各种各样的应用。图4-3所示为微信"扫一扫"按钮和"扫一扫"功能界面。

▲ 图4-3 微信"扫一扫"按钮和"扫一扫"功能界面

微信扫一扫已成为各大企业进行营销的主要方式之一。具体来讲，微信的这个功能让二维码将企业的商业活动轻松地带到了每个用户的手机中。用户通过微信扫一扫功能，就可以实现图4-4所示的情境。

> **专家提醒**
>
> 现如今，随着二维码技术的提升，很多实体商城已经实现了微信扫码支付的功能。无论实物商品还是虚拟商品，用户只要在微信上轻轻扫一扫，就能够方便快速地实现购买。由此可见，二维码的出现，不仅给企业或商家带来了全新的营销模式，也给消费者提供了方便快捷的消费方式，是应时代潮流而生的产物。

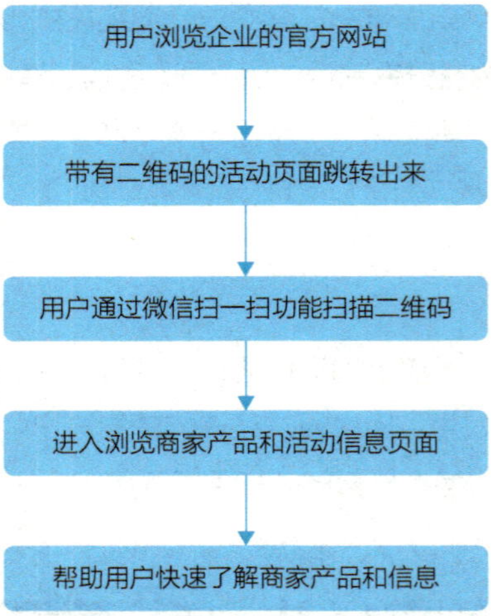

▲ 图 4-4　微信扫一扫功能帮助商家实现的情境

4.2.2　查看附近的人

　　"附近的人"是微信推出的一项 LBS（Location Based Service，基于位置的服务）功能。用户只要开启这个功能就能够根据自身的具体位置找到附近的人，但是，条件是对方也要开启这个功能才行。微信用户利用"附近的人"可以轻轻松松地找到身边的微信用户，进而实现交友和推广。因此，可以说，"附近的人"给微信用户提供了一个认识身边的人的大好机会。

　　例如，假设企业的目标用户为企业白领，那么企业就可以在城市的商业地段进行定位，并且通过"附近的人"来寻找企业白领。具体的操作流程如图 4-5 所示。

💡 **专家提醒**

　　对企业而言，微信提供的"附近的人"这个功能，也是企业利用微信实现营销推广的一大切入点。企业可以利用"附近的人"并且根据自身产品和目标用户的定位来选择合适的地段进行 LBS 营销。

　　在微信上，具体操作方法如下。

　　（1）启动微信 APP，进入"发现"界面单击"附近的人"选项，如图 4-6 所示。

　　（2）进入"附近的人"界面，单击"开始查看"按钮，如图 4-7 所示。

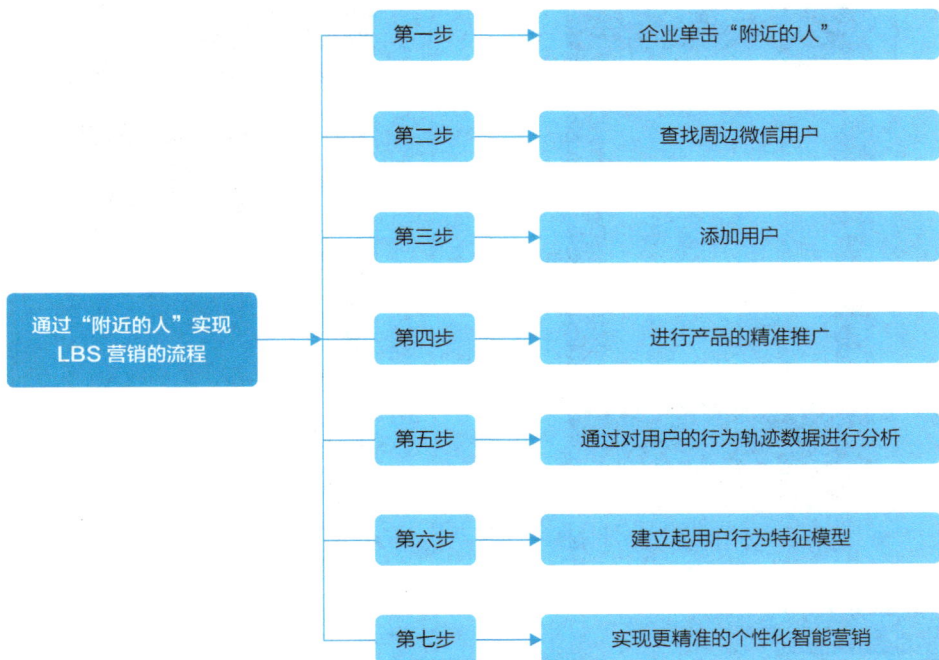

▲ 图 4-5 通过"附近的人"实现 LBS 营销的流程

▲ 图 4-6 单击"附近的人"选项

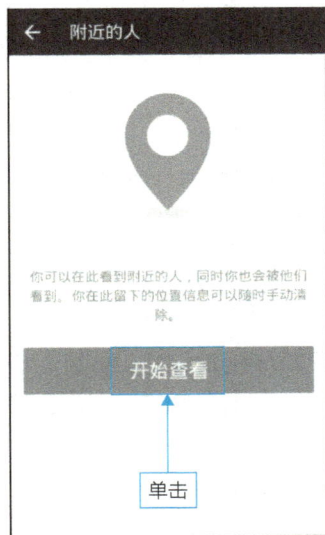

▲ 图 4-7 单击"开始查看"按钮

（3）执行操作之后，弹出"提示"的对话框，单击"确定"选项，如图4-8所示。

（4）执行操作后，即可查看附近的微信用户，如图4-9所示。

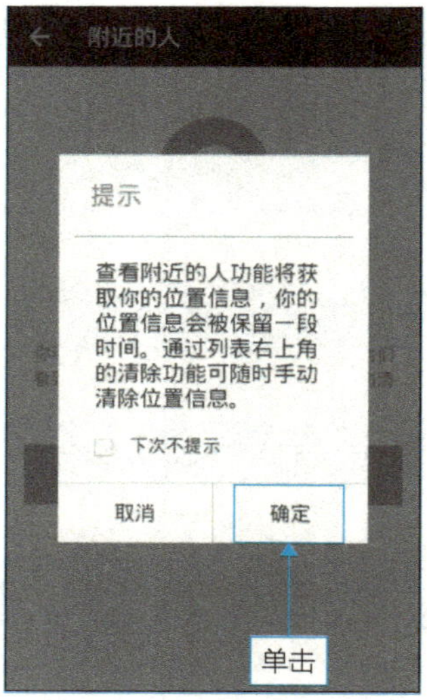

▲ 图4-8 弹出"提示"对话框

▲ 图4-9 查看附近的微信用户

💡 **专家提醒**

　　企业利用"附近的人"功能添加好友之后，可以用两种方式进行宣传：第一，积累用户，做长远打算；第二，即刻利用群发功能发起宣传。这样宣传的优势是成本低、能够达到100%的信息接收率。

4.2.3　漂流瓶

　　现如今，微信用户想要结交陌生的好友并不是一件难的事情。除了通过以上提到的"查找附近的人"以外，用户还可以通过"摇一摇"及"漂流瓶"来寻找自己感兴趣的好友。

　　"漂流瓶"与查找"附近的人"不同的是："附近的人"要通过查看并向对方打招呼才能与其进行交流，这种方式只能是一对一的，具有一定的针对性。但是，"漂流瓶"则不一样。用户只要将自己想要发出的内容编辑在瓶子里面，然后将瓶子扔进大海里，就可以让捡到瓶子的人收到自己的信息。可见，"漂流瓶"是没有针对性的，体现出了一定的随机性。

　　对于企业而言，"漂流瓶"的好处在于企业可以将自己的微信营销内容直接编辑在漂流瓶里，然后"扔出去"。这样，不仅为那些对其感兴趣的用户提供了商业信息，同时也一定程度上避免了对陌生人的干扰。

　　下面主要介绍一下微信漂流瓶的使用方法。

（1）单击微信界面下面的"发现"按钮，如图4-10所示。

（2）进入"发现"界面，然后单击"漂流瓶"按钮，如图4-11所示。

▲ 图4-10 单击"发现"按钮

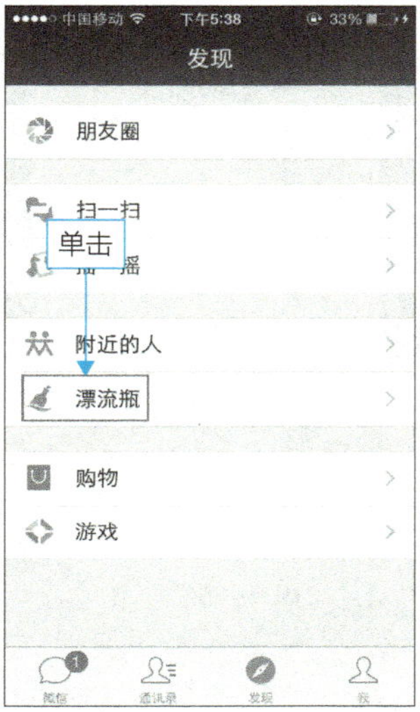

▲ 图4-11 单击"漂流瓶"按钮

（3）执行操作之后，进入相应界面，单击"扔一个"按钮，如图4-12所示。

（4）进入相应的界面，单击左下角的"⌨"按钮，如图4-13所示。

▲ 图4-12 单击"扔一个"按钮

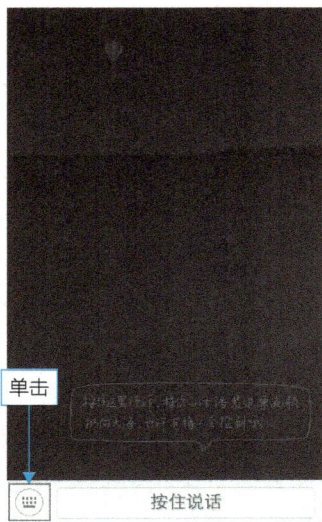

▲ 图4-13 单击"⌨"按钮

（5）进入相应的界面，在相应的文本框中输入文字，如图 4-14 所示。

（6）执行操作之后，单击"扔出去"按钮，如图 4-15 所示。

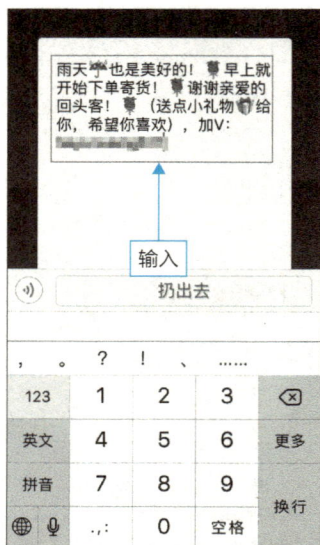

▲ 图 4-14 在文本框输入文字

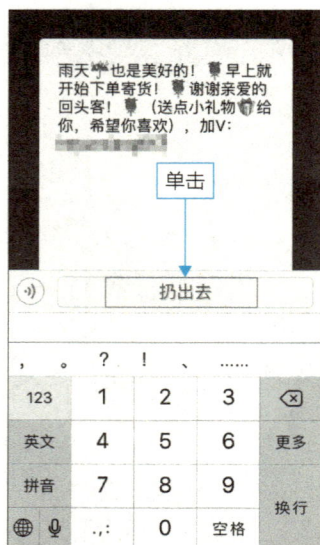

▲ 图 4-15 单击"扔出去"按钮

💡 专家提醒

　　值得注意的是，微信漂流瓶的数量是有限的。因此，建议大家每天都用掉，然后坚持不懈地执行下去。长此以往，一定会收到意想不到的效果。由于微信官方可以更改漂流瓶的数量，让企业能将其营销信息传递给更多的人群。

　　因此，企业可以和"微信"合作，让"微信"帮自己更改漂流瓶可抛出的数量，使更多的用户能捞到瓶子，从而顺利完成营销信息的推广。

4.2.4　微信公众平台

　　目前，微信公众平台已成为了企业进行互动营销的主要方式之一。在移动互联网不断发展的当下，企业进行微信公众平台的运营，直接加强了企业与用户之间的交流，拉近了商家与消费者之间的距离的同时，也使得这种营销渠道更加细化。

　　下面主要介绍一下微信公众平台的使用方法。

　　（1）进入微信公众号界面，找到"素材管理"，并且找到"新建图文信息"，如图 4-16 所示。

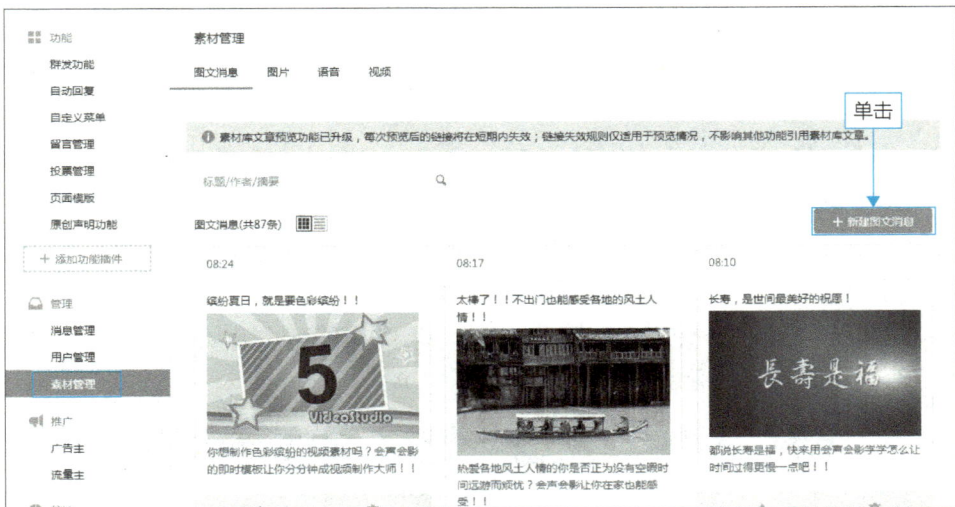

▲ 图 4-16 查找"素材管理"并单击"新建图文消息"

（2）在"新建图文消息"中，找到相应的文本框就可以编辑文本了。在编辑文本完成后，单击"保存"即可保存，单击"预览"即可预览，单击"保存并群发"即可保存并发送，如图 4-17 所示。

▲ 图 4-17 微信公众号编辑文本的界面

4.3 微信运营的商业价值

企业或商家之所以会选择微信作为自己的营销方式之一，其实主要看中的就是它的商业价值。本节主要对微信运营的商业价值进行具体分析，读者应重点把握本节内容。

4.3.1　微信号：你的身份标志

互联网时代，ID 成为人们识别个人身份的重要标志。普通用户利用它来记录个人行为，商业机构却会利用它来寻找客户。然而，微信的出现却能够让每个 ID 变得更加具体化。对企业而言，这也是实现精准营销的重要条件。

微信账号的具体之处主要表现在它能够为他人提供用户的基本信息。例如，性别、地址等，如图 4-18 所示。

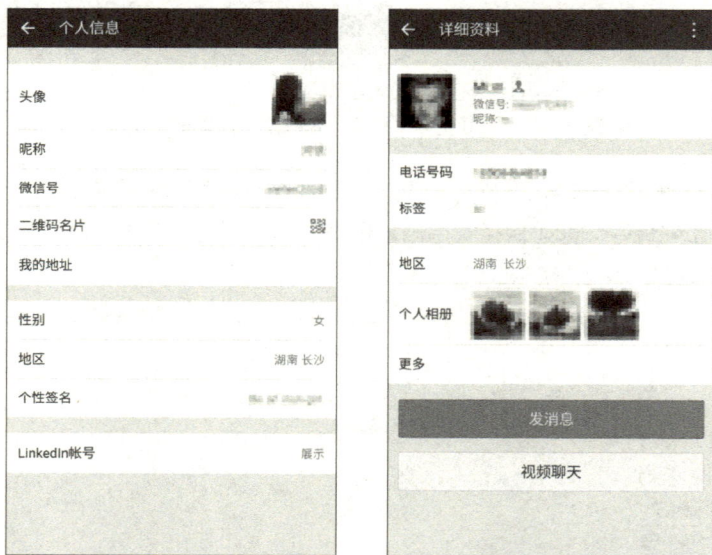

▲ 图 4-18　微信号个人信息

以后，微信还会进一步丰富个人信息，实现 ID 的通用化，并为用户数据库的建立提供可能。

4.3.2　微信公众账号：销售渠道多元化

对企业来说，微信公众账号不仅是企业在互联网时代的一种数字身份的体现，也是其进行微信商业模式探索的结果。经过不断探索，企业利用微信公众号进行营销的销售渠道变得更加多元化和丰富化，传播模式也更加多样化，实现了一对多、互动反馈、富媒体、移动化。

微信公众号之所以能够成为企业的一种销售渠道，最基本的原因是它以服务为主。

用户关注某个公众号时，需要对其进行手动添加，只有这样这个公众号才能够被用户关注。这就说明，用户是否关注公众号完全是自愿的。当用户关注了这个公众号时，就说明了用户对其是感兴趣的。因此，这个公众号推送的内容对用户也就产生了价值。从这一层面来说，这也体现了企业微信公众号营销的针对性，它是以识别用户的方式来实现精准营销的。

4.3.3 自由度：迅速与好友互动

微信的产生，使用户与用户之间的信息交流更加方便和快捷，促进双方之间的联络加强的同时，也很大程度上激活了现金流的流动。微信红包已成为人们普遍接受的交流方式或付款方式之一，如图 4-19 所示。

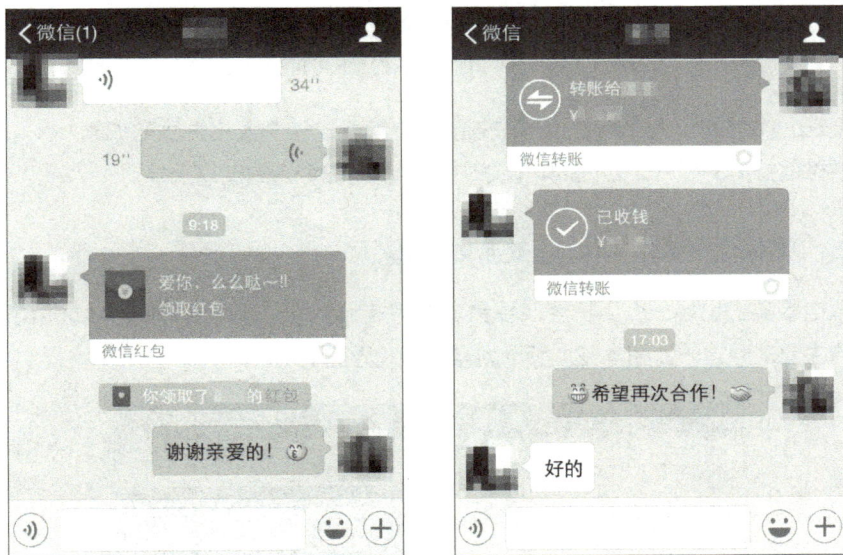

▲ 图 4-19 微信用户的互动

微信给用户提供了一个快速交流的平台的同时，也为用户之间的现金流动创造了条件。人们利用微信不仅可以实现好友之间的交流，也可以促进商家之间的线下合作。可以说，它的快速互动性，是加快用户之间交流的前提。

4.3.4 定位：专属你的交易记录

众所周知，现如今，用户不仅可以利用微信实现转账、手机充值、理财等，还可以进行生活缴费、城市服务、信用卡还款等。总之，微信用户不仅可以在微信上进行交易，也可以玩微信游戏，如图 4-20 所示。

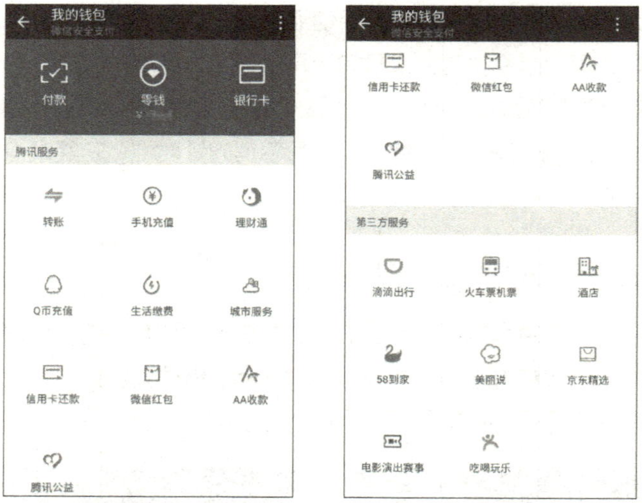

▲ 图 4-20　微信的部分功能

　　现在，微信的个人化特征也越来越明显。随着这种个人化性质的加剧，我们可以看出，微信打造的是一个全面而丰富的并且专属用户个人的交易记录。

4.3.5　微信游戏化：手机社交游戏有价值

　　微信事实上也是一个手机游戏平台。微信推出手机游戏之后，使游戏成为了腾讯利润的主要来源之一。图 4-21 所示为微信游戏界面。

▲ 图 4-21　微信游戏界面

微信游戏不仅为用户提供了一个娱乐的平台，也为游戏开发者提供了新的发展机遇，而腾讯本身也可以利用游戏来将其变现，以达到提高利润的目的。

> 💡 **专家提醒**
>
> 现在玩游戏的年轻群体越来越大，企业或商家加强对手机社交游戏的开发是有一定的商业价值的。

4.3.6　形成闭环 O2O：线上线下融合

在移动互联网的火爆情形下，目前，很多商家都设定了专门的人员运营企业微信号，进行产品的营销和推广。然而，有些商家的微信运营水平却是业余的水平，还没有达到专业的水准，此时不少用户便开始质疑微信营销的效果。要做好微信运营，并不是一件简单的事，需要时间和营销技巧，如图 4-22 所示。

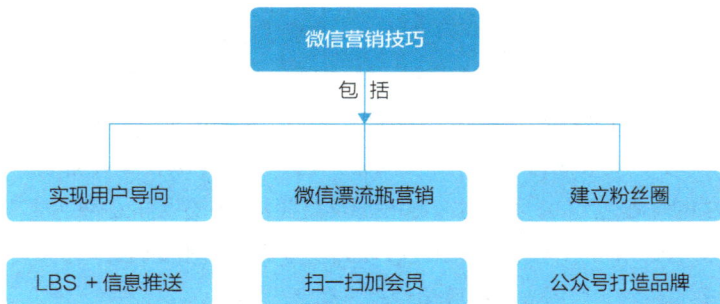

▲　图 4-22　微信营销技巧

商家一般是通过对 O2O 的线上与线下进行融合来实现 O2O 闭环的。微信的成功在于能够把握住现代消费者的心理，对消费者的需求进行精准定位。他们是互联网的使用者，商家通过微信平台与用户在线上交流，同时这些意见在线下的实体店消费中也将得到体现。

实现微信 O2O 让更多的数据分析从消费者变成回头客，从回头客变成常来客，从常来客变成忠诚的粉丝。当消费者成为餐厅的忠诚粉丝后，消费者会向更多的朋友推荐，实现口口相传的口碑营销。

4.3.7　打造一个轻量版的 APP Store

随着微信用户的不断增加，很多企业都会利用微信公众号来进行推送和服务，甚至是打造轻量版的 APP Store 来进行微信营销。

其实，对用户来说，微信是一个开放的平台，在 HTML5 技术的支持下，营销者可以开发出独具特色的营销工具，来实现自身的营销目的。例如，公司举办的某个活动需要粉丝投票来拉人气时，公司就可以开发一个选手投票器，鼓励大家为自己喜欢的选手投票，进而为活动的推广免费宣传。

此外，微信还真正实现了对移动设备的绑定。微信在绑定手机之后，就能够真正地实现移动互联网的实际应用。可见，微信不仅拥有广泛的影响力，还拥有巨大的商业潜力，是企业实现精准营销的重要渠道。

4.4 微信推广运营的方法

企业要想做好微信营销，就要掌握微信推广运营的方法。本节主要对微信推广运营的方法进行具体介绍。读者应该认真学习本节内容。

4.4.1 微信公众号做好内容定位

说到底，企业在进行微信公众号推送时，主要进行的是内容营销。所以，企业向用户推送的内容才是重点。对企业来说，做好内容定位是必不可少的。

企业在进行内容定位时，一定要精耕细作，多推送有价值的内容，尽量避免那些纯粹的广告。只有这样才能吸引更多的粉丝关注。也就是说，微信公众号的推文是建立在满足用户需求的基础之上的，企业发布的信息最好要与用户想要的信息达成高度一致。

此外，微信公众号推送的内容也应该以高质量的原创和高转载率的内容为主；否则，拥有再多的粉丝，可是没有阅读量也是没有意义的。

4.4.2 微信尽快完成认证

微信号在通过了认证之后才有搜索中文的特权，因此，企业在开通微信公众号之后，一定要尽快完成认证。相对来说，微信实现认证的门槛是比较低的，只要有 500 名订阅用户即可。

微信认证最大的好处就是，用户在微信的添加好友中直接搜索中文，就可以搜到自己想要的微信公众号，甚至用户都不用将全名输入出来就可以搜索到。对那些确实没办法及时认证的用户来说，最好选择一个容易记忆的微信 ID，或者用 6 位数以内的 QQ 号码来申请微信公众号。

4.4.3 灵活利用所有线上线下推广渠道

微信公众号在进行推广时可以利用人人网、微博等各种社交平台进行推广。某草根运营团队，曾通过人人网等在两个月内就获得了上百万的真实订阅用户，实现了高转化率。艺龙旅行网还在微博、微信、官网等可以进行宣传的平台都加上自己的微信公众号，在其发布的内容中，也多次以图文结合的方式植入微信公众号的相关信息。

此外，微信运营者还可以根据与自身微信绑定的 QQ 账号来进行营销，如通过 QQ 邮件、好友邀请等方式实现 QQ 用户的批量导入。有些微信运营者还建立了自己的粉丝 QQ 群，集合了几千名微信爱好者，这种粉丝的忠诚度一般都比较高。有些企业，还在其官网上对自身的微信公众号进行宣传，以实现线上的全渠道推广。

对企业来说，微信公众号的线下推广也非常重要。企业可以通过各地的社会化媒体营销活动进行宣讲，例如设计二维码海报，以优惠活动的方式获得大量的用户。

4.4.4 搭建自定义回复接口

微信公众平台的自定义回复接口的作用可以说超乎我们的想象，不同类型的微信公众号可以通过这个回复接口设置不同的内容。例如，像路况这样的微信公众号，用户可以通过这个接口来进行路况查询、违章查询等。

现如今，很多微信运营者都会通过这些功能来与用户进行互动，进而增加平台的粉丝活跃度。其实，微信运营者还可以通过 callback 接口来设计一些微信服务解决方案，实现智能对话服务。

总之，搭建自定义回复接口是微信运营者理应学会的一项技能。它不仅使微信公众平台的形式更加多样化，也为用户提供了更多的方便。

4.4.5 策划大量有奖互动活动

作为微信公众平台的运营者，一定要进行策划大量的有奖互动活动。这是增强与粉丝互动、提高平台活跃度最有效的方法。

微信公众号的运营一定要为用户带来一定的价值或利益，这样才能吸引更多的用户。试想，如果一个微信公众号没什么有价值的内容，你从中没办法获得任何有价值的内容，其中的推文你在其他地方也都可以看到，那么，你还会一直关注这个公众号吗？同样的道理，如果一个公众号经常会举办一些有奖互动活动，你不仅可以在这个平台与他人进行互动，也有可能获得各种奖品，这样的公众号是不是对你的吸引力更大呢？因此，对于企业微信公众号来说，策划大量的有奖互动活动是很有必要的。

4.5 朋友圈五大运营模式

微信运营者在进行朋友圈营销时要把握好五大运营模式，即代理模式、直营模式、淘宝营销、O2O 模式和品牌模式。

　　本节主要对朋友圈的这五大运营模式进行具体介绍。读者，尤其是有微信运营想法的从业者应深入掌握这五大运营模式。

4.5.1　代理模式

　　从目前来看，代理模式可以说是一种流水量最高的模式。它主要运用在化妆品或面膜等行业。代理模式主要有三大特点，如图 4-23 所示。

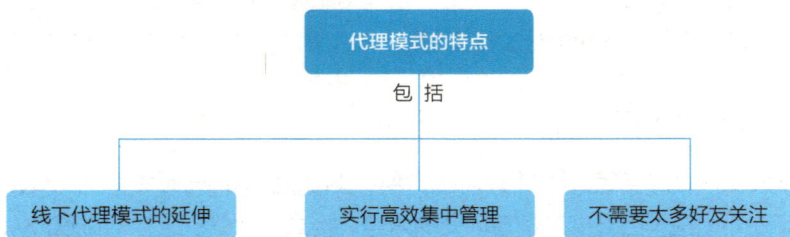

▲ 图 4-23　代理模式的特点

4.5.2　直营模式

　　很多做微商的朋友大概都知道，并不是所有的行业都适合代理模式，像那些生鲜水果之类的日常消费品就更加适合直营模式。直营模式主要有六大特点，如图 4-24 所示。

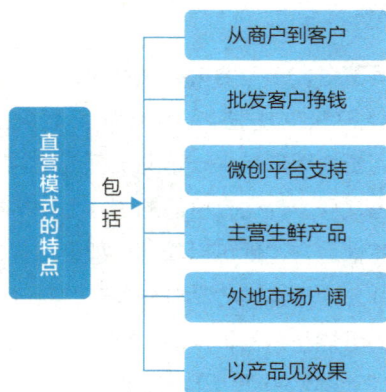

▲ 图 4-24　直营模式的特点

4.5.3　淘宝营销

现如今，很多做淘宝的人纷纷开始利用朋友圈之便进行微信营销，这种营销方式，也被称为淘宝营销。

但是，这种淘宝营销相比之前的淘宝销售来说是有很大区别的，其呈现出许多全新的特点，如图 4-25 所示。

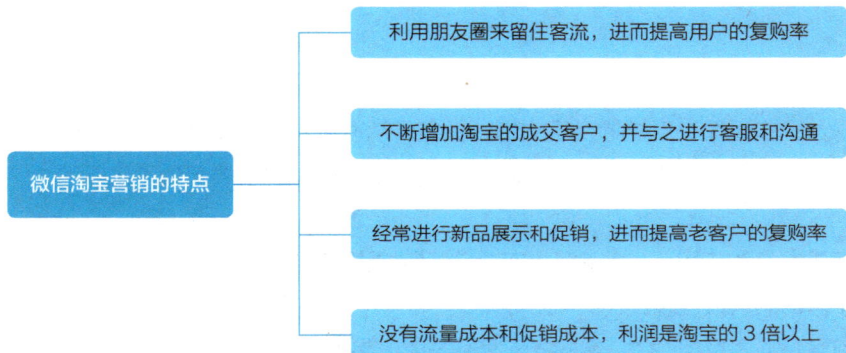

利用朋友圈来留住客流，进而提高用户的复购率

不断增加淘宝的成交客户，并与之进行客服和沟通

微信淘宝营销的特点

经常进行新品展示和促销，进而提高老客户的复购率

没有流量成本和促销成本，利润是淘宝的 3 倍以上

▲　图 4-25　微信淘宝营销的特点

4.5.4　O2O 模式

微信朋友圈营销有一个很大的好处就是它可以帮助企业或商家实现 O2O 转型，为企业实现线上交易和线下服务提供可能。这种 O2O 模式运用得比较好的要属 z.studio 高档成衣订制品牌。

z.studio 的运营方式非常简单，主要通过微信来对新款服饰进行营销推广。z.studio 有一个很大的特点就是可以为用户提供私人订制的服饰，迎合了很多中产阶级和明星对服饰的追求。z.studio 通过自身的努力，一年之内，它在全国开了 6 家直营店铺。

4.5.5　品牌模式

除了以上四大运营模式以外，很多人也会在朋友圈进行品牌营销。因而，在朋友圈的运营中，逐渐形成了一种新的模式，即品牌模式。例如，有的人会在朋友圈进行营销培训，为用户分享一些营销案例和技巧；有的人会建立自己的微商团队，帮助小微商进行朋友圈营销；有的人也会在朋友圈进行众筹等商业合作。

其实，品牌就像一个商品一样，具有很大的价值。因此，企业或商家在进行朋友圈运营时，一定不要忽视了品牌模式。在朋友圈营销时，只要产品的质量好，服务周到，其品牌推广也一定会收到意想不到的效果。

4.6　微信营销的八大误区

对于微信朋友圈这一新的营销方式而言，还处在探索和发展阶段，还没有形成完全成熟的、系统的理念，因此在这一营销过程中错误的认识和做法在所难免。本节将对微信营销的误区从 8 个方面进行具体描述，希望后来者引以为鉴。

4.6.1　不注重粉丝的质量

粉丝是实现营销目标的重要支撑，他们是精准营销的重要目标客户群体。从目前来看，在微信的营销生态圈层中，粉丝是其中不可或缺的组成元素，具有巨大的营销价值。

基于粉丝的作用，一些企业或商家盲目地重视粉丝的数量，而忽视粉丝的质量，走入了营销的认识误区。

数量是与质量相对的，当偏向于某一方时，就失去了平衡，更何况在微信营销中，粉丝的数量是受限制的。图 4-26 所示为重视粉丝质量的意义分析。

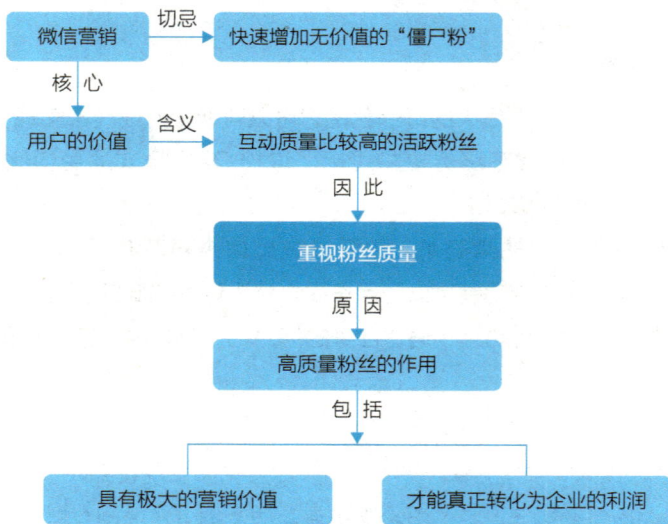

▲ 图 4-26　重视粉丝质量的意义分析

4.6.2　不了解互动的形式

企业由于对互动形式不够了解，在微信营销时常常会忽视与粉丝的互动，从而错过一些营销机会。对于企业而言，假如只一味加粉，而忽视与粉丝的互动，其最终结果只能是错失粉丝的价值利用。图 4-27 所示为企业与粉丝互动的意义分析。

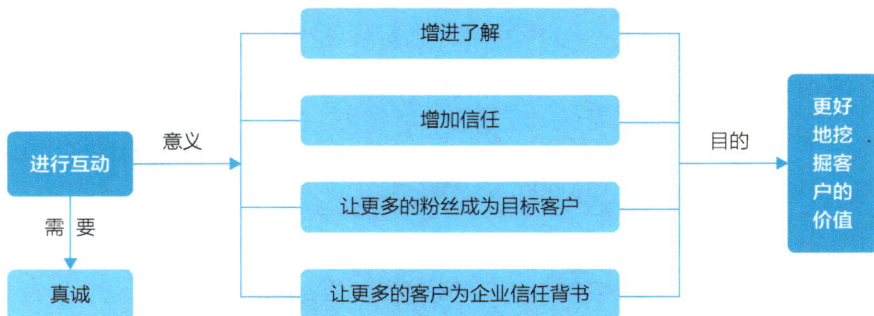

▲ 图 4-27 企业与粉丝互动的意义分析

图 4-27 已经提及，进行互动的条件是真诚，这就使得机器人陪聊的互动是不可取的。综上所述，关于微信粉丝的问题，需要端正态度，予以正确对待，主要表现在以下 3 个方面，如图 4-28 所示。

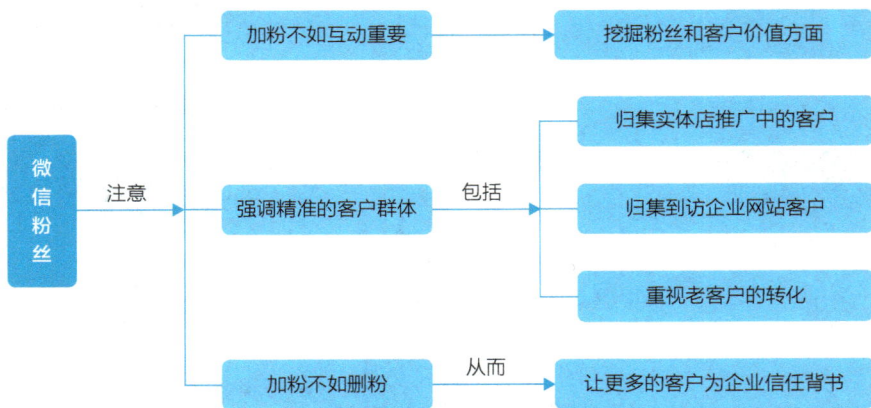

▲ 图 4-28 微信营销中粉丝问题的注意事项

4.6.3 错误理解微信 APP

在微信营销中，微信公众平台有着举足轻重的地位，其中订阅号的作用更是不容忽视。微信订阅号一般都具有强大的媒体发布功能，因此，它聚集了大量的阅读用户群体，从而形成了强大的社会影响力。

尽管订阅号具有如此强大的功能，然而，过度信任，就会陷入信息轰炸的泥淖之中，最终会影响账号空间的发展。因此，企业或商家首先应该认清其基本事实，如图 4-29 所示。

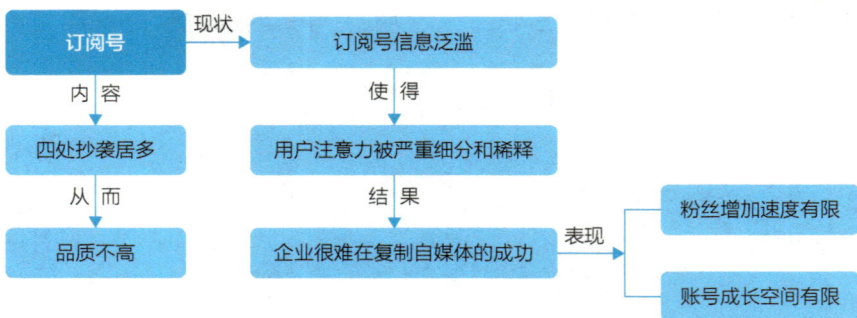

▲ 图 4-29　订阅号的现状与内容分析

　　企业或商家应该改变盲目相信微信订阅号的理念，改变运营策略。例如，加强个人号的管理就是一个很好的办法，如图 4-30 所示。

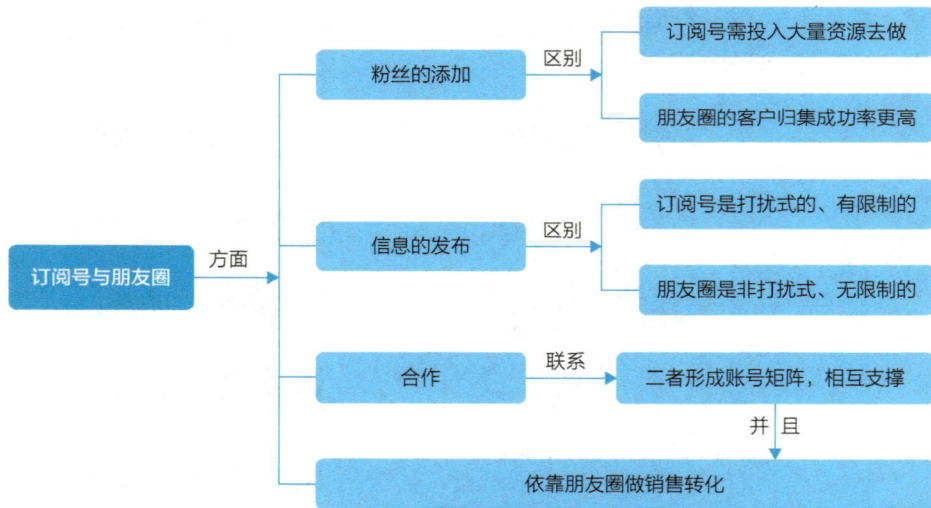

▲ 图 4-30　订阅号与朋友圈的关系分析

4.6.4　过度地推送微信消息

　　在微信朋友圈营销中，部分人认为刷屏就能卖东西，且刷得越频繁效果就越好。但其实这种过度推送微信消息的想法是错误的。在这一服务插件中，成交的最确切基础来自于好友的信任。这也是运营和发布朋友圈信息的目的所在，如图 4-31 所示。

　　因此，在微信朋友圈里刷屏并不一定能够卖东西，它需建立在一定的互动沟通和情感、信任的基础上。只有这样，成交才能发生。走出刷屏认识误区的同时，还应该注意适度与目的的问题，如图 4-32 所示。

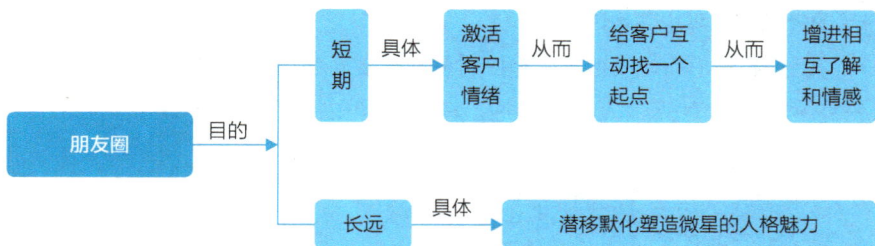

▲ 图 4-31 发朋友圈的目标介绍

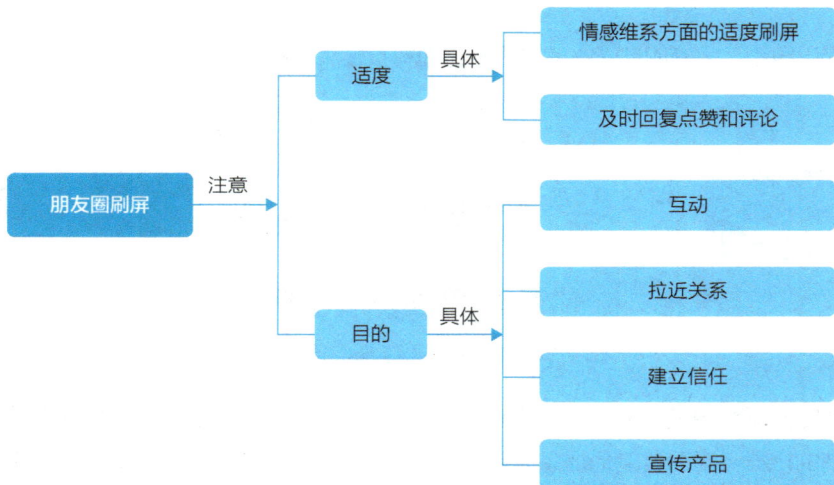

▲ 图 4-32 朋友圈刷屏需注意的问题

4.6.5 随意地编写微信内容

微信朋友圈营销，在经营好客户关系的同时，还要特别关注一个问题，那就是营销的前提——产品质量。而这个问题容易被企业或商家在微信朋友圈的产品信息推送中忽略。很多微信运营者为了尽快地完成工作内容，甚至会随意地编写微信内容。很明显，这样是不正确的，对微信营销毫无帮助。

产品质量是提升客户满意度的最基本的问题。只有产品质量经得起考验，才能在微信朋友圈营销互动过程中提升客户体验。因此，企业或商家推送的必须是好的产品，而其中的"好"必须满足两个方面的要求，即产品的内部质量要求和外部客户对质量的需求。下面对这两方面进行具体分析。

1. 产品的内部质量要求

产品的内部质量要求是产品本身所拥有的使用价值的体现，基于营销过程而言，其包括特点、优点、案例、证据 4 个方面的内容。

2. 产品的外部客户需求质量满足

产品的外部客户需求质量满足是针对客户朋友而言的，是指产品所能提供给客户的，并且可以解决客户需求痛点的特性，其具体要求主要包括以下 3 个方面。

（1）提升客户体验。

（2）让客户参与到产品的设计中。

（3）实现产品的快速更迭。

4.6.6　把朋友当作营销桥梁

众所周知，微信朋友圈在信息发布方面有着极大优势，如图 4-33 所示。

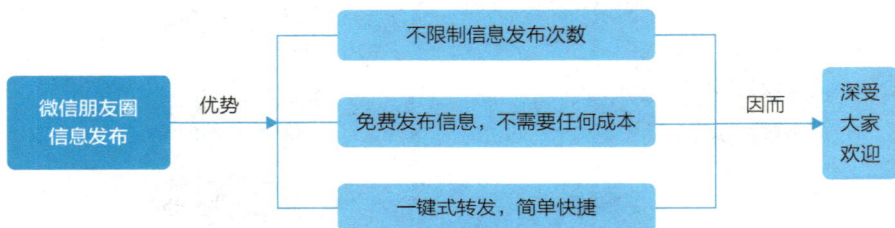

▲　图 4-33　微信朋友圈发布信息的优势介绍

在微信朋友圈发信息的优势的应用也应该注意一个适度的问题。假如把朋友圈当作营销的桥梁，对此过度地加以应用，使朋友圈信息泛滥，其结果只能是适得其反。图 4-34 所示为朋友圈泛滥的推送信息。

▲　图 4-34　朋友圈泛滥的推送信息

对于微信朋友圈营销而言，这种情况是必须要杜绝的，因为这将导致客户注意力的分散。

朋友圈营销也具有它自身的一些原则，主要包括聚焦注意力、激发情绪、形成互动闭环等。然而，用户注意力的分散与跳转不但与朋友圈的原则相违背，也与利用朋友圈吸引关注的最终目标背道而驰。

微信朋友圈的转发泛滥，主要指的是推荐他人微信号一类的社交性的转发，具体分析如图 4-35 所示。

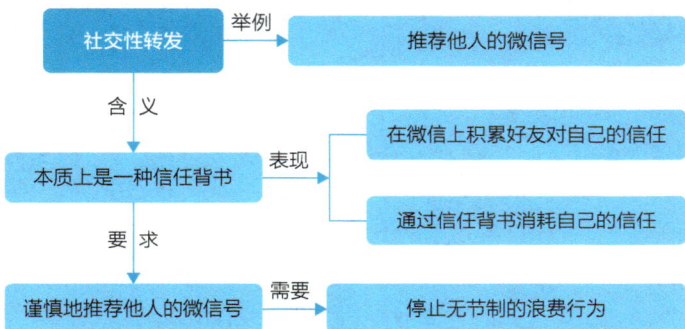

▲ 图 4-35 社交性转发介绍

4.6.7 单一无趣的微信广告

微信朋友圈营销其实就是一个个人魅力的价值变现体现，其中一个重要的实现途径就是"微星"的客户服务提供，如图 4-36 所示。

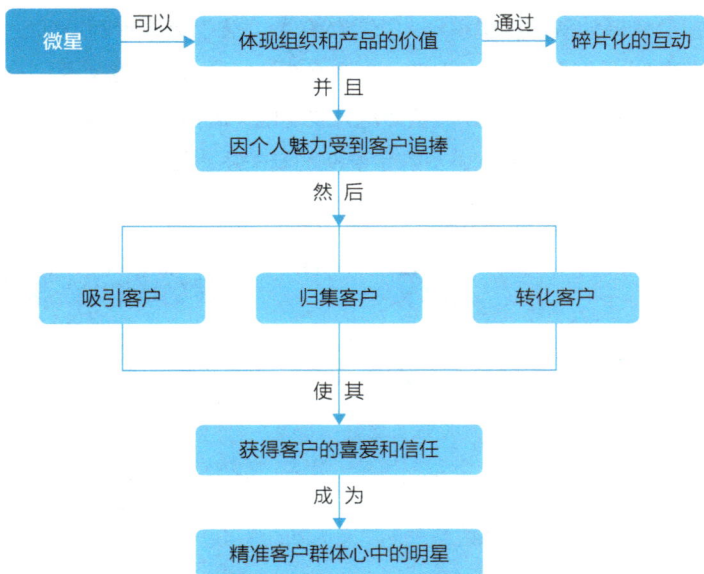

▲ 图 4-36 微星的个人魅力营销价值分析

企业微星是其产品特征的典型代言人。通过微星，商品的人格元素实现了巧妙融合。但是，微信运营者不能利用微星的作用一味地发布一些单一的、无趣的、没有任何价值的广告。

虽然，企业个人魅力的影响非常重要，但是，纵观微信界面就会发现，企业在这一方面没有完全利用起来，如图 4-37 所示。

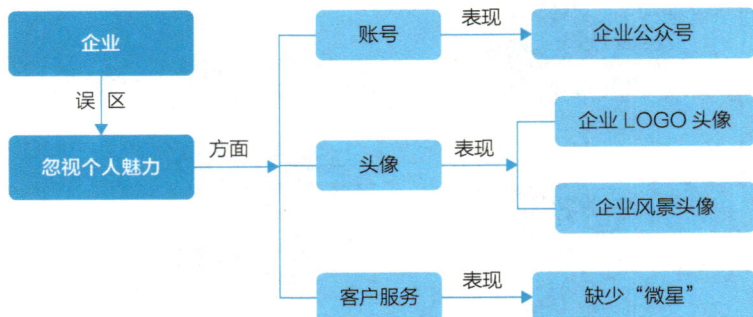

▲ 图 4-37　企业微信营销误区

4.6.8　盲目地开发功能

现如今，许多微信运营者为了扩大微信营销，会开发各种功能。例如，开发展现系统、互动系统、吸粉系统、沉淀系统，以及一些微社区、微投票、微留言等。其实，这种人云亦云的做法是不可取的，因为并不是所有平台都适合这样做。微信用户想要的只是能够方便快捷地从你那里得到他想要的东西，微信运营者开发那么多功能，但是没有用户来参与，这样也是不可取的，对平台来说，也是毫无益处的。

其实，对企业或商家来说，比起盲目地开发功能，选择正确的营销路径更加重要。
一般来说，在微信朋友圈营销，更多的是要从朋友关系出发的，提供给用户更接近于服务的营销感觉，更多地满足朋友对产品的需求感觉，如图 4-38 所示。

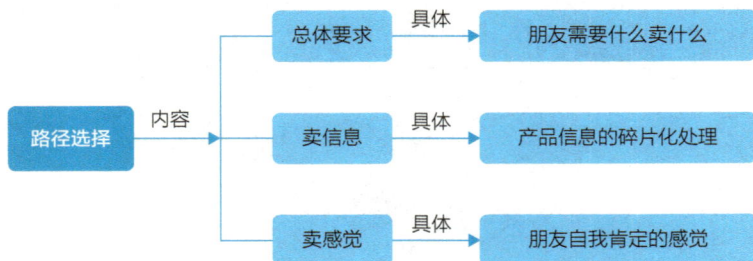

▲ 图 4-38　微信朋友圈营销的路径选择分析

随着社会经济的发展，人们在追求产品使用价值的同时，也寻求一种产品带给客户朋友的心理满足感和来自内心的自我肯定。因此，运营者在开发微信功能的时候，一定要从用户的角度出发，只有这样，才能开发出令用户满意的功能，实现微信运营与用户使用的完美结合。

4.7 微信运营案例

前面对微信运营的理论知识做了很多介绍，相信大家对微信运营的相关理论都有了一定的了解。本节主要在前面知识点的基础上，以案例的形式对微信运营做进一步分析，希望大家能从这些案例中，挖掘出更多深层次的内容。

4.7.1 圣诞帽：病毒式营销

"将圣诞快乐转发给 30 个微信好友，用户的微信头像就可以自动戴上圣诞帽。"这是圣诞节期间微信推出的一个微信用户的互动活动。值得一提的是，它不仅是圣诞节的一种狂欢形式，也是微信推出的一种病毒式的营销模式。图 4-39 所示为微信圣诞帽营销的截图。

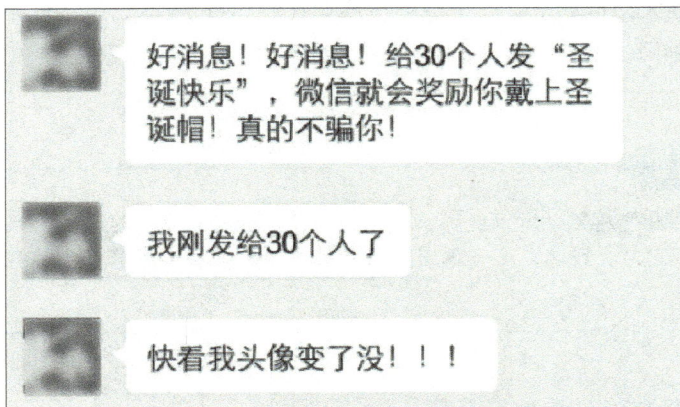

▲ 图 4-39　微信圣诞帽营销的截图

毫无疑问，微信的这次圣诞帽营销与圣诞节是分不开的。微信如果在其他的节日来进行圣诞帽营销，显然不会产生如此巨大的传播效果，反而会让人产生反感，甚至是厌恶的情绪。

4.7.2 温馨提示：一张图片引发的刷屏

中国台湾歌手王心凌在个人微博上为了推广新专辑《敢要敢不要》配的那张"吃汉堡"的图片，而引发了一阵"主要看气质"的狂潮，如图 4-40 所示。

▲ 图4-40 "主要看气质"

在网友的大力推动下，"主要看气质"话题迅速登上了热搜榜首。随后，很多网友火速跟风，发自拍照并附上"主要看气质"的字样成了朋友圈的一道靓丽的风景。

专家提醒

"主要看气质"之所以能够产生如此广泛的传播效果，这与广大网友的情感共鸣是分不开的。因此，这一张图片引发的刷屏，也在一定程度上体现了网友的情感诉求。

4.7.3　小草发夹：头上长草啦

小草发夹被称为卖萌神器，其凭借着头上长草这样一个卖萌的特点，吸引了很多年轻人的热捧。在大街小巷，特别是那些人群集中、热闹的地方，你可以看见很多人的头上都戴着小草发夹，曾一度成为年轻人群体中流行的趋势，如图4-41所示。

小草发夹的爆红，不仅体现了年轻人渴望摆脱束缚、追求个性化的心理，也催生了一种萌经济的发展。许多商家都利用小草发夹的走红来调整自己的营销战略。例如，某些商家在进行二维码营销时，会在用户扫描完二维码之后，赠送小草发夹。

▲ 图 4-41　小草发夹

4.7.4　神州专车：Beat U，我拍黑专车

Uber 进入中国市场之后，曾受到了内外的严重夹击。神州专车曾以"Beat U，我拍黑专车"为主题策划了一系列的海报，如图 4-42 所示。

▲ 图 4-42　Beat U，我拍黑专车

这组海报对 Uber 进行暗指，认为它是黑专车。神州专车策划的这个海报开始并不被各大专家以及网友们看好，受到了很多冷嘲热讽。眼看着要成为一个很烂的营

销案例时，神州专车的一封道歉信，以及 1 亿元专车券让其 APP 的下载量创下历史新高。

4.7.5 艺龙网：互动式推送微信

艺龙网在进行微信推广时，采用的是互动式的营销模式。它在 APP 上设定了自定义回复接口，并将答题赢奖品的具体内容植入到微信之中。用户通过有奖答题闯关的方式来赢取丰厚的大礼。

艺龙网利用与用户互动的方式来进行微信推送，使其互动活跃度超过五六十万，其中，微信订阅用户也实现了同步增长。但是，意料之外的是，相比微博来说，它的资金投入要少很多。

4.7.6 筹趣网：筹话费活动

筹趣网为了推广其品牌，培养用户的众筹概念，举办了微信筹话费活动。这个活动的推出受到了广大粉丝的热捧，在活动上线的当天，微信服务号的粉丝数量直冲 10 万人，4 天后，粉丝数量突破 25 万。

筹趣网通过这个筹话费活动，对其品牌宣传的效果远远超出了活动预期。在整个活动中，各种数据都在不断攀升，使整个筹趣团队须进行 24 小时服务。在玩家火爆参与的同时，也吸引了很多品牌厂商，有些厂商出高价购买这个活动的模板、策划方案以及运营思路，但是都被筹趣网拒绝了。

4.7.7 魔漫相机：朋友圈疯狂涨粉

谈到魔漫相机，最让人印象深刻的要属它在朋友圈疯狂涨粉了。曾经，在 iOS 版发布的第四天，它的用户增加量就冲进了 APP Store 的免费榜榜首。据数据显示，它的单增用户量曾达到一天 325 万。值得一提的是，魔漫相机将其视野扩展到了泰国，其用户也超过了 100 万。

魔漫相机为什么能够在朋友圈疯狂涨粉？经总结得出，出现这种情况的原因有以下两点。

（1）可能是 iOS 用户"憋"太久了，魔漫手机的那种将自拍头像瞬间转成动漫趣图的应用吸引了用户的注意。

（2）可能是病毒传播效应的结果。在魔漫相机登顶 iOS 免费榜之后，很多 Android 应用商店也跟风推广。这在一定程度上，也为魔漫手机做了大量的免费宣传。

4.7.8 星巴克：音乐推送

　　咖啡巨头星巴克进军微信圈以后，与消费者展开了一种全新的互动模式。用户只要添加"星巴克中国"为好友，并且发送一个表情符号就可以即刻享有星巴克《自然醒》音乐专辑，并获得专为个人心情调配的曲目，如图4-43所示。

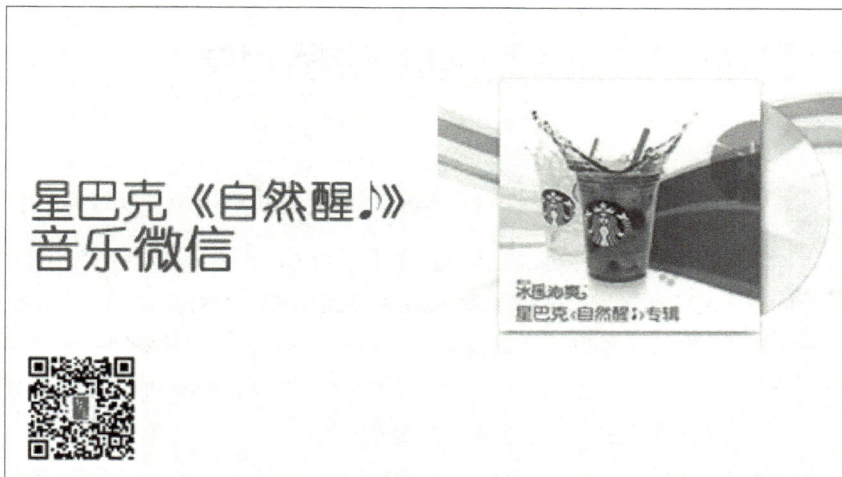

▲ 图4-43 星巴克"自然醒"活动

　　星巴克利用二维码营销，不但加强了商家与顾客之间的互动，也方便了顾客付款。顾客只需要把预付费卡和手机应用进行绑定就可以完成相应的支付。除此之外，顾客还可以通过二维码来了解品牌更多的相关信息。

第5章

社群篇——充满魅力的传播媒体

学前提示

在互联网迅速发展的推动下，我国已走进了社群经济时代，人与人之间的关系也开始以社群区分。每一个社群里的成员或是有共同的爱好，或是有共同的目标。总之，每个社群里的成员都是由某个点来维系的。除此之外，社群也是一种传播媒体。本章主要探究的就是社群媒体的传播魅力。

要点展示

>>> 了解社群运营
>>> 社群经济时代的商业趋势
>>> 移动社群时代来临
>>> 互联网下的"社群经济"
>>> 社群运营案例

5.1　了解社群运营

　　现如今，社群营销已然成为一种极为火爆的营销方法。它是由"小米""罗辑思维"等带起来的一种新型的营销方式。它的核心就是企业与用户建立起"朋友"之情，不是为了广告而去打广告，而是以朋友的方式去建立感情。本节主要为读者介绍一些有关社群营销的基础常识。

5.1.1　什么是社群运营

　　目前，就社群的概念来讲，可以说是见仁见智。一般来讲，对社群的定义可以从具体和抽象这两个方面来讲。具体上来讲，社群指的是某个实际的地理区域及人们在这个区域里发生的社会关系；抽象上来讲，社群指的是思想层面的关系，它体现在一个具有相互关系的人际网络之中。

　　然而，社群营销指的是企业或商家为满足消费者需求利用微博、微信各种群、社区等推销自身的产品或服务，而产生的一种商业形态，如图 5-1 所示，它的主要特点都是基于相同或相似的兴趣爱好。

▲　图 5-1　社群营销商业形态

　　随着互联网的崛起，社群营销在未来必然成为营销趋势。就拿罗辑思维来说，它以起初说书的形式，聚集一批爱学习的粉丝；随着粉丝的增多，慢慢成为了如今影响力最大的互联网知识社群。它的目标受众主要集中在"80 后""90 后"中的那些有强烈求知欲望的群体。它的主要互动形式有微信公众号、脱口秀视频、会员、贴吧、微信群等。图 5-2 所示为罗辑思维的微信公众号界面。

▲ 图 5-2　罗辑思维的微信公众号界面

　　罗辑思维通过庞大的粉丝群体，不管是卖会员、卖书籍，还是卖月饼、卖柳桃，用户都会玩得不亦乐乎，可谓是社群营销的经典典故。就像"罗辑思维"一样，社群营销的载体是多种多样的。它可以是论坛、微博、QQ 群，也可以是线下的社区。它可以是 PC 端，也可以是移动端。总之，只要能将人群聚集在一起的载体，皆可运行社群营销。

　　猫扑论坛就曾为七喜建立过一个品牌 Club。它给一些七喜品牌的爱好者和具有某些共同兴趣的朋友提供了一个交流的平台，也为 FIDO 这个七喜卡通人物形象做了很好的推广，七喜品牌也获得了良好的口碑，如图 5-3 所示。

▲ 图 5-3　七喜品牌设计的卡通人物

由此可见，企业和消费者之间早已不再是卖方与买方的关系了。消费者对产品的要求不再局限于产品功能的本身，也开始注重产品所具有的口碑、形象，甚至是文化魅力。企业只有在这些方面做得好，才能更好地赢得消费者的信任。

企业让更多的消费者对品牌产生信任之后，就可以让更多有着共同兴趣爱好、认知、价值观的用户组成相应的社群，从而使其发生群蜂效应。这样，消费者在相应的社群里都会营造出 4 个氛围，进而对企业的品牌产生价值反哺，如图 5-4 所示。

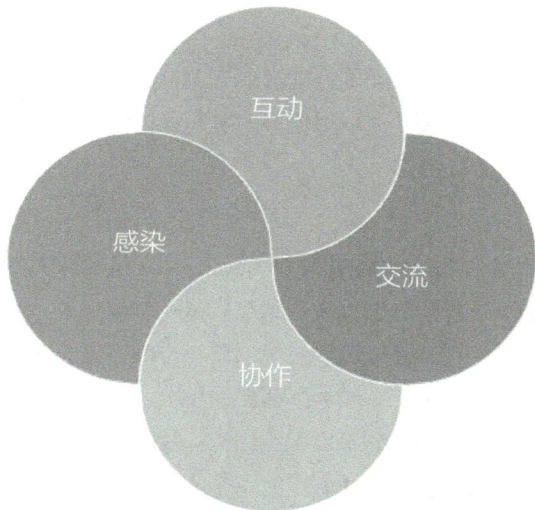

▲ 图 5-4 社群里的 4 个氛围

这种企业与消费者之间所建立的信任与价值反哺的关系，正是企业进行社群营销的体现。值得一提的是，企业品牌在未来的道路上，若没有社群的支持，是很难调动推广势能的。随着商业形态的不断发展，社群营销也是企业进行产品或服务推广的主要方式之一。因此，在未来，每个企业都应该建立自己的社群。只有这样，才能够更好地把握住消费群体。

总之，社群经济正在开启一个全新的经济发展趋势。具体来说，以后做产品和品牌出身的传统行业的从业者，在拥有自己的粉丝同时，还会有一个巨大价值的社群，他们会利用这个社群开展一系列的营销推广活动。

专家提醒

在这个由人组成的社会里，人依附于各种载体。因此，只要有共同的兴趣和沟通媒介，就可以组成社群。从网络开始，社群逐渐主宰人们的整个生活，有了社群，互联网已不再虚拟，将变得越来越真实，越来越有温度。

5.1.2 社群运营的特点

在这个互联网时代，不管是 PC 端，还是移动端，社群营销都将成为市场营销的主要"阵地"。对于大部分企业来说，市场营销活动是针对每个特定群体的营销活动，可以说是一种小众化的营销。从某种意义上来说，社群是一类最好的营销对象。

因此，把握好社群的特点非常重要。那么，社群营销又有哪些特点呢？下面对社群营销的特点进行具体分析。

1. 多向互动

社群营销是通过社群成员之间的多向互动交流，信息和数据以平等互换的方式进行营销。这种营销方式使得每个人既是信息的发起者，也是传播者和分享者。它为企业营销创造了很多良好的机会。

2. 弱化中心

社群营销是一种扁平化的网状结构。人们可以利用这种营销方式实现一对多或者多对多的互动或传播。这种网状结构并不单单只有一个组织人，不只有一个富有话语权的人，而是每个人都能说，使得传播主体由单一走向多重，由集中走向分散。这是一个弱化中心的过程，但不代表没有中心和除去中心。

社群是一种自组织、发布式的蜂群组织结构。社群的建立也是有一定规矩的。一般来说，规矩是由领导者建立的，社群里的每个人员，都有自己的话语权和信息获取途径。他们可以在社群里共同交流、互动，通过在话语中博弈，来逐步构建大家都认同的、想要的规矩，而不单单由领导者来决定整个社群里的运作。

一般社群营销去中心化的特点，主要体现在以下 3 个方面，如图 5-5 所示。

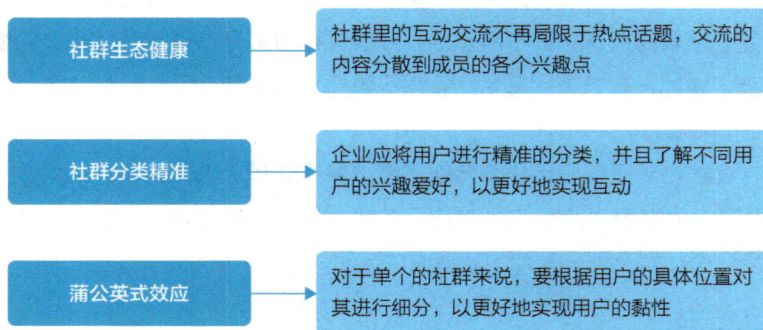

社群生态健康	社群里的互动交流不再局限于热点话题，交流的内容分散到成员的各个兴趣点
社群分类精准	企业应将用户进行精准的分类，并且了解不同用户的兴趣爱好，以更好地实现互动
蒲公英式效应	对于单个的社群来说，要根据用户的具体位置对其进行细分，以更好地实现用户的黏性

▲ 图 5-5 社群营销去中心化

3. 情感营销

所谓的社群情感营销是指社群能给一群有共同价值、主张、趣味的人建立起情感关联，促使他们实现点对点的感染，进而促进群体成员产生能量的叠加，从而合力创造出价值，以达到让企业从中获得相应利益的目的。

那么，具体来讲，社群的情感营销到底有哪些方法呢？下面对社群情感营销的方法进行图解分析，如图 5-6 所示。

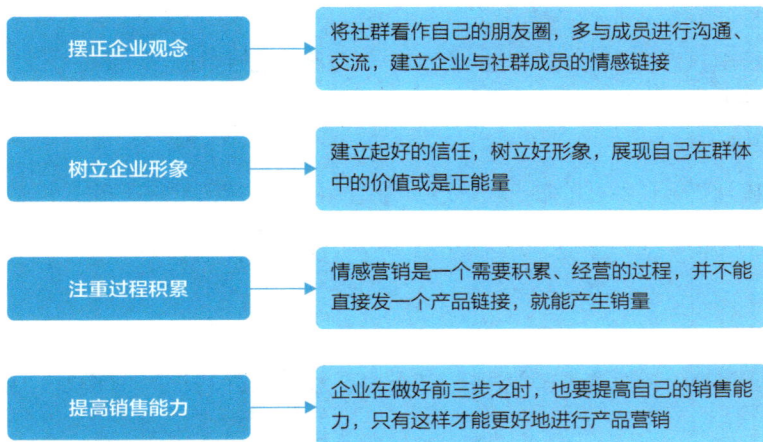

摆正企业观念	将社群看作自己的朋友圈，多与成员进行沟通、交流，建立企业与社群成员的情感链接
树立企业形象	建立起好的信任，树立好形象，展现自己在群体中的价值或是正能量
注重过程积累	情感营销是一个需要积累、经营的过程，并不能直接发一个产品链接，就能产生销量
提高销售能力	企业在做好前三步之时，也要提高自己的销售能力，只有这样才能更好地进行产品营销

▲ 图 5-6　社群情感营销的方法

> 💡 **专家提醒**
>
> 　　企业在推广时，切记不要强推，可以选择给社群朋友提供其他产品的选择，给他们一个选择的空间，也是展示自己服务的好时机。这样的做法其实是在暗示社群成员"选择我们的服务，才是最佳服务"的理念。

4. 自行运转

社群营销有一个很大的特点，即它可以通过社群成员的信息分享进行自主创造，从而实现社群营销的自我运作。社群成员的参与度和创造力不仅可以促进社群营销实现自我运转，也可以催生出多种企业产品的创新理念及完善企业产品、服务的功能的建议，使得企业交易成本大幅度的降低。

5. 利益替换

社群是一种组织形态，要想让这个组织形态长久地存活下去就必然要让组织内的每一个成员产出价值，为组织作贡献。在这个组织的运作中，内部成员也要进行周期性的替换。具体操作是，将那些不可以为组织创造价值的人群替换掉，加入一些可以为组织创造价值的人群进来，增强组织的活力的同时，也保证了组织结构的完整性。

6. 范围较小

社群从本质上来说是一套小范围内的生态系统，所以社群营销也可称为范围经济。它通过小众化的社群自生长、自消化、自复制能力来实现运转，并以社群每个人员的思想、话语权作为永动机牵引整个社群的发展方向及社群营销的效果。

7. 碎片化

在社群里具有资源性和多样性的特点，可以激发出社群成员的组织能力、创造能力，使得社群定位多样、信息发布方式松散，促使社群产品设计、内容与服务，呈现碎片化的趋势。

虽然碎片化会使得社群缺乏统一性，为企业的社群营销带来很多的不确定因子，但只要企业从这种自由逻辑中进行挖掘、整理，就一定能从中探索出社群产品的价值和能力。

8. 独有要素

社群营销有一套独有的核心要素，主要表现为以下 3 个特征，如图 5-7 所示。

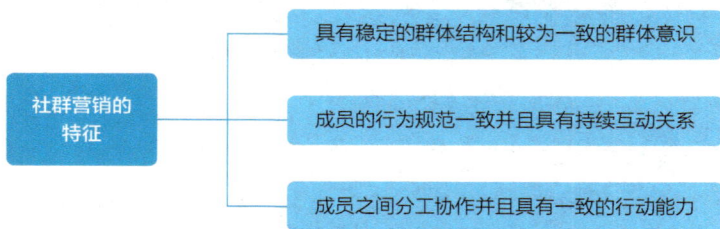

▲ 图 5-7　社群营销的 3 个特征

5.1.3　社群运营的优势

随着时代的发展，人的价值越来越高了，在未来的营销中，人的因素将占据所有企业的营销核心，只有将人的需求、爱好、心理摸索清楚，企业才能在营销的道路上不吃亏，而社群营销就是最贴近人群的一种营销。在社群中无须企业挨个询问各自的喜好、对产品的意见等信息，社群成员会主动谈及自己的看法、意见，并引起讨论。这样企业就能轻而易举地收集到社群成员的想法、建议等信息。

当然社群营销对企业的好处远不止这一点，下面就进一步了解社群营销的优势。

1. 传播快

社群营销虽然不能与大众媒体的广泛传播相比，但社群营销是在一个朋友圈里，并且这个朋友圈的人群全是精准的用户或是精准的潜在用户，所以传播速度非常快。

2. 独有生态

社群可以凭借多元化的社交来建立独有的生态，并且生态里的人群都有一个共同的喜好或特点。一般来说，兴趣类社群占所有类型的社群比例高达 66.4%，其中，有 6 类细分社群占据主流，如图 5-8 所示。

```
                                   ┌─ 产品型
                                   ├─ 知识型
                                   ├─ 兴趣型
            6 类细分社群 ──────────┤
                                   ├─ 场景型
                                   ├─ 品牌型
                                   └─ 交融型
```

▲　图 5-8　六类细分社群

3. 针对性强

社群营销不仅可以进行普遍性的宣传推广活动，还可以对那些特定的目标组织或具有特殊性的人群进行宣传活动。不管社群是以怎样的初衷建立起来的，必定具有相似的生活形态、认知与消费形态、人口特性等。

由此可见，社群是具有很强针对性的。只要企业抓住人群聚集的初衷，并结合产品的定位，那么，其营销效果一定会更加具有穿透力。

4. 人群黏性

基于社群的互动、问答和评论，更容易使社群人员建立起对企业产品或服务质量的动态评估，增加产品与品牌的附加值，形成很强的品牌忠诚度，从而建立起了消费黏性和信誉。

5. 氛围好

社群营销的传播，能够达到很好的深度，甚至引发购买高潮。只要企业宣传的内容，能激起消费者的认同，在心理上引起共鸣，届时在社群中消费者采取了购买行动，那么这一购买行动很有可能迅速感染周围其他人，形成小范围的购买高潮。

6. 实效性长

社群营销的主要特点是以人际关系、口碑、兴趣为核心。企业只要将这三者处理好的话，就能够在社群中获得更好的口碑，并且这种良好的口碑还会长久地流传下去。

7. 及时掌握信息

社群营销是与消费者面对面的沟通，所以通过社区活动不仅可以宣传企业的产品知识，还可以及时了解消费者对产品、渠道、价格、设计、营销手段等各种营销要素的认知和建议。企业可以针对消费者需求，及时对宣传活动战术及以后的产品研究进行调整。

8. 精准性强

目标人群的双向互动是社群营销的主要特点之一。与单向传播相比，这种双向互动传播的方式，更有利于实现精准的营销。社群营销从 3 个方面出发，可使社群成员在社群中快速、及时地得到自己想要的资讯，达到精准营销的效果，如图 5-9 所示。

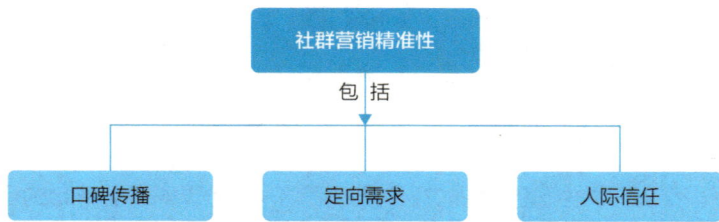

```
          ┌─────────────────┐
          │   社群营销精准性   │
          └─────────────────┘
                 包 括
                  ↓
      ┌──────────┬──────────┬──────────┐
 ┌────────┐  ┌────────┐  ┌────────┐
 │ 口碑传播 │  │ 定向需求 │  │ 人际信任 │
 └────────┘  └────────┘  └────────┘
```

▲ 图 5-9　社群营销 3 个方面达到精准

9. 品牌效应大

社群营销需要有品牌知名度的支撑，随着社群活动的开展，消费者能从中得到不少的益处，也真正地解决了消费者的一些问题。由此可见，品牌的知名度不仅可以提高企业的美誉度，扩大品牌的影响力，也能够促进社群营销的开展。

10. 口碑扩散快

社群营销是一种直接的营销方式，其是针对集中的目标人群进行的一种营销方式。这种营销方式下的消费者的信任度比较高，便于进行口碑宣传。

同时，社群是消费者的主要集散地，所以社群成天具有相对应的统一认知习惯与消费习惯，使得口碑宣传的影响力呈明显趋势上升。

11. 延伸价值强

社群营销所涉及的人群一般都会通过朋友圈进行宣传，甚至还能将其营销内容延伸到更多的陌生群体，最后形成一个庞大的市场。因此，社群营销具有很强的营销价值。

5.1.4 社群运营的方式

　　企业运行社群营销的方式多种多样，下面对企业运行社群营销的方式进行图解分析，如图 5-10 所示。

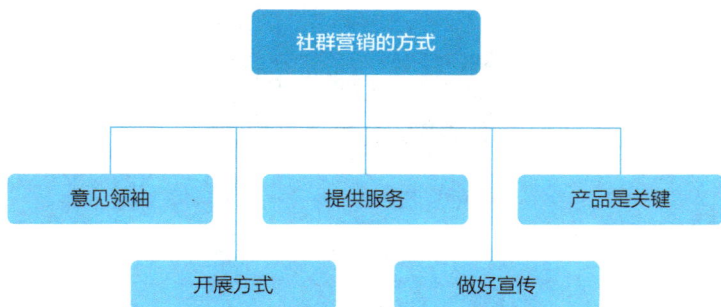

```
           社群营销的方式
    ┌──────────┼──────────┐
  意见领袖      提供服务      产品是关键
    │                │
  开展方式          做好宣传
```

▲ 图 5-10　企业运行社群营销的方式

　　下面对企业运行社群营销的方式进行具体介绍。

1．意见领袖

　　拥有一个可靠的意见领袖是企业进行社群营销的关键。能够成为企业意见领袖的人一般是某一领域的专家学者或者是相关的权威人士。社群人员在这样专业人士的带领下进行互动和交流，不仅可以增强社群成员对企业的信任，也可以方便传递一些有价值的内容。

2．提供服务

　　企业在进行社群营销时，一般是通过提供产品或服务这两种方式进行营销的。为满足社群成员的需求，企业在社群中进行营销的最主要的方式是提供服务，具体包括招收会员、感受某种服务、接受专家咨询等。

3．关键为产品

　　企业做社群营销的关键是产品。企业需要一个有创意、有卖点的产品，而这里所提到的产品并不单指企业所要卖的产品，还包括企业为社群人员所提供的服务。

　　例如，"罗辑思维"在微信公众号上提供的"罗胖每日早上 60 秒语音"，向社群成员推荐书籍，并且社群成员可以用文字回复语音中的关键词来获取更详细的文章，如图 5-11 所示。

💡 **专家提醒**

　　"罗辑思维"以每天早上发语音消息，并结合关键词的自动回复，大大地调动了社群成员的参与感。

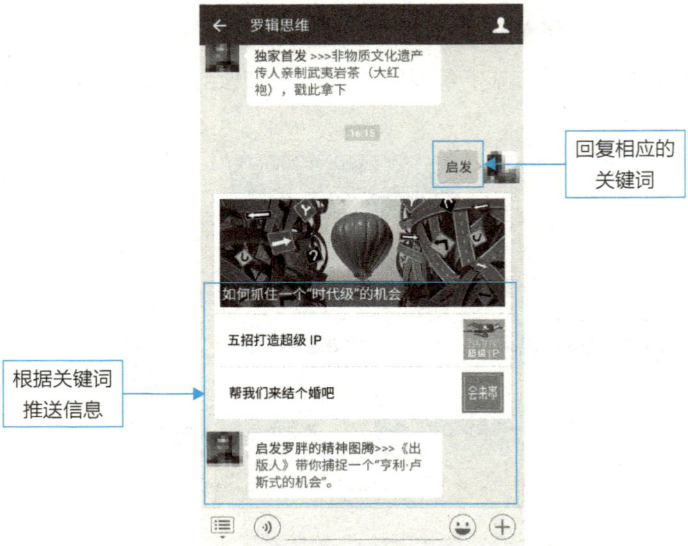

回复相应的关键词

根据关键词推送信息

▲ 图 5-11 "罗辑思维"微信公众号创意产品

4．做好宣传

企业有了好的产品，就得通过创造好的内容来进行有效传播。在这个互联网大爆炸的时代，通过朋友之间的口碑传播，就像一条锁链一样，一条套一条，信任感较强，比较容易扩散，且能量巨大。

5．开展方式

社群营销的开展方式是多种多样的。就拿小米来说，它选择的方式是将一群发烧友聚集起来，共同开发小米系统，并且共同参与研发高性价比的手机。这种方式吸引了一些原本不是米粉的消费者来购买小米手机。因此，企业在开展社群营销方面还是要多花点心思，才能达到好的社群营销效果。常见的企业社群营销开展方式如下。

（1）组建相应的社群，做好线上交流与线下的各类活动。

（2）与目标社群进行合作，支持和赞助社群活动，鼓励社群成员积极参与。

（3）与社群中的意见领袖合作，用这种合作的方式来传播企业的品牌价值与文化。

（4）建立相应的社群数据库，帮助企业实现精准营销。

5.2 社群经济时代的商业趋势

在这个社群经济时代，企业只要具有一定的经济实力和品牌号召力，都会拥有自己的固定消费者，进而形成自己的社群组织。社群已然成为了这个时代的一个标志，作为企业，要学会经营这些社群，把握好社群经济的商业趋势，只有这样，才能在激烈的竞争中脱颖而出。本节主要对社群经济时代的商业趋势进行具体分析。

5.2.1　粉丝 + 社群 = 用户

对于社群来说，粉丝是一种情感纽带的维系，粉丝的消费行为也是在对品牌拥有的感情基础上产生的。这里最为典型的代表就是"果粉"，他们只要一等到苹果出新产品，几乎都出现了疯抢的状态，甚至在售卖点外"驻扎"，只为抢到自己喜欢的品牌产品。这就是粉丝效应，然而社群是基于粉丝才能运营起来的，如图 5-12 所示。

▲ 图 5-12　"果粉"等候购买苹果新品

由此可见，企业在营销的过程中，将消费者变成粉丝，或者将粉丝变成消费者，都是扩大品牌影响力的重要方式。就苹果来说，乔布斯的粉丝也是果粉的主要粉丝链接。

比如，罗永浩的锤子手机就是针对那些具有同样情怀和价值标准的目标群体设计的。因此，就算它的价格很高，甚至超过了 3000 元，但它有自己的消费市场，所有的罗粉也不会认为它不值这个价格，这就是罗粉的情怀，粉丝的价值。图 5-13 所示为罗永浩的锤子手机。

当然，罗永浩在这方面做得远远还不够，在未来他还需要再多加努力，将"小众罗粉"变成可裂变的"大众罗粉"，要想办法把锤子手机的社群扩大，将用户的需求体现到手机产品上。

再比如，微信公众号罗辑思维就是基于粉丝对罗振宇的信任和喜爱而发展起来的。罗振宇的知名度也就成了罗辑思维进行品牌营销的助推剂，粉丝会因对罗振宇本人的喜爱而成为罗辑思维的会员，心甘情愿去支付会员费。罗辑思维通过与粉丝的互动，开始卖书、卖大米等商业活动，就是粉丝效应的体现。

▲ 图 5-13 锤子手机

试着想一下，若罗永浩没有他的罗粉，那么留给锤子手机的估计只有看客了。当然，若罗振宇没有粉丝的话，那么 10 万会员就可能是个难以想象的数字。

因此，从苹果产品、罗永浩产品、罗振宇的罗辑思维可以看出，**抛去按照产品去定义用户的新的商业规则，也是社群时代必须要掌握的规则之一。** 企业掌握了这种规则，才能够更好地制订营销计划。

💡 **专家提醒**

在社群营销里，粉丝是社群的基础。因此，企业或品牌拥有大量的粉丝是展开社群营销的前提。在企业对粉丝进行社群营销的过程中，粉丝也会慢慢地转变，甚至成为产品的"生产者"。具体来讲，企业利用粉丝的吐槽、创意、需求，来改造或制造产品。在企业和粉丝共同的努力下，"粉丝＋社群＝用户"的趋势便应运而生了。

5.2.2 用户的创造 = 企业的制造

在工业时代，企业一般以产品的制造为主，在整个商业模式中，企业是核心力量。但是，在现如今的互联网时代，消费者也可以参与到产品的"制造"中来，企业听取消费者的一些意见或者建议，来制造出更符合消费者需求的产品。可以说，现如今，整个时代已经进入了一个"用户的创造＝企业的制造"产品的时代，如图 5-14 所示。

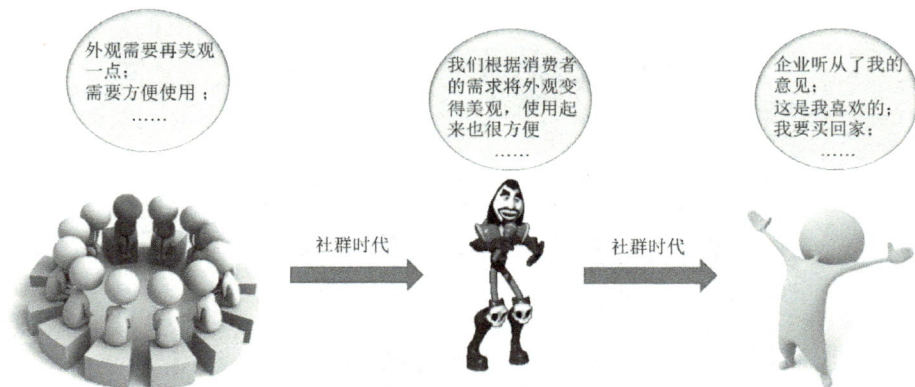

外观需要再美观一点；
需要方便使用；
……

我们根据消费者的需求将外观变得美观，使用起来也很方便
……

企业听从了我的意见；
这是我喜欢的；
我要买回家；
……

社群时代

社群时代

▲ 图 5-14 "用户的创造 = 企业的制造"产品的时代

在这个社群时代，企业一般会让用户来参与、提供对产品的需求，并结合用户的这些需求来打造全新的产品。除此之外，企业还会邀请用户参与到解决消费需求的工作中来，并为消费者设立"吐槽社群"和"创新社群"。企业通过这两个区域的言论，可以从中吸收精华，并且将其放到产品的制造中，如图 5-15 所示。

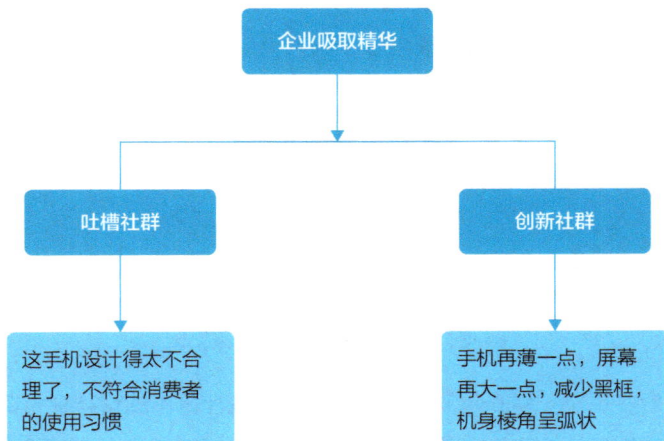

企业吸取精华

吐槽社群

创新社群

这手机设计得太不合理了，不符合消费者的使用习惯

手机再薄一点，屏幕再大一点，减少黑框，机身棱角呈弧状

▲ 图 5-15 从两方面吸收贴合消费者需求的产品制造

例如，大众汽车品牌利用互联网打造过一个全新的互动社区，即"大众自造"平台。公众可以在这个平台上通过自己的灵感对汽车进行设计，参与竞赛活动、进行投票评选、实现知识的分享及互动交流。

大众汽车以社群的方式，提供人与人之间、用户与企业之间、消费者与产品之间的交流平台，以汽车为出发点，聚集人群进行沟通，给予企业一个更为生动、直接的创新渠道，如图 5-16 所示。

▲ 图 5-16 学生协助"大众之车"的创造过程

5.2.3 众筹 = 角色转换

所谓的"众筹"是指向群众募资以支持发起的个人或组织的行为。群众募资一般都会用来支持各种活动，比如灾害的重建、举办各种活动、开发软件、支持创业、实现艺术创作及设计发明等。众筹一般由 3 个因素构成，如图 5-17 所示。

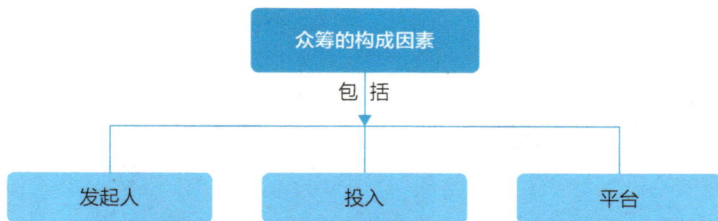

▲ 图 5-17 "众筹"的构成因素

但是，众筹并不是一种简单的投资，其是由一些社群里的精英提供部分资金，并在闲暇的时间里进行认知交流，分工合作，以提升价值的项目操作过程。社群众筹所表现出的特征是低门槛性、多样性、大众化、注重创新等。

对社群众筹来说，社群成员的时间、智慧及对社群的贡献是项目得以展开的重要因素。社群成员除了可以获得金钱方面的收益之外，也是积累经验、拓展人际关系、寻找资源、实现价值交换的重要渠道。

例如，乐视与罗振宇一起构造了"罗利"，以免费赠送乐视超级电视，以获取"罗辑思维"的会员。乐视的这一做法也属于众筹的一种范畴。它以免费赠送乐视超级电视来资助罗振宇获取会员，表面上乐视这么做是亏了，其实并没有。这里获取的盈利并不是金钱上面的冲击，而是人际关系上的增添，如图 5-18 所示。

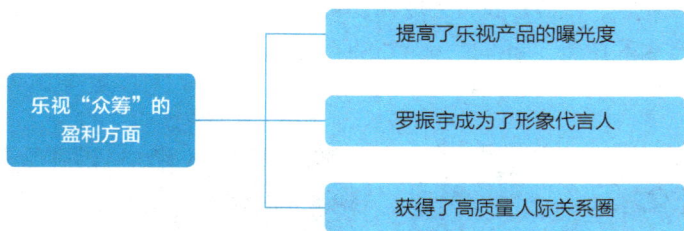

▲ 图 5-18　乐视"众筹"的盈利

于是乐视身份发生了转变：企业→众筹人→盈利的商家。罗振宇的身份也发生了改变："罗辑思维"社群领导人→发放福利者→间接乐视代言人→获得 10 万会员→获得盈利的成功者。社群"众筹"的核心思想就是：通过互联网，把原本分散的消费者、投资人挖掘并聚拢起来，为那些有创意的、个性化的产品找到一个全新的生态圈。

例如，阿里巴巴曾联手国华人寿推出了"娱乐宝"，阿里巴巴以"全民娱乐，你也是出品人"为旗号，吸引许多影视和游戏爱好者们来投资，将众筹这个当时还很新鲜的模式引入大众的视线。图 5-19 所示为娱乐宝百度贴吧主界面，很多影视或游戏爱好者都会聚集在这里进行讨论。

▲ 图 5-19　娱乐宝贴吧

在本质上，"娱乐宝"是一个理财产品，可在模式上，"娱乐宝"是一个众筹的娱乐类基金产品，其无不体现着"众筹"的个性化、定制化、分散化的特点。"娱乐宝"不仅让粉丝、社群都有机会成为创新商业的推动者和投资者，也在一定程度上改变了消费者的角色，为推动一个新的社群商业趋势的产生做出了很大的贡献，如图 5-20 所示。

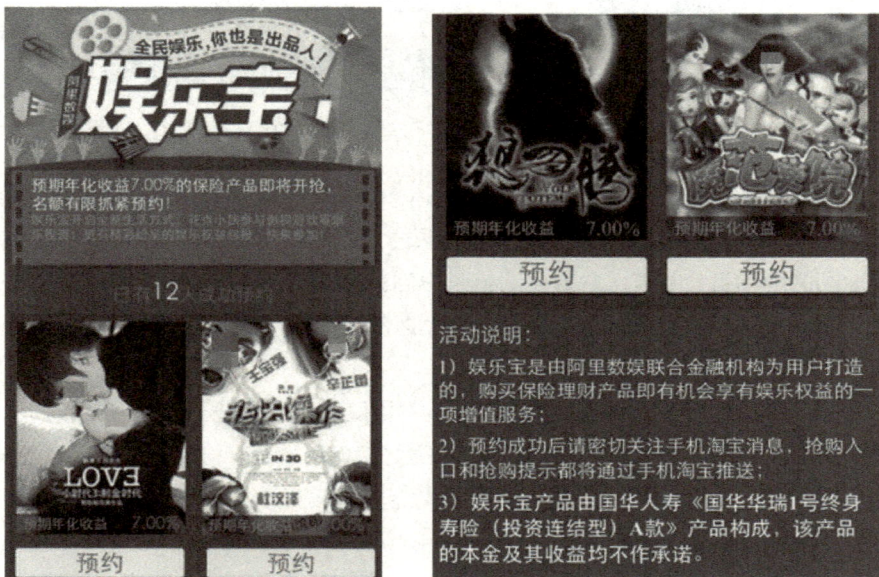

▲ 图 5-20 "娱乐宝"

总之，社群众筹其实就是一个将社群成员、投资人、社群领导者的角色转换的过程。社群成员因某一个具有创意的、个性化的或是具有发展潜力的项目聚集起来，将自己身份转换成为投资者、参与者，进而实现利益最大化的过程。

5.2.4　社群＋情景＝触发

如今，互联网已经深入人们的生活，而不少的企业看中了互联网这块大"肥肉"，纷纷都向互联网进军，致使互联网上的同类产品泛滥，使得消费者需要精挑细选，才会决定购买产品。

对于消费者来说，选择的机会多了，往往都会选择那些口碑好、能触发他们情感的产品，所以企业就要抓住消费者的消费习惯，可以往情景发展，触发消费者的情景需要，使他们购买产品。

例如，在《我是歌手》火热之后，唯品会推出一档全新的网络购物活动——"我是买手"。这个活动与《我是歌手》同步进行，用户可以通过这个平台一边听《我是歌手》的明星演唱，一边抢"我是买手"每期推出的七大明星品牌的连贯娱乐体验。"我是买手"这个活动中的这种娱乐体验以七折起出售，每期都会遭到粉丝的疯抢。它还邀请了人气星爸张亮担任活动大使，吸引了更多的粉丝，从而使得粉丝去参与"我是买手"的抢购，顺利地完成了情景营销。

简单来说，情景营销指的是企业抓住了消费者在日常生活中的某个"相似的瞬间"来做推广。这样更容易让消费者接受相同的宣传，而不会受到其年龄、性别、收入、等因素的影响。

当社群营销与情景相融时，已经没有了"广告"的存在，而是让社群成员直接觉得产品的存在，是为了解决自己的需求，社群里推送的消息也是为了解决自己的问题，是便利生活的需要。

因此，在社群营销＋情景的融合下，一定是精选的产品、有创意的产品、能触发消费者情感的产品。需要注意的是，"社群营销＋情景"的本质是为解决用户场景需求而生，其触发社群成员的情感，回归到商业的本质。

对于社群营销来说，触发社群成员的情景需求，能实现物品与人之间的快速连接，从而促使购买行为的形成。

也可以这么认为："一个情景就是一个产品，一个产品就是一个社群"。在情景时代，运营产品就是运营社群，而在社群时代，则情景就是触发社群成员情感的阀门，不管重点运用哪种营销方式，社群与情景都是不可分割的一体，而将社群和情景融合在一起，定能触发社群用户的情感。

"社群＋场景"模式的运营，必须要抓住以下 3 点，如图 5-21 所示。

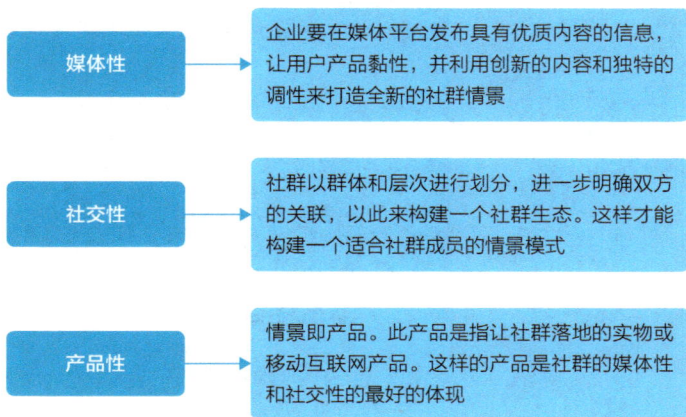

媒体性	企业要在媒体平台发布具有优质内容的信息，让用户产品黏性，并利用创新的内容和独特的调性来打造全新的社群情景
社交性	社群以群体和层次进行划分，进一步明确双方的关联，以此来构建一个社群生态。这样才能构建一个适合社群成员的情景模式
产品性	情景即产品。此产品是指让社群落地的实物或移动互联网产品。这样的产品是社群的媒体性和社交性的最好的体现

▲ 图 5-21 "社群＋场景"模式的运营需要抓住 3 点因素

情景产品可包括实物产品和移动 APP、微信公众账号在实物产品上贴上二维码打造礼品经济，而线下场所创新空间就更大。面对一个社群群体，可以通过更多方式，实现联合跨界落地。

总之，现实生活已经被细分为各种情景，而情景的兴起是社群营销的趋势之一。各种垂直生活类 APP 的大量出现也是这一趋势的体现。情景即产品、产品即社群，这恰好证实了"社群＋情景＝触发"的营销趋势。

5.2.5 实时响应＋服务＝营销

社群是以"人"为中心的一种营销方式，人与人之间点点相通，成为随处可在的信息节点。作为企业，已经失去了信息不对称时代的优势地位，失去话语权，而是融合在"人"的里面，以朋友、社群中的一员的身份与社群成员一起交流、学习。

很多企业，打破了企业与"人"的边界，以及时响应客户服务，来实时的回应、响应社群成员所表达出来的需求，与社群成员产生互动。

很多企业选择在微信上建立社区，运用微信公众号上的客户服务，及时回应社群人员所需要解决的问题。目前很多行业，特别是银行、快递等行业，都开设了微信公众账号，对客户进行微信的线上服务。企业只要将信息与微信客户端捆绑，就可以使消费者直接查询进度与数据方面的信息，快速便捷。下面就来讲解 3 个关于社群成员实时响应的例子，如图 5-22 所示。

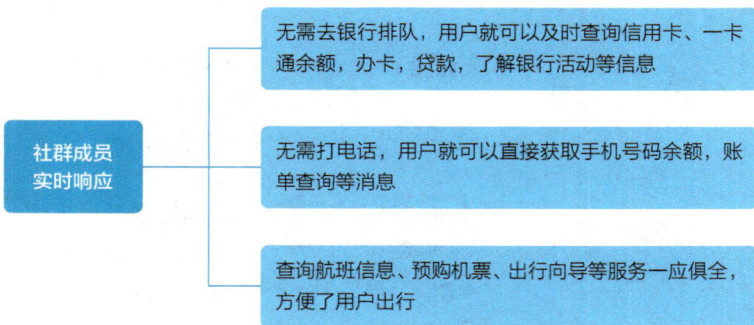

社群成员
实时响应

- 无需去银行排队，用户就可以及时查询信用卡、一卡通余额，办卡，贷款，了解银行活动等信息
- 无需打电话，用户就可以直接获取手机号码余额，账单查询等消息
- 查询航班信息、预购机票、出行向导等服务一应俱全，方便了用户出行

▲ 图 5-22 社群实时响应

1. 招商银行

招商银行利用微信公众号来进行微信客户服务，人们只要将信用卡、一卡通与银行的微信客户端捆绑，就能通过信用卡"微客服"完成余额查询、账单查询、贷款或

办卡等业务。这个平台可以随时满足人们的需求，打破了地区限制和时间限制，如图 5-23 所示。

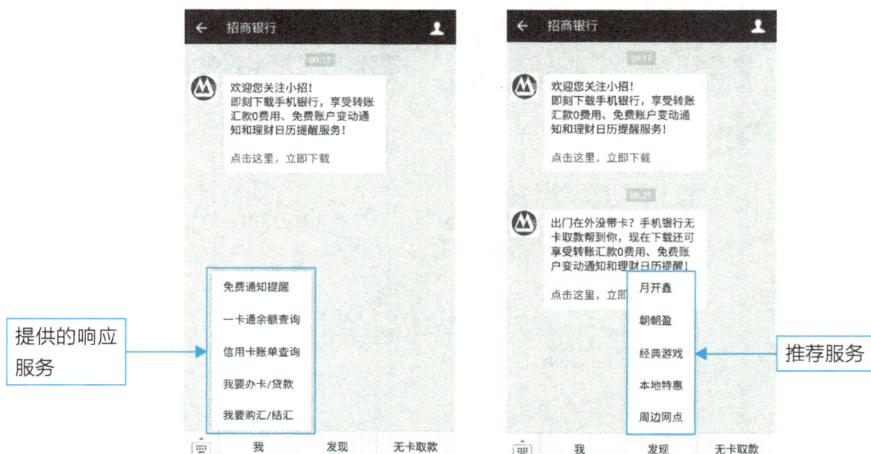

▲ 图 5-23　招商银行社群实时响应服务

实时响应的服务，是给社群成员一种情景上的体验。若响应速度快、内容质量高，则能在人们心中有一个好的印象。好的服务态度能决定人们是否继续使用其产品，因此，社群营销绝对不能落下实时响应服务。

2. 湖南移动

湖南移动利用微信公众平台创建了公众号"湖南移动和你在一起"。在这个公众号上，用户可以进行查询服务、办理服务等，给用户带来了很多方便，如图5-24所示。

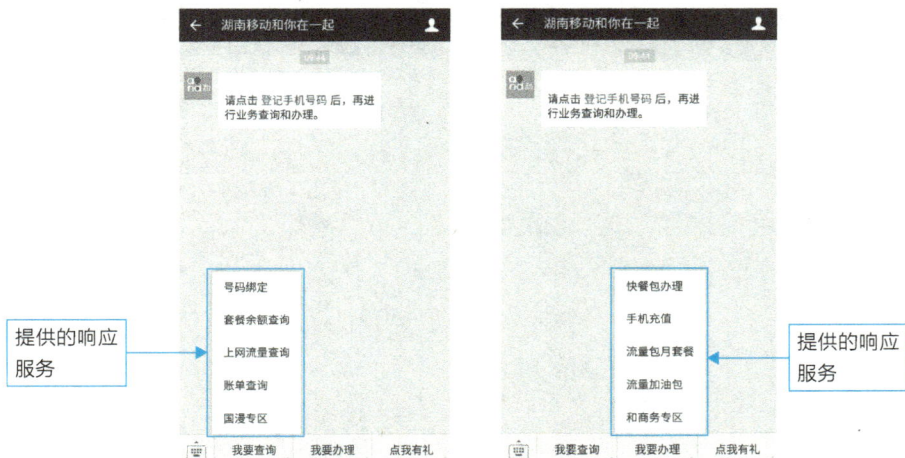

▲ 图 5-24　湖南移动社群实时响应服务

3. 南方航空

南方航空的微信账号可以提供办理预定机票、登机牌、航班动态等服务，带给社群用户全新的体验，如图 5-25 所示。

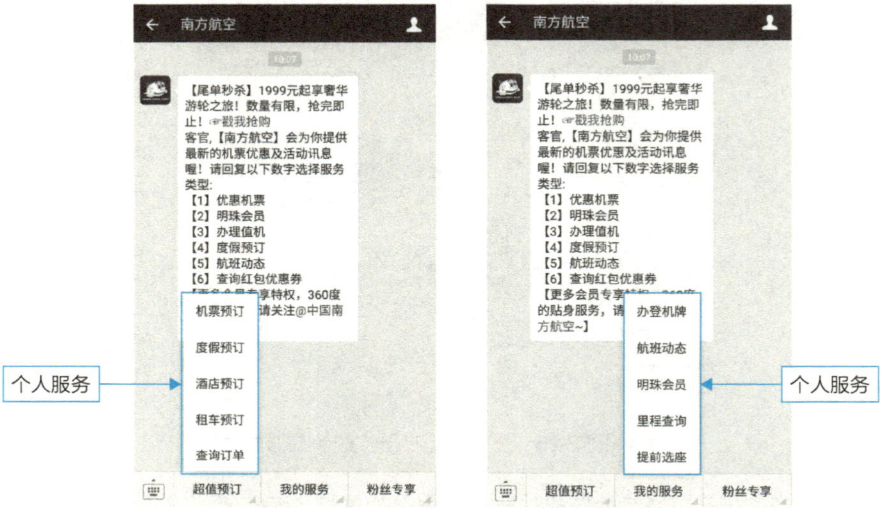

▲ 图 5-25　南方航空社群实时响应服务

假如人们需要查询 2016 年 7 月 19 日从长沙到北京的航班动态，就可以单击"航班动态"，进入航班动态查询页面，填入需要查询的信息，再单击"查询"，即可跳转到当天北京到重庆的航班信息，如图 5-26 所示。

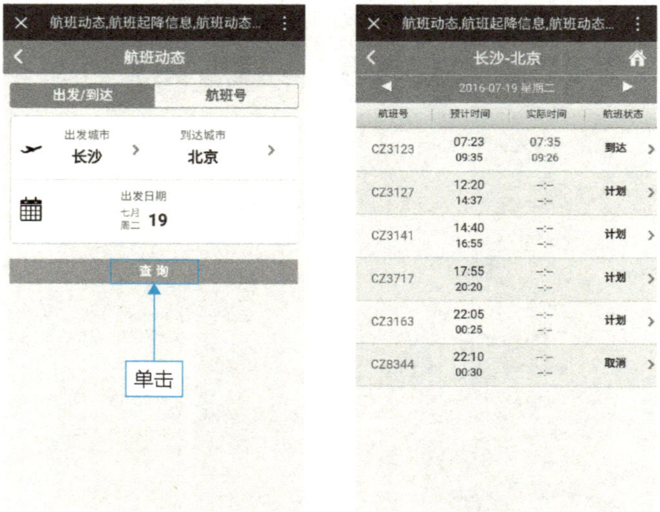

▲ 图 5-26　南方航空社群实时响应服务

5.2.6 数据 + 协同 = 打破边界

如今的社会是一个数据大爆炸的社会。尽管所有的企业都各自拥有属于自己的数据管理中心和体系，但是，各种平台的不同层面之间的数据各自独立，于是出现了"大数据孤岛"的局面。这是不少企业所面临的重要问题。

虽说社群所涉及的数据可能没有企业所需要的多，但是同样也面临着数据之间相互独立的问题。例如，在用户与后台、线上与线下、社交媒体与线下零售、会员卡与微信粉丝等方面都存在着数据的协同问题。企业应该以用户数据为中心，实现用户的全面协同。只有这样，才能让社群真正体会到大数据应有的价值。

但是，打破边界，对于很多企业来说并不简单，几乎都存在内部文化造成的极大挑战。因此，企业要想实现创新营销，就要想办法真正地解决用户的协同问题。只有这样，才能真正地打破边界。

5.3 移动社群时代来临

移动互联网时代下的社群是时代不断变迁的产物。在这个社群经济时代，社群营销是不可或缺的营销手段，是企业与用户拉近距离的桥梁，是用户随时随地变成"生产者"的纽带。在移动端的带领下，社群营销可以融入人们生活中的方方面面，本节将会详细讲解移动互联网时代的宠儿——社群营销。

5.3.1 基于用户的演变而来的移动社群

在这个移动互联网时代，社群经济已然成为了一种以用户为主导的 C2B（Consumer to Business，消费者到企业）式的商业形态。这种商业形态的主要特点是品牌与消费者之间的关系成为了一种双向的价值协同，两者之间的互动也成为了传播的主力军。值得一提的是，在用户不断演变的同时，移动社群也在变化。

例如，小米所提倡的"参与感"，就能很好地体现出用户与企业之间的关系和连接。社群经济下的品牌，是以用户为主导的口碑品牌，告别了以往以企业为主导的广告品牌。这种用户主导的口碑品牌，不仅是众多用户评价的产物，还是用户的互动体验。

> 💡 **专家提醒**
>
> 社群经济下的品牌打造方式是让用户参与到产品创新和品牌传播的环节，使用户跨越厂商直接变成了"生产者"。这种用户角色的改变，进一步促进了移动社群的发展。

下面以 Foursquare 为例，对移动社群进行具体分析。

Foursquare 简称 4sq，从 2009 年年底以来，Foursqaure 的新闻就一直没有断过，同时，其使用人数逐年增多，甚至超过 45 万。

Foursquare 连续与很多家大型公司签下广告合同，例如，Marc Jocobs、《纽约时报》等。

Foursquare 用户在某一个地点，如餐厅、咖啡厅、商场等场所，只要连上 Foursquare，就可以登入该地点一次。用户登入一个地点的次数越多，就越能在 Foursquare 获得一些虚拟地位或头衔。例如，Foursquare 用户常常到处跑，则会获得一个"冒险家"的徽章；用户常常去某咖啡厅，则在 Foursquare 里就能获得该餐厅的"市长"称号。这样一种调动用户使用 Foursquare 的方法，对于 Foursquare 来说，是相当好的方法。

Foursquare 作为一家手机服务网站，为用户提供地理位置信息的同时，也鼓励用户同他人分享自己当前所在的地理位置等信息。图 5-27 所示为 Foursquare 的 APP 界面。

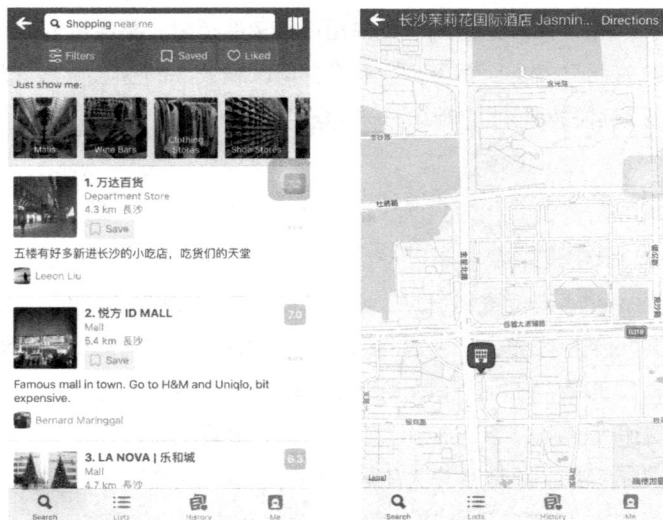

▲ 图 5-27　Foursquare 的 APP 界面

Foursquare 这个地理资讯服务的火红，是基于社群与游戏元素相互联手而驱动的。这也导致后来不少基于 LBS 运作的工具的出现，甚至还出现了能"同时登入多个 LBS"的网站。

那么为什么地理资讯服务会有这么火爆呢？这可以从 Foursquare 与一些纽约店家的合作说起。

一些纽约店家发现，在 Foursquare 发布"在该店拿到'店长'徽章的人，就可以到实体店获得一杯免费的饮料"的消息后，短时间内店里的销量明显增多。

随着 Foursquare 知名度的提高，逐渐与许多知名厂商有着广告的合作，甚至用户在赌城 Las Vegas，登入某家旅馆，就能在旅馆的大霓虹灯看板上，立刻出现用户的大头照及目前在 Foursquare 上这家旅馆的"店长"的名称。

由此说明，企业只要从一开始就找到可行的营销盈利模式，那么 LBS 引起人们瞩目就会是大概率事件。

Foursquare 有四大盈利途径，如图 5-28 所示。

▲ 图 5-28　Foursquare 的盈利途径

5.3.2　手机移动互联网与用户体验

随着移动互联网技术的不断发展，用户体验与之前相比也上升了一个档次，高级移动用户体验设计是采用各种新技术和方法实现的，如"安静的"设计、动机设计和"好玩的"设计等与社群相结合能积极带动社群成员的参与性。

移动时代的设计者，创建了用户体验度高的应用。例如，高精确度移动定位技术是现在运用较为广泛的一项技术，也是发展较为成熟的一项技术，知道一个人的精确位置是提供相关位置信息和服务的一个关键因素。

对于用户来说，移动互联网时代下的用户体验，才能维持移动互联网的开发。对于移动互联网下的社群，用户体验度必须具备以下 3 个特点。

1.　持续性

移动互联网时代下的社群应该一直保持运行状态，时刻与用户交互。例如，微信用户在玩腾讯游戏时，就会时刻记录用户的游戏数据，显示用户的游戏进展情况。社群可以真正实现信号流"从人到设备，从设备到人"。

2.　增强性

用户不管在何时何地，移动社群都能为用户服务。例如，移动社群下的可穿戴型设备，可以大大增强用户的感官，还能通过分析提升办事效率。

3. 调解性

有时候社群还可以调节人们的心情。例如，实惠 APP 就是通过摇一摇的形式，来让用户参与到"免费精品福利"的活动中，使人们在紧张压抑的生活中，通过别具一格的形式，在调节心情的同时获得奖品，并且还能与实惠 APP 里的社群成员一起交流，分析自己的奖品。

5.3.3　移动"Google ＋"的社群服务

"Google ＋"具备社群功能，其能够为那些具有相同兴趣爱好的人提供一个聚集地，而这些社群里的成员彼此之间可以是亲密的朋友，也可以是不认识的人。在"Google ＋"里的社群可以是对公众开放的，也可以是私密的。在"Google ＋"里面，用户可以实现每天与人互动的实际体验，每天与志同道合的人一起笑、一起互动、一起交流。

对移动互联网来说，手机应用提供的群组式的产品是这个互联网时代不可或缺的一部分，只要群组是活跃的，那么相应的移动互联网的寿命就可能被延长。

> 💡 **专家提醒**
>
> "Google ＋"社群给人们带来了很大的便利，几乎是根据用户的需求来设定功能。从这里可以看出在移动互联时代，社群非常重视用户的需求和体验。

下面对"Google ＋"社群为用户所带来的一些功能进行简单的介绍。

1. 对社群圈进行分类

在现实生活中，人们认识很多朋友，可是这些朋友不一定认识彼此，他们只有一个"人"作为联系点，所以在"Google ＋"社群里，用户可以根据喜好、兴趣来将自己认识的人分布到不同的社群圈里。这些人经过交流，再相互认识。

2. 帮助用户收集话题

用户可以把自己感兴趣的话题在"Google ＋"上告诉 Google，那么就能得到很多相关的文章、照片、视频。对于 Google 来说，搜索本就是强项，而将这一功能放到"Google ＋"上，那么就是为"Google ＋"上的用户进一步完善了移动社群给他们带来的体验和需求。

"Google ＋"除了节省用户搜索兴趣爱好的时间外，还让用户能慢慢阅读，甚至在欣赏相关内容后，将这些内容分享给自己的社群朋友。社群用户根据这些内容进行交流，进而从中引出相应的新话题。

3．实现定位与上传

移动手机已经成为最佳的分享工具。用户可以随身携带、随时连接网络，是每个用户与好友随时联系感情的宝物。Google 不想让自己的"Google ＋"APP 只是一个单一的社交功能，于是就让"Google ＋"透过卫星定位、相机和传讯等功能，让手机成为一个个性化的计算机终端。

（1）**定位分享。**在生活中，当人们出去旅游时，自己的朋友就会询问旅游地点的景色好不好，当遇到什么好玩的事情等一系列的问题，人们只要在"Google ＋"中留言，并附加所在位置，让自己的朋友能知道自己在哪里，朋友们就可以通过位置，搜索一下当地的风情、美食等信息。

（2）**及时上传。**"Google ＋"为社群用户提供实时上传手机照片的功能，可以让用户的手机留下一些空间。"Google ＋"里的照片还有私人相册服务，若社群用户不想将自己的照片分享给别人看，那么就可以将照片放入私人相册里。

4．体验视频聊天

在生活中，人们喜欢三五成群的在餐馆、酒吧、咖啡厅等地方享受聚会的时光，可是有时候碍于生活的压力，朋友们可能不会在一个地方，或者很难有一个共同的空闲时间，于是就出现了几个月之后才能聚在一起的情况。

应对这种情况，"Google ＋"建立起了视频聚会模式。人们可以在"Google ＋"上随时建立视频聊天。这样就算不在一个地方，也能看到彼此。

5.3.4 打造"用户至上"

在社群经济不断发展的当下，以用户为中心的移动社群已成为企业重要的发展对象。因此，打造"用户至上"的原则是企业发展社群经济的重要方式之一。下面以 LinkedIn 为例对企业的"用户至上"原则进行具体分析。

LinkedIn 的中文名字叫作"领英"。可以说，它是全球最大的职业社交网站之一。它开展的主要业务是帮助用户求职，为用户提供更多有价值的信息。这些有价值的信息都是"领英"专业打造"用户至上"的因素。

下面，对"领英"专业打造"用户至上"的因素进行具体介绍。

1．职业社交网站

"领英"是一个免费为用户服务的职业社交平台。在这个平台上，"领英"会创建一些符合大众需求的应用，其中效果比较好的应用就是为企业和个人提供的招聘解决方案，如图 5-29 所示。

▲ 图 5-29 "领英"APP 界面

2. 抓住了两种人群

"领英"把求职人群分为两类。一类是"主动求职者"。这部分人会主动去招聘网站搜索职位、上传简历等。另一类是"被动求职者"。这部分人一般会安于现状，但是如果有一个好的工作的机会去找他们，他们也会去看看。"领英"牢牢地抓住了这部分人群。

对于那些招聘网站来说，"领英"能聚集更多的人群，并且所提供的功能是人们所需要的，这也为企业社群营销奠定了基础。

3. 聚集正能量

"领英"是一个容易聚集正能量、社交性强的社群模式。人们可以在"领英"上与品牌企业相互交流，从名人的文章中看出企业的运营之道。同时，用户能自己发布文章，将自己的经验分享给"人脉圈"的朋友们。

4. 全球化 = 优势

虽然"领英"不止是涉猎招聘应用，还有其他不错的应用，但单就招聘而言，"领英"的全球化优势不可阻当。

当企业选择"领英"作为发布招聘信息的平台时，"领英"不仅可以帮企业招聘到本土人才，还可以帮助企业把海外优秀的人才招到企业中去，甚至也有可能帮助企业成为一个跨国企业。同样对于个人来说，"领英"就是帮助人们找到工作的好帮手，是人们获得机会的"圣地"，是人们找到好归宿的手段之一。"领英"独一无二的价值非"全球化的平台"莫属。

5. 树立企业品牌

一般招聘网站利用传统互联网的招聘模式，允许企业在自己的平台上发布招聘启事，下载用户的简历。招聘启示主要通过薪资、福利、职位本身等来吸引、招聘人才。

而"领英"倡导的是"树立企业品牌"。"领英"帮助企业在用户中展现企业文化、讲述员工故事、分享充满激情而有趣的工作经历。这样才能吸引优秀人才，并且这样也能为"领英"建立起长久的竞争力。除了具有长久的竞争力之外，"领英"还拥有很多优秀的用户。企业品牌在短期招聘的效果也很可观。

> **专家提醒**
>
> "领英"是一个职业社群平台。招聘只是"领英"的一部分。单就招聘应用而言，"领英"服务于 80% ~ 90% 的"被动求职者"。"领英"专注于职业社交，用户黏性高，业务和盈利模式比较多元化。这些优势加起来，可以说"领英"在未来想象空间还比较大。

5.3.5　社群需要场景来深入人心

场景应用是一种新型的社交媒体表现形式，是由云开发出来的。它突破了阅读的二维空间，用户不仅可以用"图片＋文字"的方式进行阅读，还可以利用多空间组合的方式获得更加丰富的体验。随着社群商业的发展，场景应用也成为了一种重要的信息展现方式。在社群商业中，内容、社群、商业行为是 3 个主要的关键因素，下面对其进行图解分析，如图 5-30 所示。

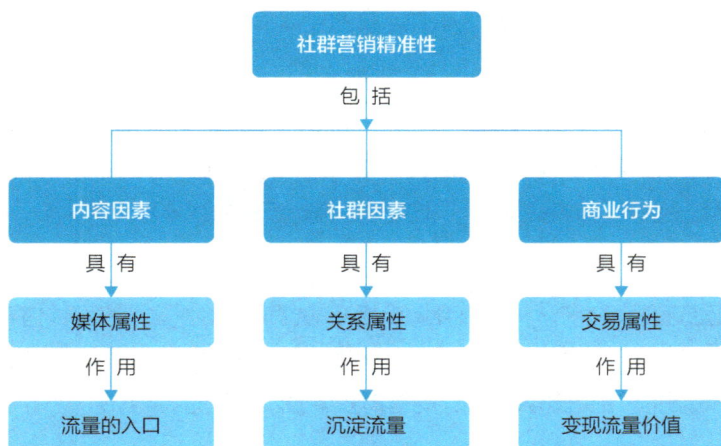

▲ 图 5-30　社群商业的关键因素

值得一提的是，场景的应用必须与微信、微博等社交平台有效联合才能将流量进行转化。它不能单独完成整个生态圈的路径。企业通过对各大社交平台的维护，促进了产品社群的进一步形成。

5.3.6 深入目标客户群才能实现精准社群

社群营销带有的一个明显的特点就是目标客户群集中。这样不仅可以提高品牌营销的效率和速度，也有利于让企业营销精准化。

就微博而言，微博用户一般是不愿意花时间看企业的各种广告的。因此，作为企业，一定要站在用户的角度来思考问题。企业只有为用户提供有价值的信息，才能够吸引用户的关注。作为企业，还应该建立自己的社群，企业一般在遭遇负面新闻或危机公关时，都需要这样的社群来帮助自己化险为夷。有时候，用户说出来的话，比企业自身说出来的话更有影响力。

5.3.7 移动社群离不开内容营销

企业所做出的任何营销方案都是有内容的，内容营销是企业进行社群营销的主要方式之一。自然，移动社群也是离不开内容营销的。因此，企业在进行内容营销时，要对其营销内容进行很好的把控。营销内容主要包括以下3个方面。

1. 热点性内容

企业营销的热点性内容是企业利用一些热门的事件来进行营销的内容。这种热点性内容不仅会使搜索量迅速提升，也可以迅速增加关注度。要想做好热点性内容的营销，企业就要非常了解当前的热门事件。企业可以借助一些平台来搜索热门事件，如百度搜索风云榜、搜狗热搜榜等。

2. 时效性内容

在这个各方面都在快速发展的时代，时效性越来越被人们重视，当然也包括企业的营销战略。企业在营销的过程中，时效性越强，产生的效果就会越大。

3. 方案性内容

企业在进行营销之前，一般都会做出相应的营销方案。这种方案性内容主要包括用户的定位、目标、主题、平台、效果等。就这种方案性内容来说，内容越丰富、越全面、用户获得的价值就越大，企业的营销效果也就越明显。

5.3.8 移动社群的传播是吸铁石

正因为社群具有集中性、针对性的优势，所以传播速度更快，影响力更大。移动社群对用户常常会传播一些很有价值的东西，因此，对用户来说，移动社群的传播正如吸铁石一般。

一般来讲，相对企业来说，消费者更愿意听取社群成员传播的消息，他们会认为，社群成员会传播一些真正有价值的东西。因此，不管是对企业还是对用户来说，移动社群都是不容忽视的。

5.4 互联网下的"社群经济"

"粉丝经济" + "社群经济"是如今互联网时代的重头戏，两者给企业带来的效应比较大，但是两个加起来的效应，可以放成无限大，能给企业带来无限的营销可能性。下面就来了解"粉丝经济" + "社群经济"的魅力。

5.4.1 粉丝与社群共存亡

几乎每一个品牌都会拥有自己的粉丝，但是，如果企业只停留在粉丝层面，那么营销效果很难显著。只有将客户变成用户、将用户变成粉丝、将粉丝成为朋友，才是当下互联网的新思维，即粉丝与社群。企业只有将粉丝经济与社群经济相结合，才能在这个偌大的互联网下，成为佼佼者。

为什么要将粉丝经济与社群经济相结合呢？那是因为社群经济发展到一定阶段后能够自我运作，而在建群初期，需要有粉丝的支持才能慢慢地壮大，而粉丝经济不能自我运作，只能被企业牵着鼻子走。因此，只有将它们两者相结合，才能弥补彼此的缺憾。

就拿百度贴吧、知乎、微博等社群媒介来说，人流量特别的多，在这些媒介上也培养出了不少的名人，并且这些平台的创始人在互联网圈里都是一些比较有名的人物，但是一般的普通用户却不认识他们。

在这些平台上，由粉丝经济而构建的社群经济，单纯的崇拜、喜欢某个人、某件事，将各地共同爱好的人群聚集在平台上，一起交流、点赞。

不管是社群还是粉丝，最好不要单独进行，需要将二者结合起来，进行互联网下的新思维。只有这样，企业才能获得更大的利益。

5.4.2 CBMCE 模式：粉丝团的指引

如今，小米手机、乐视电视、罗辑思维等新型社群模式，是基于互联网而产生的新思维商业模式，也是以 CBMCE（取 Community、Beta、Mass Production、Connection、Extension 的首字母）模式来获得庞大粉丝团的。下面对 CBMCE 模式进行图解分析，如图 5-31 所示。

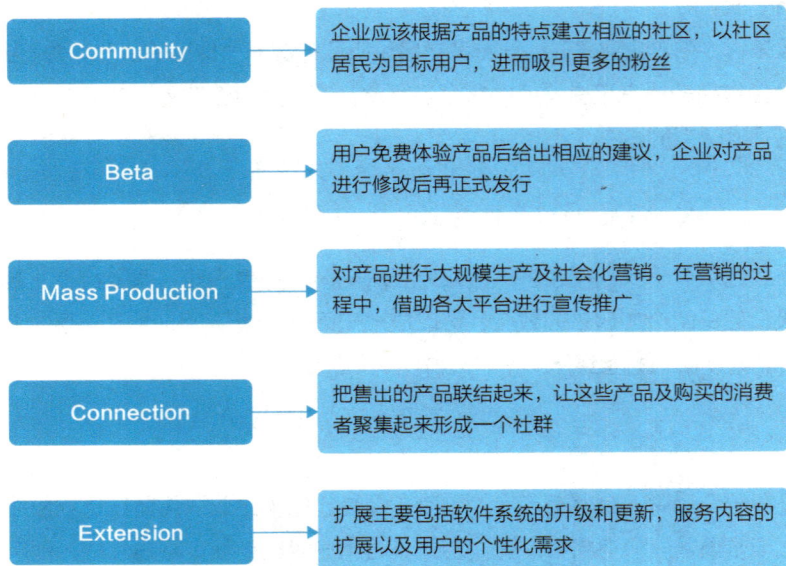

Community	企业应该根据产品的特点建立相应的社区，以社区居民为目标用户，进而吸引更多的粉丝
Beta	用户免费体验产品后给出相应的建议，企业对产品进行修改后再正式发行
Mass Production	对产品进行大规模生产及社会化营销。在营销的过程中，借助各大平台进行宣传推广
Connection	把售出的产品联结起来，让这些产品及购买的消费者聚集起来形成一个社群
Extension	扩展主要包括软件系统的升级和更新，服务内容的扩展以及用户的个性化需求

▲ 图 5-31　CBMCE 模式

5.4.3　社群之饥饿和病毒营销

在社群营销中，最著名的也是企业最常用的就是饥饿营销和病毒营销。下面对这两种营销方式进行简单介绍。

1. 饥饿营销

饥饿营销是很多企业都会选择的营销手段。它是指商品提供者为了维护产品形象、保证产品较高的售价和利润率，而有意调低产量，推出抢购，以制造供不应求的假象的营销策略。国内很多企业喜欢做"抢购""限制"等营销活动，以吸引用户的关注，调足了用户的胃口。

2. 病毒式营销

简单来说，病毒式营销是指企业在网络上为用户提供有价值的产品或服务，并且利用用户来为企业进行宣传，以实现营销目的。现如今，病毒式营销已经成为网络营销中最为常见的手段，被越来越多的企业和网站成功地利用。

5.5　社群运营案例

社群营销有太多的案例，可是，在这里没办法全部列举到。下面就以 6 个案例来进一步让大家感受社群营销的魅力。

5.5.1 天鸽：互动式社群营销

天鸽互动是中国最大的实时社交视频平台之一，其盈利模式不再是一种"美女经济"而是一种"粉丝经济"。下面对天鸽互动的营销方法进行图解分析，如图 5-32 所示。

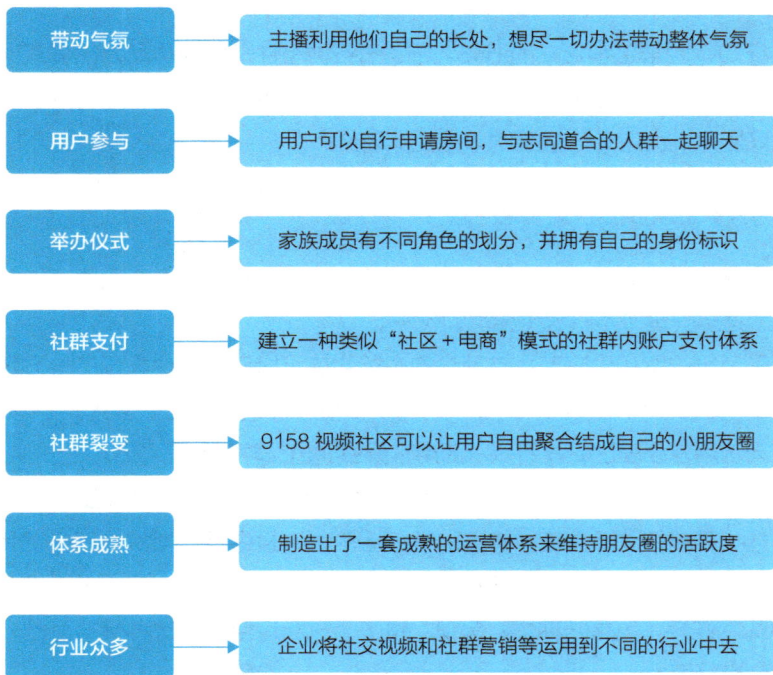

带动气氛	主播利用他们自己的长处，想尽一切办法带动整体气氛
用户参与	用户可以自行申请房间，与志同道合的人群一起聊天
举办仪式	家族成员有不同角色的划分，并拥有自己的身份标识
社群支付	建立一种类似"社区＋电商"模式的社群内账户支付体系
社群裂变	9158 视频社区可以让用户自由聚合结成自己的小朋友圈
体系成熟	制造出了一套成熟的运营体系来维持朋友圈的活跃度
行业众多	企业将社交视频和社群营销等运用到不同的行业中去

▲ 图 5-32 天鸽互动的营销方法

5.5.2 小米：QQ 空间引爆营销

小米手机通过 QQ 空间进行的营销推广活动，曾一再引爆 QQ 空间的社群营销市场。也许很多人会问，小米手机的秘诀是什么？下面就对小米手机进行 QQ 空间营销的秘诀进行图解分析，如图 5-33 所示。

QQ 空间作为一种交流工具，在实际的社区营销生活中发挥着重要的作用。它不仅是一种流行的社群营销手段，也是目前最为广泛的社群营销方法之一。QQ 空间社群营销能够实现及时的点对点交流，能更加快速地反馈用户的问题，能在交流中提高交易的成功率。

▲ 图 5-33 小米手机 QQ 空间营销的秘诀

在进行 QQ 社群营销活动的时候，QQ 的各种组件及各项功能为社群营销活动的顺利完成带来了便利。正是因为 QQ 具有群、空间等多项功能，才能使商家的营销之力得到更好发挥，也让 QQ 的营销效果更加明显。

5.5.3　锤子手机：基于心智连接下的社群

在社群营销出现之前，企业的很多大众消费产品的营销，主要是通过广告与用户做心智上的连接。锤子手机就是典型的代表。

在锤子手机的案例中，产品与用户的心智连接可以说是做得最好的地方之一。罗永浩在锤子 T2 发布会上引出了一个叫"天生骄傲"的情怀。这个情怀是"70 后"能感触的却无法用言语表达的，而罗永浩用"天生骄傲"表达出了"70 后"的心声。这就是如今心智连接中的情感连接，是能让用户与品牌产生共鸣碰撞的地方。

当这样一种精神体验演变成社群的精神体验，并且得到大面积的用户发酵之后，让用户的购买仿佛成了自然而然的行为。因此，"天生骄傲"对于锤子手机来说，不仅是一种情感连接，也是一种情感营销。锤子手机利用用户的这种情感体验，让社群成员越来越有凝聚力。

5.5.4　MyBMWClub：建设高黏度的社群圈

MyBMWClub 在创建自己的手机 APP、官方微博、微信等，实现了线上营销的同时，也为社群营销开创了新的路径。对于 MyBMWClub 来说，想要满足形成社群营销的基础，就需要从 3 点出发，如图 5-34 所示。

MyBMWClub 经常会举办一些宣传活动，不少的 MyBMWClub 会员都会被其活动宣言所触动。比如，"人的一生中至少要有两次冲动，一次为奋不顾身的爱情，一次为说走就走的旅行"感动了很多人。重要的是，这些丰富且有趣的线下活动，也能够增加用户的黏性。

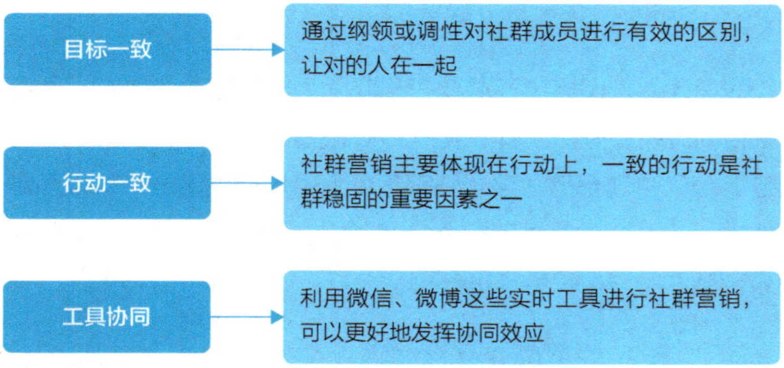

目标一致	通过纲领或调性对社群成员进行有效的区别，让对的人在一起
行动一致	社群营销主要体现在行动上，一致的行动是社群稳固的重要因素之一
工具协同	利用微信、微博这些实时工具进行社群营销，可以更好地发挥协同效应

▲ 图 5-34　形成社群营销的基础

> 💡 **专家提醒**
>
> 　　对于刚涉猎社群的企业，如果社群根基不怎么稳定，最好选择小群体。这样不仅能减少一些成本，还更有效果。

5.5.5　Facebook：疯狂社群营销

　　Facebook 是一个非常大的社群，在 Facebook 上聚集了不少的人群，对某些话题进行讨论、交流。Facebook 就是"失控"营销，是最突出的社群营销之一。这种"失控"的社群营销能给企业带来以下两点好处。

1. 传播效果快

　　"失控"社群营销的传播效果很快，又轻松，无需网址，没有非常生硬的规定，而且会使社群成员在社群中以"在做自己"的姿态生活着。

　　Facebook 社群成员换一张照片成明星照，是自己独立的行为，不是跟着某个特定的活动，也不是为了活动的奖品，而是人们发自内心想做。这样才能在很大程度上调动其他人群参与进去。

2. 方便找到发起人

　　在"Doppelganger Week"活动火爆以后，有很多用户都在寻找活动的发起人。由此可见，当一个活动红了，人们就会去想知道到底是谁发起这样有趣的活动。

> 💡 **专家提醒**
>
> 　　"失控"社群营销，并不会变成"无名之火"，总会有一两个人会去想知道发起人是谁，届时就能使得企业须其自然的出现在人们的视野中，从而让企业获得更多的用户、粉丝等社群成员。

5.5.6　QQ兴趣部落：基于兴趣的社群营销

随着时代的变迁，人们再也不需要在互联网上单纯地寻找朋友，而会选择结交一些与自己有着相同兴趣爱好的人群。腾讯QQ就看中了这一点。因此，它以"兴趣"为基点，推出了QQ兴趣部落。这个部落不仅为用户提供了一个可以随意谈天说地、轻松快乐的地方，还给企业提供了一个自然形成的社群，方便企业进行社群营销。下面对QQ兴趣部落的社群营销特点进行图解分析，如图5-35所示。

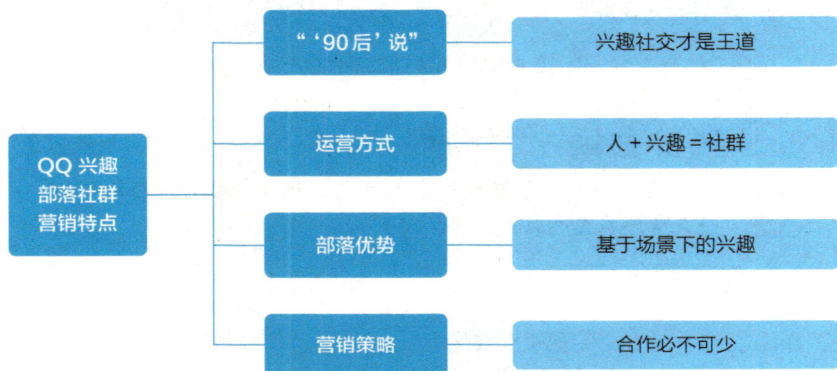

▲　图5-35　QQ兴趣部落的社群营销特点

💡 **专家提醒**

只要企业的社区里有优质的内容和文化氛围，就能帮助企业将内容推送到QQ兴趣部落的平台上，建立起人与兴趣的连接。

第6章

文案篇——新媒体人士的必备技能

学前提示

文案对于产品的销售与品牌的推广都起着决定性的作用，是每一位销售人员都必须要了解的内容。本章主要针对文案的具体组成内容进行分析。读者应了解何为文案，认识这种广告艺术的表现方式及写作思维，并且对文案媒体运营进行学习。

要点展示

>>> 文案组成和要求
>>> 文案的标题类型和技巧
>>> 文案创作者的要求
>>> 文案写作的思维逻辑
>>> 文案的专业表现手法
>>> 文案运营的趋势
>>> 文案媒体运营的案例

6.1 文案组成和要求

在现代商业竞争中，精彩的文案往往能够让一个企业在众多的同类型公司中脱颖而出。文案是竞争的利器，更是企业的核心和灵魂所在。文案主要是来源于广告行业，但是与广告类型的活动策划存在一定的区别与共同点，如图 6-1 所示。

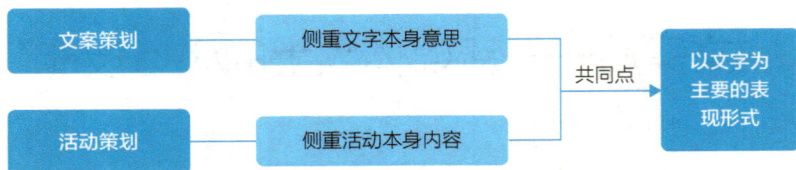

▲ 图 6-1 文案策划与活动策划的区别和共同点分析

对于企业而言，一个优质的文案可以促进品牌推广、提高人气和影响力，进而提升企业声誉，获得更多的用户。文案的作用是十分广泛的，尤其是在广告业蓬勃发展的商业社会中。因此，对文案的要求也是非常高的。

6.1.1 文案的直接构成

文案主要是由标题、副标题、广告正文、广告口号这 4 部分构成的。下面分别从实质意义和内容要求两部分具体介绍这 4 部分。

1. 第一部分：标题

标题是广告文案的主题，在内容上往往也是广告的诉求重点。

（1）**实质意义：**吸引人们对广告的注目，给大众留下深刻印象。只有当受众对标题产生兴趣，才有可能去阅读正文。

（2）**内容要求：**语言运用上简明扼要，内容易懂易记，表达清晰，新颖有个性，句子中的文字数量一般在 12 个字以内。

2. 第二部分：副标题

副标题是相对主标题而言的，是对主标题的补充说明。副标题属于文案的重要组成部分，关系到文案的内容表现。

（1）**实质意义：**副标题是广告方案的组成部分，也是进一步表现主旨的环节，能够起到主标题不能替代的作用。

（2）**内容要求：**副标题与主标题相呼应，或者是进一步地深化主题内容。在部分文案中也会以副标题的形式，进行核心内容的直接展示。

3. 第三部分：广告正文

对于任何行业而言，要想打败竞争对手，获得受众市场，不能没有广告的支持，而广告正文就是广告中最为直接有效的部分。

（1）**实质意义：** 以客观的事实、具体的说明来增加消费者对于商品的了解与认识。

（2）**内容要求：** 言简意赅，突出重点，同时文案内容要实事求是，通俗易懂。

4. 第四部分：广告口号

口号的表现形式就是不断地重复，从而获得一定的宣传效果，属于一种战略性的文字。对于企业而言，口号是推广商品的基本要素之一。

（1）**实质意义：** 广告口号通过体现不同的产品特点和优势，使消费者掌握商品或服务的个性。

（2）**内容要求：** 在文字的形式上可以比较简洁，所用文字的内容明确，表达上独具趣味。

6.1.2 创造文案的要求

文案是商业宣传中较为重要的一个环节，优秀的文案具备强烈的感染力，能够给商家带来数倍的收益。在信息繁杂的网络时代，并不是所有的文案都能够获得成功，尤其是对于缺乏技巧的文案而言，获得成功并不是轻而易举的事情。

从文案写作的角度出发，具体文案内容的文字感染力来源主要分为 4 个方面，如图 6-2 所示。

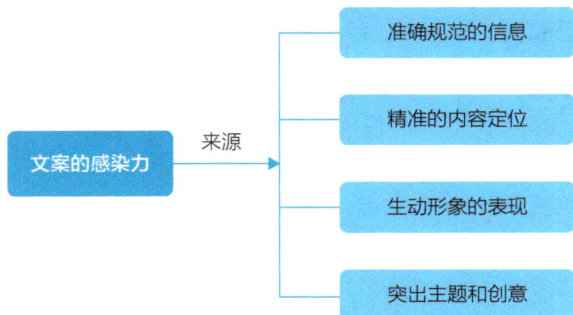

▲ 图 6-2 文案感染力的来源

1. 准确规范的信息

随着互联网技术的发展，每天更新的信息量是十分惊人的。"信息爆炸"的说法主要就来源于信息的增长速度，相关分析如图 6-3 所示。

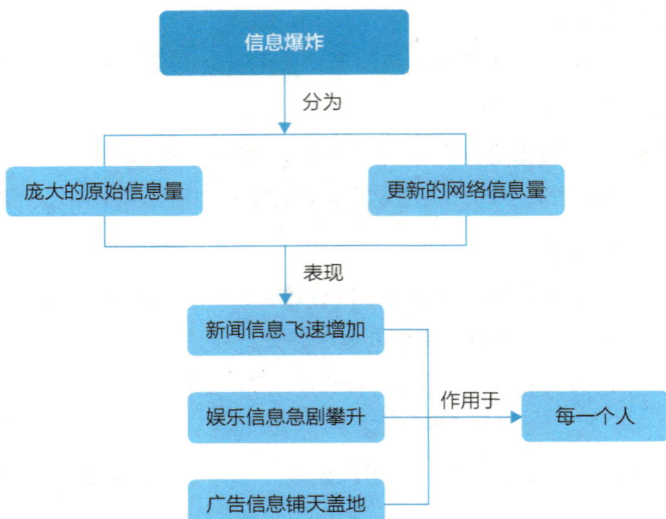

▲ 图 6-3　信息爆炸的相关分析

　　对于文案创作者而言，要想让文案被大众认可，能够在庞大的信息量中脱颖而出，那么首先需要的就是准确性和规范性，对其内容的要求如图 6-4 所示。

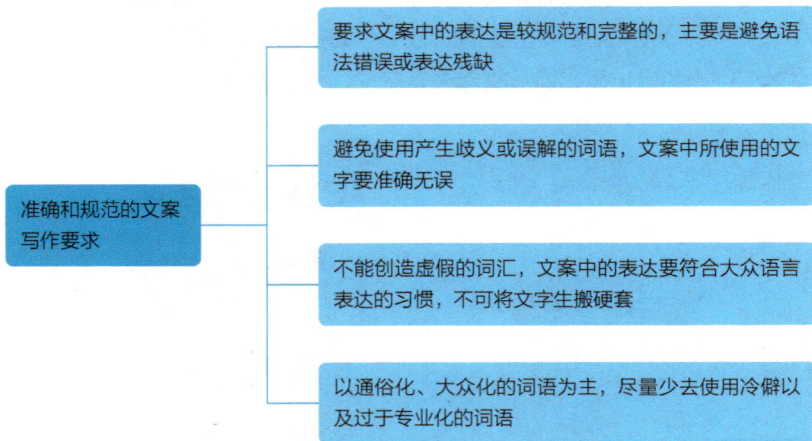

▲ 图 6-4　准确和规范的文案写作要求

　　准确和规范的信息能够促进广告的有效传播，节省产品的相关资金投入和人力资源投入等，从而创造更好的效益。

2. 精准的内容定位

　　精准定位同样属于文案的基本要求之一，每一个成功的广告文案都具备这一特点。图 6-5 所示为宝马汽车公司在微信朋友圈的推广文案。

▲ 图6-5　宝马中国在微信朋友圈的推广文案

在文案的内容上，宝马的这则广告文案主要体现产品能够带给人愉悦享受的作用。精准的内容定位使产品更好地被受众群体所接受，并且潜在用户也会被相关的信息所打动。对写手而言，要想做到精准的内容定位，可以从以下几个方面入手，如图6-6所示。

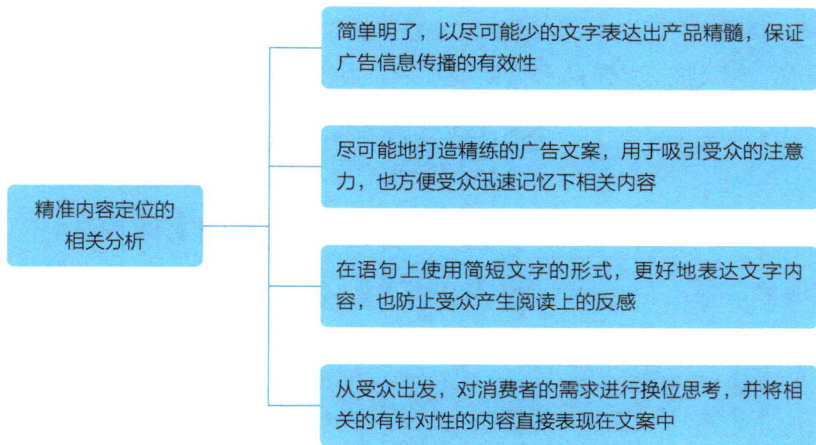

▲ 图6-6　精准内容定位的相关分析

3. 生动形象的表现

对于同行业竞争的企业而言，在文案设计上往往会出现针锋相对的时候。以王老吉和加多宝两个品牌为例，曾经就掀起了一场轰轰烈烈的文案"大战"，如图6-7所示。

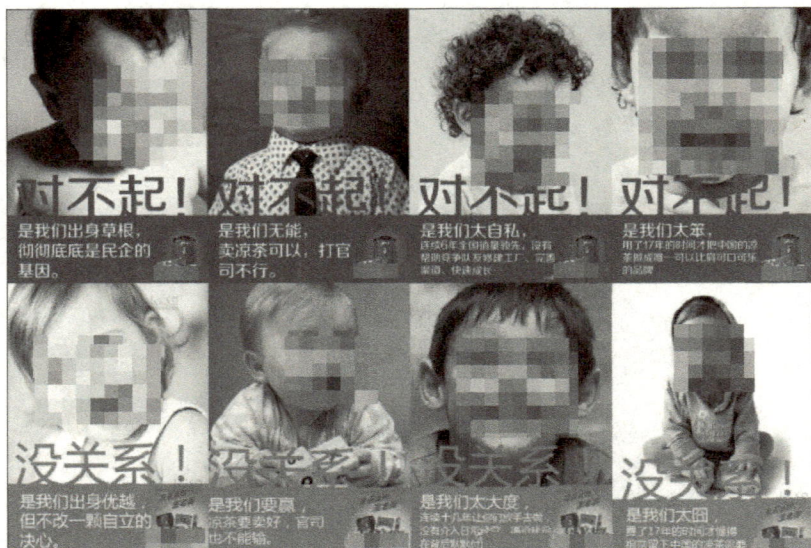

▲ 图 6-7　王老吉和加多宝的文案

上方的 4 幅图是加多宝以弱者的身份出现，通过文字搭配形象生动的图片，打造了以退为进的完美文案战略；下方的 4 幅图则是王老吉通过相对应的文字搭配相对应的图案，进行防守型攻击，以获得用户群体的支持。

对于文案创作者而言，尽管文案的核心在于文字，但是搭配生动形象的图片有时也会取得意想不到的效果。图 6-8 所示为生动图片的作用分析。

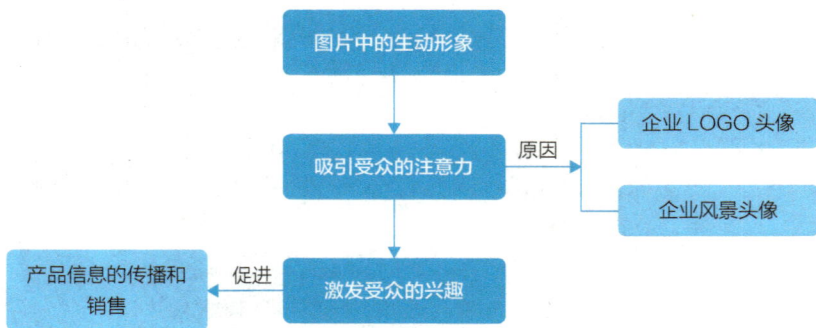

▲ 图 6-8　生动图片的作用分析

4. 突出主题和创意

创意对于任何行业的广告文案都十分重要，尤其是在网络信息极其发达的社会中，自主创新的内容往往能够让人眼前一亮，进而获得更多的关注。图 6-9 所示为新福特汽车公司对汽车后视摄像功能的广告文案。

▲ 图 6-9 对汽车后视摄像功能进行宣传的广告文案

在图 6-9 中，没有一个文字，仅仅只是用一种创意的表现方式来说明汽车后视摄像功能的优质程度，在突出产品主题的情况下更好地让受众从视觉上接受广告。

创意是为广告主题进行服务的，所以文案中的创意必须与主题有着直接关系，创意不能生搬硬套、牵强附会。在常见的优秀案例中，文字和图片的双重创意往往比单一的创意更能够打动人心。

对于正在创作中的文案而言，要想突出文案特点，那么在保持创新的前提下需要通过多种方式更好地打造文案本身，如图 6-10 所示。

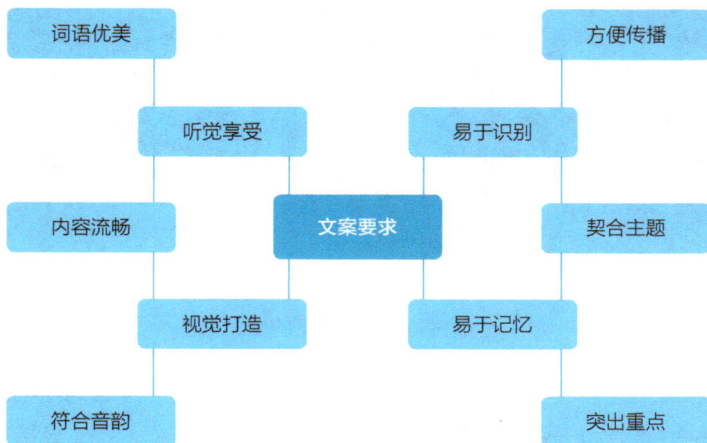

▲ 图 6-10 文案要求的诸多方面

6.2　文案的标题类型和技巧

在文案的诸多要素中，标题是较为突出的一个内容，优秀的标题是吸引读者的重要技巧。本节主要针对文案标题进行全面分析，从作用、类型到实际写作，深入了解其应用，为读者分析并提供实用的实战内容。

6.2.1　文案标题的类型

在各类文案创作中，标题的类型技巧早就被写手们深入探讨过，并实际应用于文案创作中。每一个创意人员都希望避免公式化的作风，尽可能的发挥原创性和充分表达全新的表现方式。

在实际的写作过程中，标题的类型是有很多的，根据个人的能力而进行不同的侧重。对五花八门的标题类型进行筛选后，下面选择其中 5 种更具实用价值和借鉴价值的模式进行具体分析。

1．直接展示类型

直接展示就是把用户想要的结果提炼在标题上，并以标题的形式直接展示出来，其中，打折类活动文案标题是最常见的类别之一，如"某某周年庆"。图 6-11 所示为打折类活动的文案标题。

▲ 图 6-11　打折类活动的文案标题

直接展示类型的标题十分常见，尤其是在微店、微商、淘宝店铺等进行活动策划文案时，往往将最有利于受众的标题摆在显眼位置，吸引流量。关于直接展示类型标题的相关分析如图 6-12 所示。

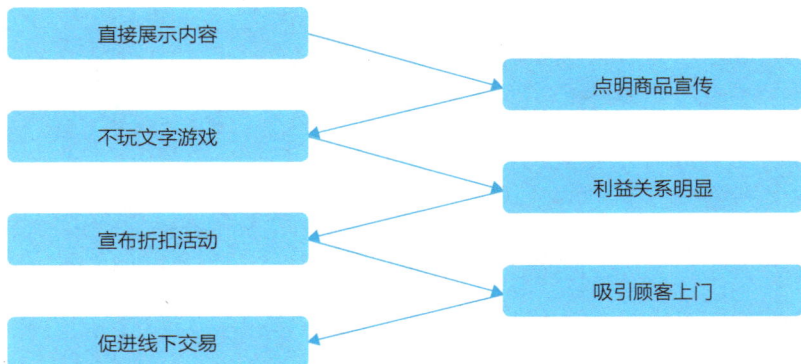

▲ 图 6-12　关于直接展示类型标题的相关分析

2. 文字暗示类型

文字暗示类型的标题比较常见于微信的各类文章，尤其是部分文章还有各种图片暗示。**这也是重要的一种文案类型，能够通过勾起读者的兴趣而获得文案信息传播的成功。**

如图 6-13 所示，文案标题看似与内容毫无关系，但就是以暗示的方式来说明其别墅的优秀性，突出"中式别墅，反而涉外"的特点。

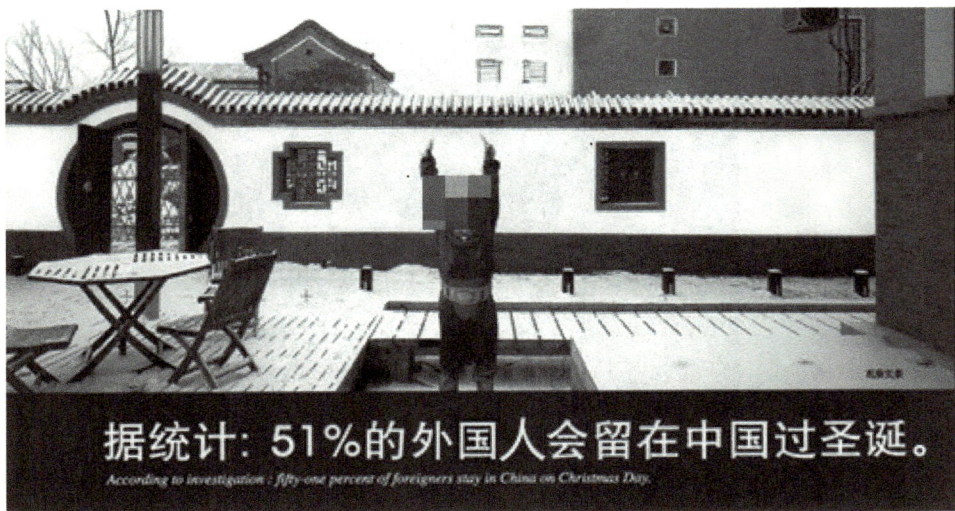

▲ 图 6-13　文字暗示类型的文案标题

婉转暗示的标题的目标同样是推销产品，其首先勾起消费者的好奇心，然后才通过文字来解答读者的疑惑。在文案的撰写过程中，关于文字暗示类型标题的相关分析如图 6-14 所示。

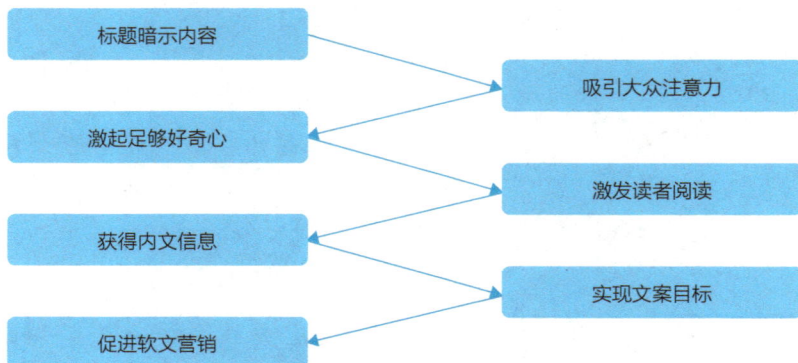

▲ 图 6-14   关于文字暗示类型标题的相关分析

3. 提问思考类型

在提问思考类型的文案标题中，常见的就是运用逆向思维进行标题构建。目前，这种逆向思维产生的标题很受消费者青睐，尤其是当代的青年群体。

提问思考类型的标题主要有两种作用，除了类似逆向思维的方式突出文案内容之外，还有一种就是通过读者的共鸣，激发阅读兴趣。

例如，陌陌 APP 软件就以反问的方式来向读者提问，从而引起读者的进一步思考，如图 6-15 所示。

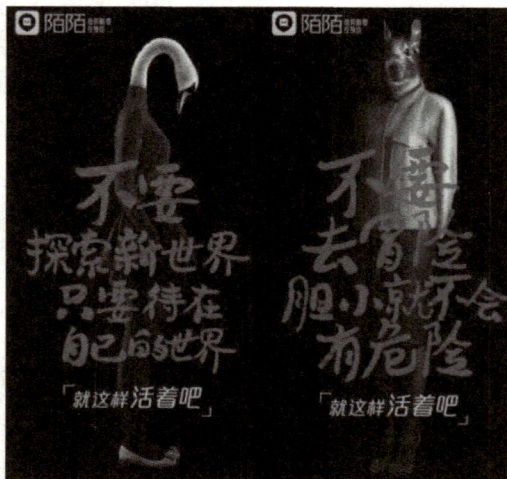

▲ 图 6-15   陌陌 APP 广告文案中的反问式提问

提问思考是充分利用人类与生俱来的思维方式，尤其是在问题与本身存在一定的关联时进行的思考方式。越是有紧迫性的问题，越是充分展现其价值，从而也就更吸引大众注意力。关于提问思考类型标题的相关分析如图 6-16 所示。

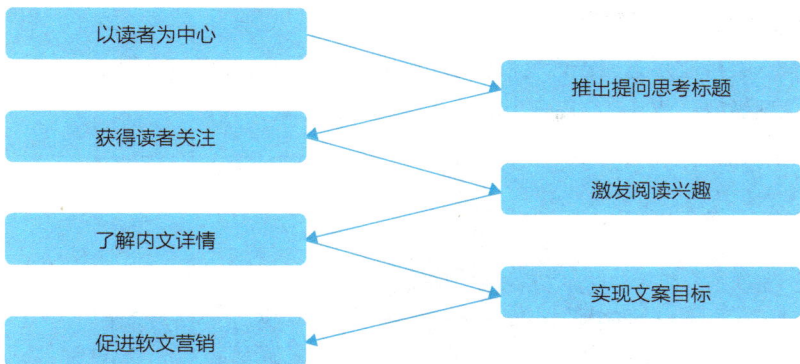

以读者为中心 → 推出提问思考标题

获得读者关注 ← 激发阅读兴趣

了解内文详情 ← 实现文案目标

促进软文营销 ←

▲ 图 6-16 关于提问思考类型标题的相关分析

4. 目标导向类型

数字在互联网时代的重要性更加突出了。相比于繁琐的文字，数字的表现力有时会更优质。这里，目标导向类型的标题就会在标题中添加数字，如图 6-17 所示。

Choice 明智的选择
The best 选择xxx的5大理由

厂家直销 珠宝品质 终生服务 30天退换 全国包邮
Straight _Quality_ _Service_ _Return_ _Postage_

无中间环节 源于1989年 广结善缘 7天包退 量身订做
超高性价比 珠宝级品质 终生水晶顾问 30天包换 闪电发货

▲ 图 6-17 标题中的数字导向

目标导向型的标题能够更好地让受众有探知欲望，往往效果比较实在。标题导向的内容必须是与标题本身相呼应的，具体分析如图 6-18 所示。

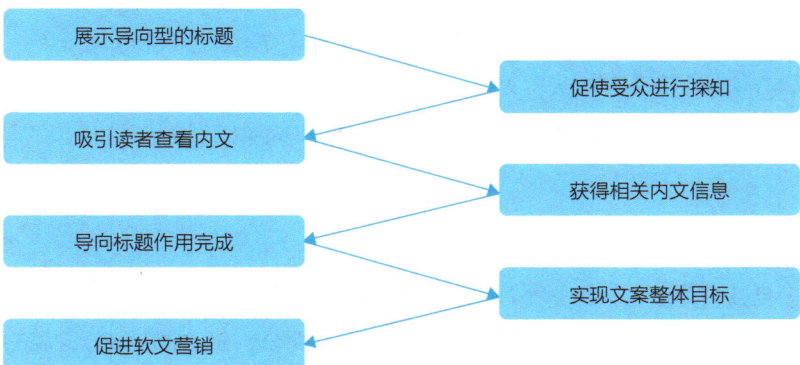

展示导向型的标题 → 促使受众进行探知

吸引读者查看内文 ← 获得相关内文信息

导向标题作用完成 ← 实现文案整体目标

促进软文营销 ←

▲ 图 6-18 关于目标导向类型标题的相关分析

5. 命令形式类型

还有一类标题是直接告诉受众应该如何做，从而吸引读者浏览内文。这就是命令形式的标题类型。图 6-19 所示为去哪儿网的广告文案。

▲ 图 6-19　去哪儿网的广告文案

相比于其他类型的标题，命令的形式更能够为处于考虑阶段的受众提供相应的内容分析，从而引导他们做出决定，与之相关的具体分析如图 6-20 所示。

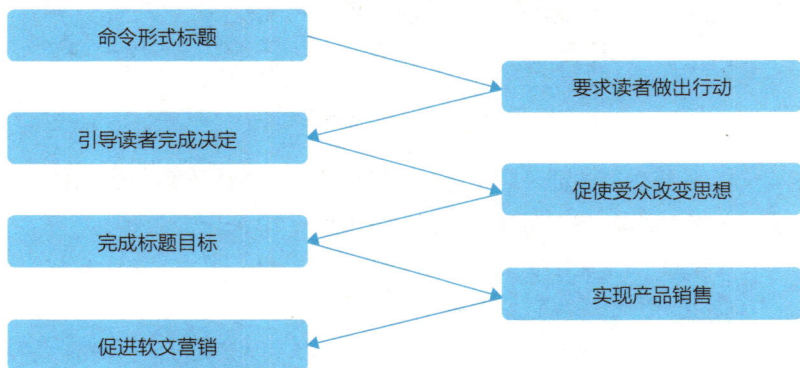

▲ 图 6-20　关于命令形式类型标题的相关分析

6.2.2　文案标题的撰写技巧

对于受众群体而言，每一个广告文案的标题在视野内停留的时间往往只有短短的一秒钟，是否要查看内文的主要原因就在于标题。那么，在忙碌而信息泛滥的当下，如何用几个字就吸引住潜在对象，让其相信文案的内容值得一读呢？这需要善用技巧，精心打造标题并引导流量。从实用性出发，标题写作的技巧主要集中在以下 5 个方面。

1. 有效标题的四要素

在文案标题的写作中，较为常见的有效标题写作公式主要由 4 个要素组成。这 4 个要素可用来判断标题的成熟度，相关内容的分析如图 6-21 所示。

▲ 图 6-21　有效标题的四要素

在每一个文案标题拟定之后，都可以从这 4 个要素的角度出发，考虑标题是否符合，以及实际的符合程度。需要注意的是，不仅仅只是文案标题可以采用这 4 个不同要素，其他的类型也同样适用，如电子邮件标题、网页标题、小标题，甚至是项目标题等。

文案写手从各个要素对标题进行评分之后，再重新拟定标题，设法提升标题的潜力，能够显著提升标题的阅读回应率。

2. 选择最优的标题

能够赢得注意力的标题，才是文案成功的关键点。第一印象要想吸引注意力，那么标题就需要从多个备用中选择效果最为突出的那个。临时抱佛脚的方法不可取，作为文案写手，并且准备一些标题范例。

在多个标题中选择最为优秀的那个，不仅能够让标题更为突出，也能够让其他的备选标题成为副标题或者文案中的内文中心点。除此之外，也可以选择多个标题同时存在的方式表现内容。

3. 根据内容提炼中心

从内容本身出发，提炼中心语句，可以起到与信息清单类似的作用。通过一连串与产品有关的词汇展示，来重新排列组合，以组成有效标题。

从标题出发，根据整理的词汇清单内容，可以组合成为新的标题。如果是从长篇的文案内容中提炼出单一的标题，那么目前有 4 个主流方法实现。

（1）**内容关联分析法**。内容关联分析法是较为常用的一种创造标题的方法，不局限于文案类型。该方法**主要是根据标题与中心内容的关系和作用，直接选择重点词语完成标题**。针对此方法的相关分析如图 6-22 所示。

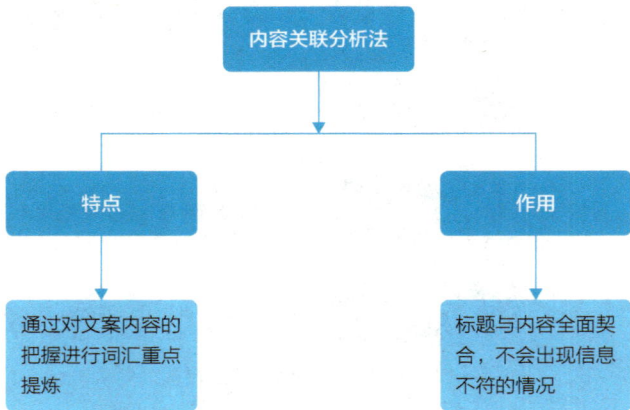

▲ 图 6-22　内容关联分析法的相关分析

（2）**位置关系分析法。先从文案内容的常规位置出发，到文章和段落的首、尾、中间找出重点语句，初步确定标题的中心**。相关分析如图 6-23 所示。

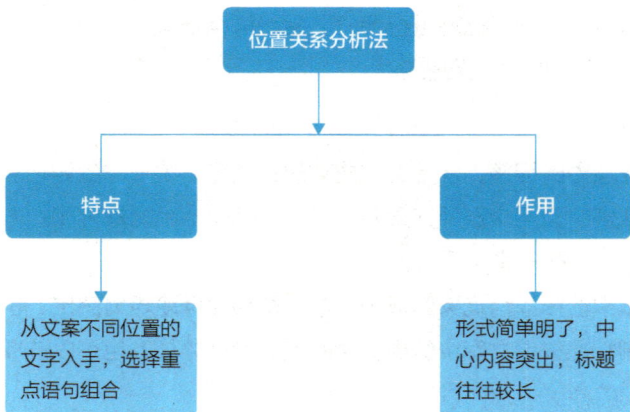

▲ 图 6-23　位置关系分析法的相关分析

（3）**语言标志分析法。语言标志主要是从位置关系分析的角度出发进行的一种补充式分析**。在文案中，一定的内容总有一定的形式标志。语言标志就是选择针对性内容的完整陈述，是一个完整的句子，相关分析如图 6-24 所示。

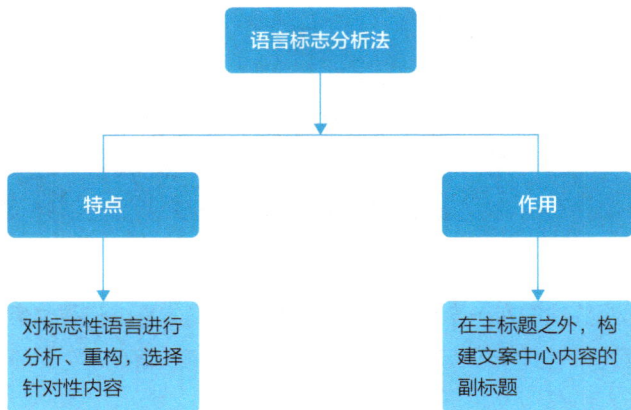

▲ 图 6-24　语言标志分析法的相关分析

（4）归纳提炼分析法。在文案内容较多，但是主题较为集中时，就可以在标题的构建上选择归纳提炼的分析方法。归纳法一般有两种定义，第一种定义是从文案内容的个别前提得出相对统一结论的方法；第二种定义是从个别前提得出必然结论的方法。下面从文案出发，对标题的归纳提炼分析法进行图解分析，如图 6-25 所示。

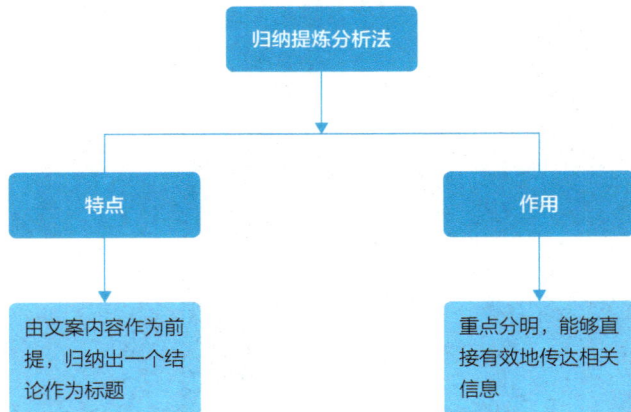

▲ 图 6-25　归纳提炼分析法的相关分析

4．通过范例差异创新

差异创新的方法常常被同行业的竞争对手们拿来创造各类广告文案。途牛旅游网、我趣旅行网的广告文案，针对"去哪儿""去啊"进行文案调侃，所体现的就是差异创新，如图 6-26 所示。

▲ 图 6-26 差异创新的广告文案

差异创新的源头往往有一个范例,无论是广告文案本身,还是文案的标题部分。
比如原定的标题为"揭露华尔街的潜规则"就可以进行创新,改为"不能不知的潜规则,来自华尔街的秘密"。

文案是属于文字创意的工作,即使是差异创新,也必须要做到语不惊人死不休。因此,做一个好文案很难,不仅需要具备广博的知识,还要对文字有着相当精深的把握和运用能力。优秀的文案甚至能够成为被无数人"免费"传播着的网络段子,其中的典型口号如图 6-27 所示。

▲ 图 6-27 成为网络段子的广告文案

当广告口号成为流行用语时,相关的差异创新型广告文案也随之而来。这也从另一个方面证明了通过范例进行创新的必要性,既保留了真实的文案内容,又借助于范例的影响力,达成宣传的目标。

5. 喜欢的就是好标题

　　标题是文案的组成部分，无论采取哪种方式构建，其功能都在于引起受众注意，因此，受众群体喜欢的就是好标题。 从实用出发，标题或许并不需要设计得多么精妙，而是实用性强即可，相关分析如图 6-28 所示。

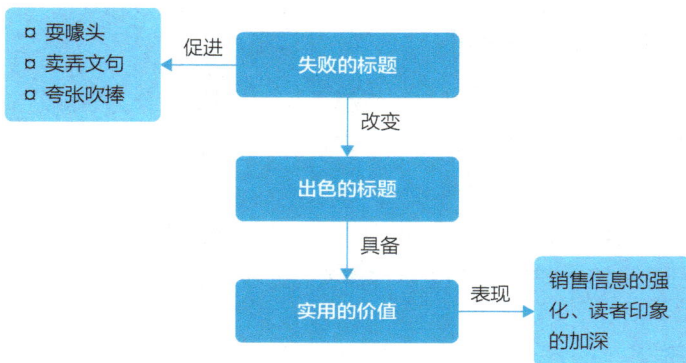

▲ 图 6-28　失败标题与出色标题的不同

　　对于大部分的文案写手而言，如果完成不了巧妙隐晦的高质量文案标题，那么简单直接也未尝不是一种选择。为了强求创意而进行创意构建，精心设计不一定就如意，如图 6-29 所示，简单的画面和文字或许就能够赢得意外的单击量。

▲ 图 6-29　简单的画面和文字展现

　　在商业气息浓厚的文案领域，受众喜欢的其实是淡化商业味，传递温情，幽默感更佳的标题，能够让受众感觉到自身不是一个潜在的商品消费对象，而是一个活生生的人。

　　在 2016 年，百度手机浏览器华丽推出了一个叫《敢逗中国》的页面游戏。该游戏设计风格的趣味性、游戏环节的流畅性、活动文案的张力，在受众中刷足了存在感。

如今，大众的口味越来越多向化，并不是传统的标题写作已经不适用，而是特色化将是未来的主流。**读者喜欢的就是好标题，这种讲究幽默感、平易化的广告方式将占据着未来更主要的文案标题空间。**

6.3 文案创作者的要求

对于商业公司而言，对内对外的宣传都是极为重要的。作为专业的文案创作者，属于可策划营销活动，能撰写广告文案的复合型人才，对于商业公司的作用和影响是十分明显的。

文案写手在类型上主要分为两种，分别是组织内部的雇员和自由撰稿人士，其中以内部工作人员为主。本节主要对文案创作者的要求进行具体分析。

6.3.1 文案写作的方法

对于企业而言，无论是进行哪种营销活动的文案策划，其主要目的就是给企业带来经济利益，所以文案的成功与否直接关系到企业的发展前景。文案写作的内容和模式不容忽视。目前，主要有以下 3 种文案写作方法。

1. 强迫思考法

强迫思考法主要是针对文案前期的写作，用于构建文案整体思路的基本结构，相关分析如图 6-30 所示。

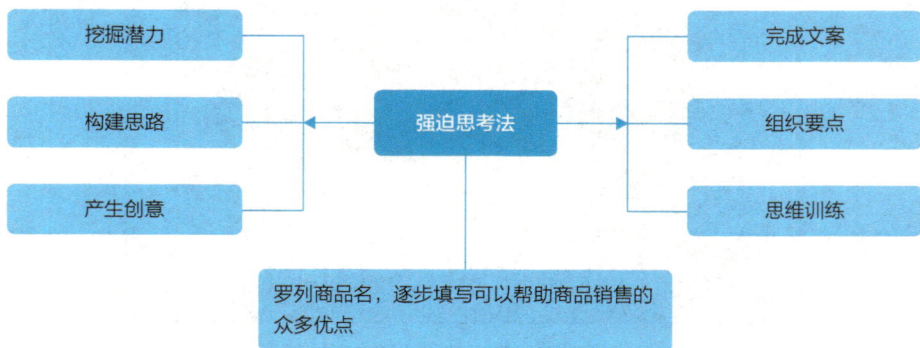

▲ 图 6-30　强迫思考法的相关分析

2. 延伸特点法

除了强迫思考法，常见的还有延伸特点法，主要是在原有的商品特点的基础上进行思考延伸，进一步挖掘商品特点的潜在内容，需要以原有特点为出发点。

3. 倒三角写作法

倒三角写作法是将文案内容分为 3 个部分并逐步完成各个部分，如图 6-31 所示。

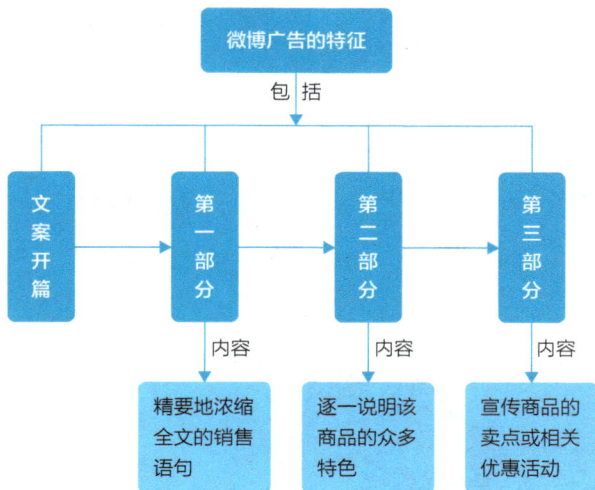

▲ 图 6-31　倒三角写作法

6.3.2　网络文案的要求

文案涉及的领域有很多，不同的职位所需要的文案人员的能力不尽相同。在职位招聘中，常见的对网络文案的要求主要集中在以下 4 个方面。

（1）**文字能力**。有较强的文字组织和表达能力，能够撰写优质稿件。

（2）**学习能力**。接收外界信息并做出反应的能力较强。

（3）**专业能力**。有过新闻、广告传媒、中文等学习经历，有一定基础。

（4）**行业经验**。有过文案策划与撰稿工作经验，营销活动策划经验丰富。

以上 4 点是对网络文案这一岗位的工作人员提出的基本要求。作为一名网络文案，必须具备以上素质，只有这样才能在自己的岗位上做出更好的成绩。

6.3.3　可控的文字能力

对文案本身来说，内容是最主要的，优质的内容是文案营销成功的一半。因此，作为一名文案创作者，必须具备良好的文字把握能力。下面从 4 个方面对文案创作者可控的文字能力进行图解分析，如图 6-32 所示。

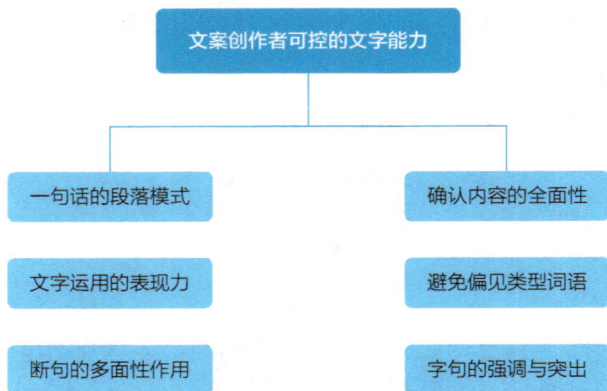

文案创作者可控的文字能力

一句话的段落模式　　　确认内容的全面性

文字运用的表现力　　　避免偏见类型词语

断句的多面性作用　　　字句的强调与突出

▲ 图 6-32　文案创作者可控的文字能力

　　文案创作者是专业的文字工作者，需要一定的文字水平，掌握写作窍门，能够更高效率、更高质量地完成文案任务。因此，作为文案的创作者，理应把握好以上 6 种可控的文字能力。

6.4　文案写作的思维逻辑

　　在互联网时代，名不见经传的公司也有可能大放异彩，如曾经的凡客、雕爷牛腩、皇太极煎饼等，而它们成功的主要原因之一就在于优秀的文案创作。**要想通过文案产生逆袭大品牌的效果，首先需要认识的就是文案本身的思维逻辑问题。**本节主要向读者介绍文案写作的思维逻辑。

6.4.1　写作思路循序渐进

　　在文案创作的写作思路中，常用的主要有归纳、演绎、因果、比较、总分和递进等思路，其中应用最为广泛的是归纳、演绎和递进 3 种。这些思路遵循循序渐进的基本要求。下面对这 3 种思路分别从形式表现和根本作用两个方面进行具体分析。

1．归纳思路

　　（1）形式表现：归纳思路是指从具体的前提过渡到一般性结论的文字表达过程，在常见的文案写作中，主要是作为基本思路的形式存在。

　　（2）根本作用：归纳的方式概括了一般的情况，从而推测将来的结果，主要作用是得到的结论在内容上会比之前的在深度上有一定的差别。

2．演绎思路

　　（1）形式表现：从前提必然能够得出结论的写作思路，形式上是从一些假设的命题出发，运用逻辑的规则，导出另一命题的过程。

（2）根本作用： 主要是从一般性的前提过渡到具体结论的推理思路，其最终得到的结论没有超越文字前提的范围。

3. 递进思路

（1）形式表现： 递进思维是认识事物或事理由浅入深、由表及里、由低到高、由小到大、由轻到重，层层递进、逐步深入的一种思维方法。

（2）根本作用： 递进思路是运用递进思维方法形成的一种文章思路，深入清晰地阐释某些比较复杂的事理，有助于深刻展现文案内容的本质。

6.4.2 以读者思想为核心

现如今，很多广告文案就是围绕打折出发的，从读者的角度出发，抓住读者的注意力，同时通过图案的多次重复来达到最终目标。

事实上，在文案创作中要求以读者为中心，不仅仅只是表现在文字本身，由此延伸的相关内容也同样直接影响到文案的成败。在具体的创作中，相关的内容及分析如图 6-33 所示。

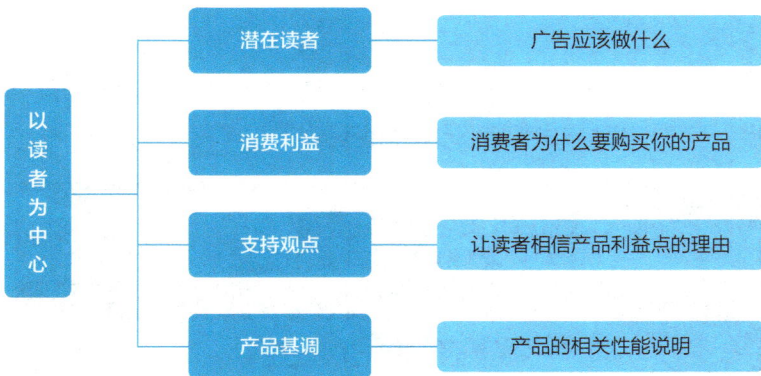

▲ 图 6-33 以读者为中心的思维逻辑

6.4.3 突出文案内容中心

文案主题是整个文案的生命线，作为一名文案人员，其主要职责就是设计和突出主题。 因此，以内容为中心，需要花时间下功夫，确保主题的绝妙性，有一定的真实价值。整个文案的成功主要取决于文案主题的效果。

在任何一个文案中，中心往往是最为醒目的，也是文字较为简洁的，在广告类文案中，甚至只有一句话，如图 6-34 所示。

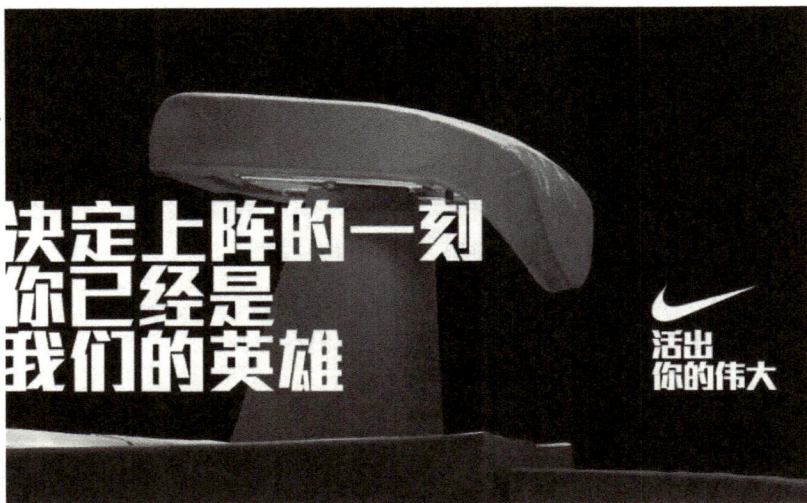

▲ 图 6-34 一句话式的广告类文案

需要注意的是，写手要想突出文案的中心内容，还要提前对相关的受众群体有一定的定位。

6.4.4 善于运用词语短句

善于运用词语短句是文案写手优秀与否的重要标志，如图 6-35 所示，同样是一句话的内容，不同的表达方式所带来的效果是不同的。

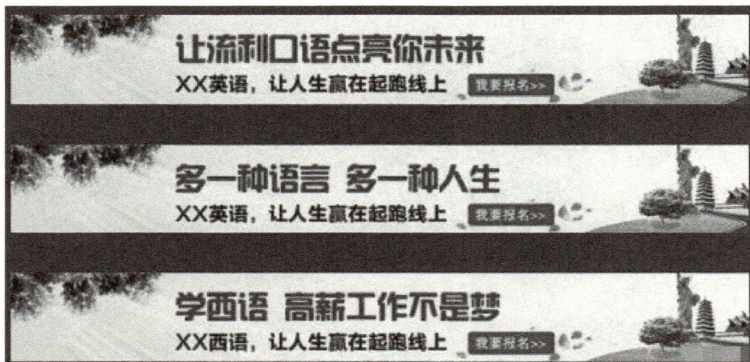

▲ 图 6-35 不同短句表达的效果不同

单个短句的效果可能并不突出，但是在较长篇幅的文案内容中，就体现出了长句不能达到的效果。文案中的长句往往会让读者精神疲劳、头昏眼花，并且容易遗忘。

6.4.5 以通俗易懂为重点

文字要通俗易懂，能够做到雅俗共赏，是文案文字的基本要求。从通俗易懂的角度出发，我们追求的主要是文字所带来的实际效果，相关分析如图 6-36 所示。

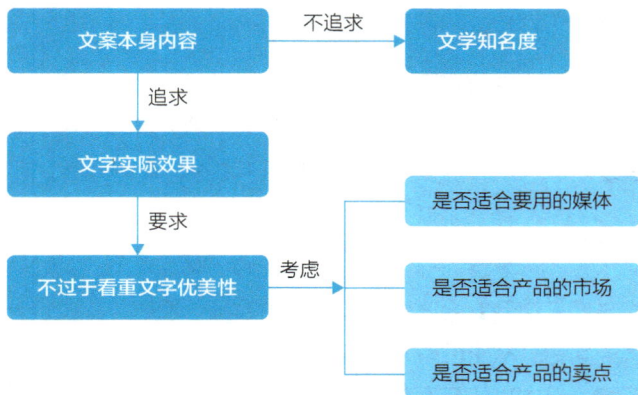

▲ 图 6-36 通俗易懂的文案文字

6.4.6 专业术语的适当性

专业术语是指特定领域和行业中，对一些特定事物的统一称谓。在现实生活中，专业术语十分常见。例如，在家电维修业中对集成电路称作 IC（Integrated Circuit）；行输出变压器俗称高压包；运算放大器简称运放；添加编辑文件简称加编等。

专业术语的实用性往往不一，但是从文案写作的技巧出发，往往需要将专业术语用更简洁的方式替代。图 6-37 所示为某个行业领域对读者的专业术语理解度研究的数据分析。

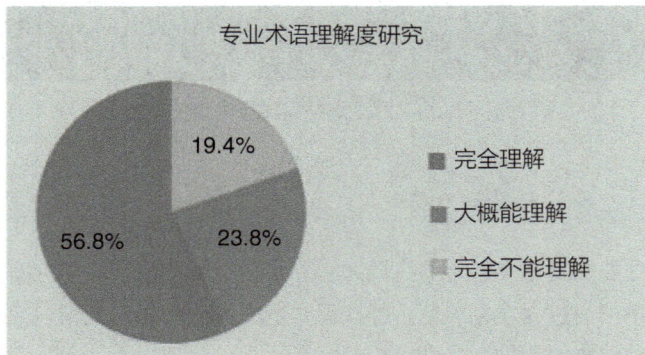

▲ 图 6-37 专业术语理解度研究

专业术语的通用性比较强，但是文案中往往不太需要。相关的数据研究也显示专业术语并不适合给大众阅读，尤其是在快节奏化的生活中，节省阅读者的时间和精力，提供良好的阅读体验才是至关重要的。

6.5 文案的专业表现手法

文案风格在网络时代有着不同的表现，就好比尽管一根针的样子是不变的，但是可以将这根针通过外力打造成为不同的形式。在常见的文案表现中，较为实用的主要有 6 种专业的表现手法。本节主要对这 6 种表现手法进行具体介绍。

6.5.1 有格局的精准文案

优秀的文案与产品结合，会产生出人意料的效果。例如，某位设计师为红旗轿车写的文案，只有一句话：从来没有一辆车，比它更适合检阅中国。由此可见，有格局的精准文案能够将产品本身的品质都提升上去。**对于读者而言，广告文案应该是一种深层次的品味，而不是单调的代言词。**

并不是每一个文案都能够成为有格局的文案，好的文案一定是深度挖掘目标群体的需求，结合产品自身差异化特质所达到的完美契合，最终的表现效果是能引起受众共鸣的，图 6-38 所示为烈酒与文案本身内容的契合。

▲ 图 6-38　烈酒与文案本身内容的契合

6.5.2 无装饰的精巧文案

无装饰的主要原因是文字足够打动人心，之所以敢于采用这种文案的产品凤毛麟角，是因为要想只通过文字去表现，却获得与图文类似的相等效果，只能通过品牌或创新两种方式，相关分析如图 6-39 所示。

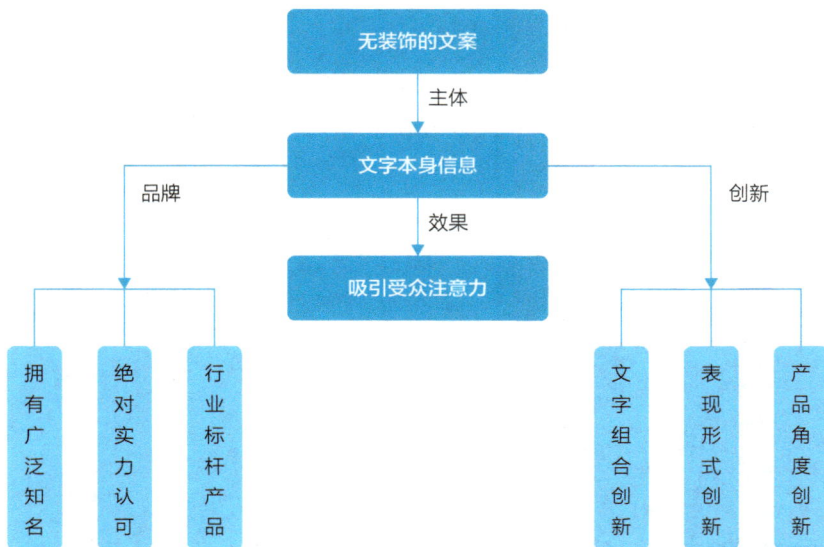

▲ 图 6-39　无装饰文案的相关分析

6.5.3　突出式的简短文案

对于文案而言，无论多长的篇幅，都是为了突出文案的内容中心。如果只用几个字就能够达到效果，那么更为简洁的方式也是可行的。在某些文案中，往往只需要寥寥几个字就可以将产品内涵充分地表现出来，如图 6-40 所示。

▲ 图 6-40　产品中"甜过初恋"的内容中心

在部分文案中，常常使用谐音的形式进行文案创作。例如，酱菜广告的"'酱'出名门，传统好滋味"。这种突出式的文案运用得当能够更好地突出产品。

6.5.4 通过故事引人入胜

在文案创作中，故事的效果同样能够为最终目标带来推动作用。创作者可以通过文字说明故事过程来表现产品。这里以长城葡萄酒的广告文案为例进行说明，如图6-41所示。

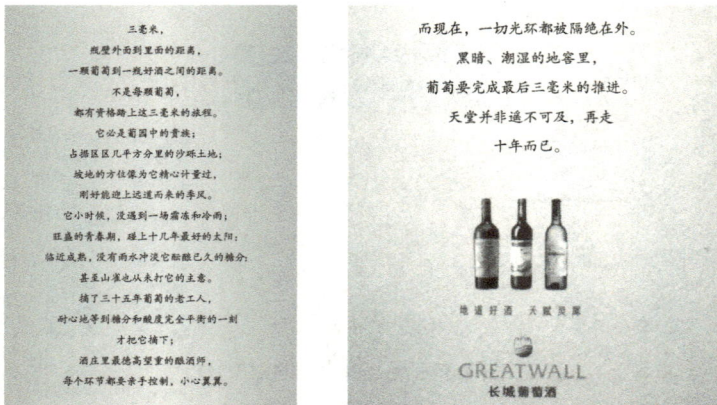

▲ 图 6-41 长城葡萄酒的故事广告文案

6.5.5 注重韵律斟酌表现

文案的重要性不言而喻，对文字的韵律斟酌也是必须的步骤，但是在不同的写手能力下，会产生不同的效果。优秀的文案应该是简洁突出重点，适合产品、适合媒介、适合目标群体的，形式上不花哨更不啰唆。对于文案写手而言，要想达到内容简洁、斟酌表现的目标，在写作过程中主要需要注意以下 4 个方面，如图 6-42 所示。

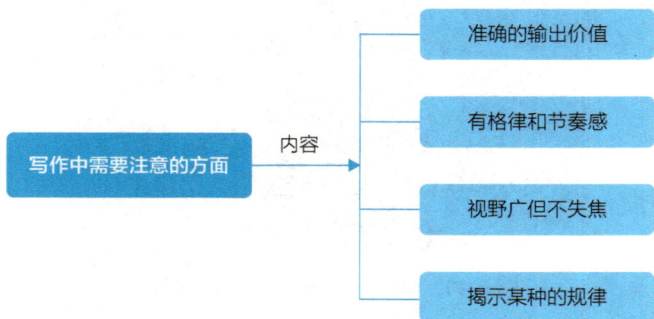

▲ 图 6-42 注重韵律斟酌表现的注意方面

6.5.6 华丽型的地产文案

在国内的房地产行业，为了更大限度地营造出富贵的氛围，大多数的地产文案都是以华丽型的文字为主的，其次才是以情怀营销的。这种华丽的方式已经成为了一种常见的文案风格。图6-43所示为某房地产公司的华丽型广告文案。

▲ 图6-43 某房地产公司的华丽型广告文案

在这类广告文案中，文案的文字是以堆砌的方式完成的，而不是简单地通过文字进行修饰，相关的常见词语如图6-44所示。

▲ 图6-44 地产文案的相关词语

在实际效果上，不同的受众有不同的选择，房地产的广告文案之所以如此，也是从受众的角度出发的，但对其他类型的行业不一定适用。除了华丽型的图片装饰外，部分文案也采用情怀营销的方式表现。

6.6 文案运营的趋势

文案运营是企业进行内容营销的主要方式之一，其在发展的过程中也呈现出一定的多元化趋势。本节主要向读者分析文案运营的趋势。

6.6.1 打造内容性产品

企业在进行内容营销时，首先要足够了解营销的内容。这样才能更好地打造内容性产品。一般来说，内容性产品主要包括以下 3 个特点。

1. 标签化

目标消费群会从产品中获得相应的身份标签，体会到强烈的归属感。

2. 共鸣化

企业在对产品进行营销时，会考虑到其营销文案的内容是否会给消费者带来兴趣，是否会使消费者在情绪上引起共鸣。

3. 社交化

当内容植入产品之后，用户与产品会产生最直接的互动，用户因该产品也会在生活中拥有自己的故事。因此，可以说，这种内容性产品也会对用户的社交产生重要影响。

6.6.2 内容成为体验一环

内容营销已成为各大企业进行品牌推广的重要营销方式之一。企业的内容营销，不仅可以让用户更全面地了解产品本身，也可以让其更好地体会到产品的内涵，甚至可以给用户带来不一样的产品体验，改变用户的生活方式。

对企业来说，这种将产品的内容营销作为用户购买产品流程中的体验环节，不仅是企业为用户提供体验服务的重要方式，也是企业增强用户的品牌黏性、吸引用户再次购买的一种营销手段。

6.6.3 普通人影响普通人

企业在进行内容营销时，要把握好内容营销的主题。一般来讲，企业对产品进行营销主要就是为了推广产品或服务，吸引更多的人。因此，企业的内容营销离不开"普通人影响普通人"的主题。

众所周知，普通人是企业的产品或服务的主要消费群体。因此，企业在进行内容营销时，对那些真实的、有个性的普通人应该更加关注。每个人都有较为丰富的情感体验，让普通人影响普通人，更能够产生情感共鸣。

6.6.4　抓住"二次元"群体

现如今，"90 后""00 后"已成为重要的消费群体，越来越多的企业在进行内容营销时，都会主动迎合年轻人的消费习惯或者消费方式。现在的年轻消费群体，尤其是"二次元"群体，对自己喜欢的消费内容都有较强的文化标签。他们个性化的追求，是企业进行内容营销的重要的方向。

因此，企业在进行文案运营及营销推广时，一定要牢牢地抓住"二次元"这个群体，让营销更具有针对性。这样，才能够获得未来红利。

6.6.5　多形态的细分化媒体

目前，随着互联网的不断发展及新媒体的日益兴盛，企业在进行文案运营时大都会利用多形态的细分化媒体展开营销大战。那么何为多形态的细分化媒体呢？其实，媒体的细分化是由产品的细分化产生的。

就目前形势来讲，谁能够将媒体内容进行细分，谁就能够更好地占领市场。同时，企业营销对媒体的细分化需求也在不断增加。现如今，专业媒体和品牌媒体的界限已越来越模糊，企业也可以成为自身的媒体发行商。近两年，不少企业以官网为中心，对自媒体进行布局，并且利用其他社交媒体平台的不同属性实现自身自媒体的差异化发展。

6.6.6　内容与技术融合

随着数字营销技术的进步，企业在进行内容营销时，也要注意创新表现形式。在进行文案运营的时候，一定要注意内容与技术的融合。这样才能够增加产品的创新力度，为产品营销添砖加瓦。

但是，企业也不能为了融合内容与技术一味地追求大数据与科技的发展。企业在进行文案运营时，一定要树立品牌意识，只有将品牌意识融入内容，才能更好地实现内容营销。从业者一定不要忘记，文案运营是为了推广企业的产品或服务，并不是专业研究大数据和进行科技发明的。

6.6.7　打造"职业 UGC"

UGC 即 User-generated content，指的是用户原创内容，是用户对互联网使用的一种新的方式。用户在互联网上，不仅能够在网上下载资料的情况，还可以上传一些原创内容。随着 UGC 的不断发展，2015 年，在市面上已出现了"职业UGC"。

"职业 UGC"的从业者并不是专家学者，只是某个领域的深度爱好者，或者说是发烧友。从本质上来看，他们也属于粉丝群体。值得一提的是，他们在从事"职业UGC"所创造的内容是有一定的价值的，并且是可以变现的。

6.7　文案媒体运营的案例

毫无疑问，文案媒体运营已成为了各大企业或商家进行营销推广的重要方式之一。因此，作为企业或商家来说，对文案媒体运营的技巧和方式必须要有很好的把握。这也是对文案工作者的基本要求。

前面对文案运营的相关理论进行了简单介绍，相信大家对文案的相关理论已经有了基本的了解。本节主要以案例的形式对文案的媒体运营进行具体分析，读者可以从这些案例中，对文案的运营进行进一步学习。

6.7.1　锤子科技："文青版坚果手机"

2015 年 10 月，锤子科技推出了专为文艺青年量身定做的文青版坚果手机。据说，这种手机只有 18% 的用户会喜欢。锤子科技在运用推广时，那句"漂亮得不像实力派"吸引了很多消费者的关注，如图 6-45 所示。

▲ 图 6-45　文青版坚果手机

6.7.2 士力架：包装上的饥饿文案

士力架的文案营销策略主要体现在包装上。如图 6-46 所示，士力架在其包装上印上各种因饥饿产生的症状的英文单词，并且，它还在线上发起了关于饥饿时的小调查，与粉丝进行互动。

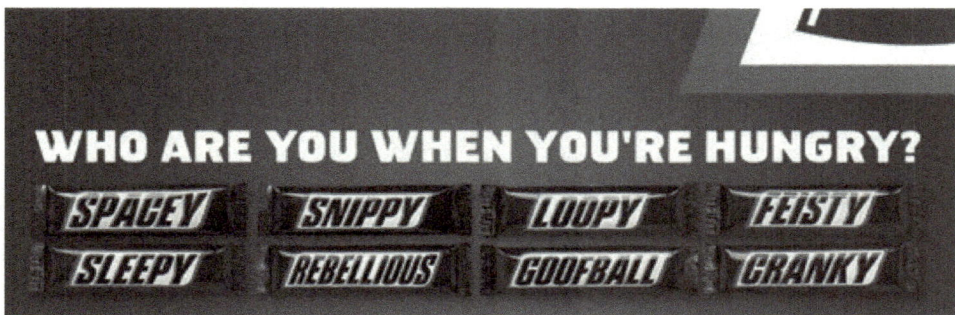

▲ 图 6-46 士力架包装

包装上所显示的饥饿状态，不仅与士力架关于"你饥饿的时候是什么？"的调查有关，也促进了士力架在线下与粉丝的互动和交流。由此可见，士力架的这种饥饿文案可以产生包括线上、线下等一系列的营销效果。

6.7.3 印度精品茶：茶盒和诗

印度精品茶 Manjushree 的一种特别的营销方式是把茶盒与书进行了结合。喜欢喝茶的人，一般其文化底蕴都比较高。这也是对目标受众群进行精准定位的体现。Manjushree 把每一种茶都配上相应的诗歌或小说，人们在品茶时，把茶盒放在茶杯上，借助热气蒸腾，就可以观看显现的文字了，如图 6-47 所示。

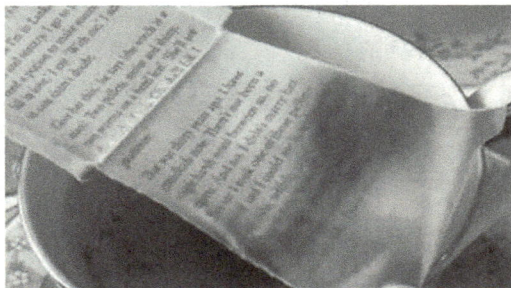

▲ 图 6-47 印度精品茶特色

6.7.4 欧莱雅：打造"内容工厂"

欧莱雅的重要特色是建立了"内容工厂"，目的是为旗下品牌提供美妆教程或者实时内容。此外，欧莱雅还与 YouTube 密切合作，创建了一些与产品相关的视频干货，并且还准备在此基础上创造更多的产品内容。

欧莱雅的"内容工厂"曾为其旗下品牌 Shu Uemura 制作过 8 个以"How To"为主题的干货视频。在这 8 个视频中，以视频"如何塑造你的眉毛"反响最大。由此可见，欧莱雅打造的"内容工厂"既是企业的内部整合与发展，也是其对外营销的重要方式。

6.7.5 700Bike：用内容传递生活方式

700Bike 是一个"互联网自行车公司"。需要注意的是，它不只是一个自行车品牌，更可以说是一个以自行车来连接生活的社群组织。自从走入公众视线之后，它也一直在对各种社交媒体及线上线下活动进行研究。700Bike 为用户提供的主要营销内容如下。

（1）提供时代最前沿的自行车资讯。

（2）讲述生动而有趣的自行车故事。

（3）介绍各种独特的生活方式。

700Bike 的这些营销内容大都与自行车有关，但又都不局限于自行车，主要的营销目的是通过与用户互动的方式，将 700Bike 打造成用户的一种生活态度和生活方式。

6.7.6 John Lewis：用孩子的视角讲故事

John Lewis 是英国的一家老牌的百货公司，其最擅长的就是站在孩子的角度来进行内容营销。John Lewis 曾经为了推广家庭保险制作过一个著名的年度宣传片，而这个宣传片就是以孩子为主题的。

在这个宣传片中，女主角设定为一个胖乎乎的小女孩，她带着黑框眼镜，喜欢跳舞。这个宣传片主要告诉人们的是，在这个世界中，不是每个女孩子都像公主一样，大多数的小女孩都是平凡且普通的。文案在结尾处强调"if it matters to you, it matters to us"（你的事就是我们的事，我们与你同在）不仅一语双关，还意味深长。

6.7.7 淘宝："双十二"的二次元动态漫画海报

淘宝曾经为了推广移动市集，在"双十二"推出了一组很有韵味的二次元动态漫画海报。这组具有转折意味的动态漫画，呈现出的是一些具有二次元漫画特色的蠢萌场景。图 6-48 所示为淘宝"双十二"的二次元动态漫画海报部分截图。

▲ 图 6-48　淘宝"双十二"的二次元动态漫画海报部分截图

6.7.8　德克士：B 站大神自制搞笑视频

德克士联合 bilibili（圈内弹幕的开拓者，俗称 B 站）的站内大神共同打造了一部名为《普通 Disco 脆皮手枪腿版》的片子。在这个片子中，洛天依的声音与"不一样的美男子"般的画风，以及所体现的二次元文化，给受众提供了强烈的感官刺激，如图 6-49 所示。

▲ 图 6-49　普通 Disco 脆皮手枪腿版

6.7.9　杜蕾斯：在社交媒体上广布 Touch Points

杜蕾斯为了对产品进行宣传推广，常常运转于各种社交媒体之中，并在那些具有特色的社交媒体上广布各种接触点，即"Touch Points"。杜蕾斯与消费者建立的友好关系也主要是通过各种社交媒体进行维护的。

一般来说，杜蕾斯都会利用不同社交媒体的属性、互动方式，以及受众的特点来进行营销推广。正是因为杜蕾斯对社交媒体平台及受众的深入了解，才能够做到有的放矢，不管消费者的消费行为发生什么变化，总能够挖掘出新的商机。

6.7.10　百度全景尼泊尔古迹复原行动

2015 年，尼泊尔发生了里氏 8.1 级地震。之后，百度发起了以"See You Again，加德满都"为主题的百度全景尼泊尔古迹复原行动。百度拟用全景技术还原尼泊尔古迹，如图 6-50 所示。

在这个行动中，百度开辟了专门的图片上传渠道。利用这个渠道，它在收集照片资料的同时，也利用高超的全景技术实现了尼泊尔古迹的还原。百度的这个活动，一定程度上，让那些还未见过尼泊尔古迹的人能够一睹古迹的辉煌。

▲ 图 6-50　百度用全景技术还原尼泊尔古迹

6.7.11　淘宝：解读小众文化潮流趋势

为了进一步了解小众文化，淘宝曾与《ideat 理想家》合作，共同推出了"淘宝小众文化潮流趋势图谱"。从这个图谱中可解读出小众文化潮流的趋势，图 6-51 所示为韩流偶像的穿搭风尚。

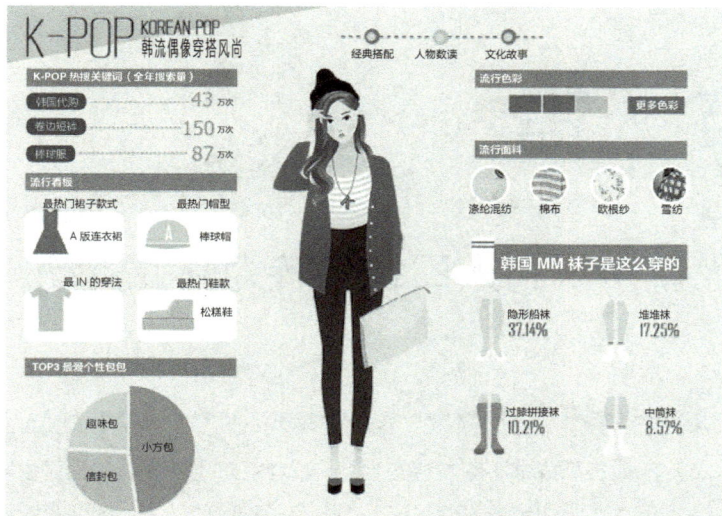

▲ 图 6-51　韩流偶像的穿搭风尚

6.7.12　Cinemagraph：视觉营销利器

Cinemagraph 由纽约的一对艺术家夫妇 Kevin Burg 和 Jamie Beck 共同创建。它是一种新型的 GIF 图像。这种图像的特点是介于视频和图像之间，除了图像的局部可以持续变化，其他的部分都是静止的，具有迷人的特质。

对企业来说，Cinemagraph 也是一种很好的视觉营销利器。它那独特的动态图像很容易吸引消费者的眼球，是企业实现营销推广的助推剂。

第7章

粉丝篇——将人口红利转为商业驱动

学前提示

在新媒体不断发展的当下，粉丝经济迅速崛起。为了引导更多的人，吸引更多人的关注，创造更多的价值，企业或商家纷纷争当意见领袖。然而，如何经营好粉丝经济，如何引爆粉丝的痛点和兴趣点，成为一个极富挑战性的问题。本章主要向读者介绍了如何利用粉丝来发展粉丝经济的方法，探讨粉丝经济的相关情况。

要点展示

- ≫ 粉丝的世界，粉丝做主
- ≫ 粉丝经济的 4 个重构
- ≫ 吸引粉丝的七大诀窍
- ≫ 八大策略教你如何增加粉丝
- ≫ 粉丝运营模式

7.1 　粉丝的世界，粉丝做主

在这个粉丝经济出现的时代，顾客慢慢变成了企业的粉丝，企业的发展方向也逐渐转变成了"以粉丝为中心"。正如谷歌公司的座右铭一样："以粉丝为中心，其他一切纷至沓来，粉丝的世界，一定要让粉丝做主。"因此，粉丝经济下的企业一定要有自己的粉丝才可以实现持续发展，也才能更具活力。

7.1.1 　新媒体时代的变化

随着互联网的不断发展，新媒体的盛行，粉丝经济已经成为了一种主要的经济形态之一。在粉丝经济迅速崛起的当下，粉丝已成为了企业或商家发展的重要因素之一。可见，粉丝对企业或商家的发展产生着重要的影响。下面对粉丝在新媒体时代的表现进行图解分析，如图 7-1 所示。

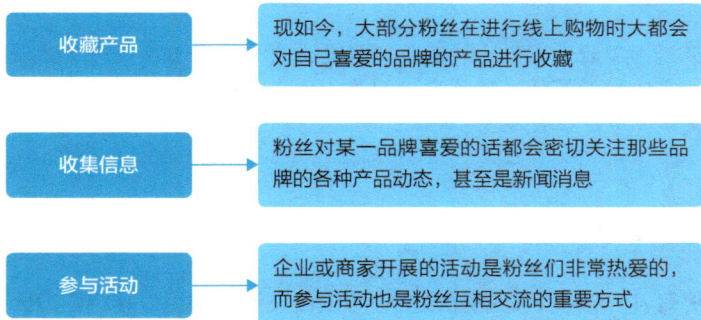

收藏产品	现如今，大部分粉丝在进行线上购物时大都会对自己喜爱的品牌的产品进行收藏
收集信息	粉丝对某一品牌喜爱的话都会密切关注那些品牌的各种产品动态，甚至是新闻消息
参与活动	企业或商家开展的活动是粉丝们非常热爱的，而参与活动也是粉丝互相交流的重要方式

▲ 图 7-1　粉丝在新媒体时代产生的变化

新媒体时代中，粉丝更加活跃，也更加有自主选择权。互联网为粉丝经济提供了平台，然而粉丝也为其提供了助推力，成为了粉丝经济发展的核心元素之一。

7.1.2 　粉丝互动的 4 个特点

粉丝经济时代，粉丝不仅是一个群体，还是推动商业发展的核心因素之一。其中，粉丝互动呈现出快速化、碎片化、信任化、平台化 4 个特点。

下面对粉丝互动的 4 个特点进行图解分析，如图 7-2 所示。

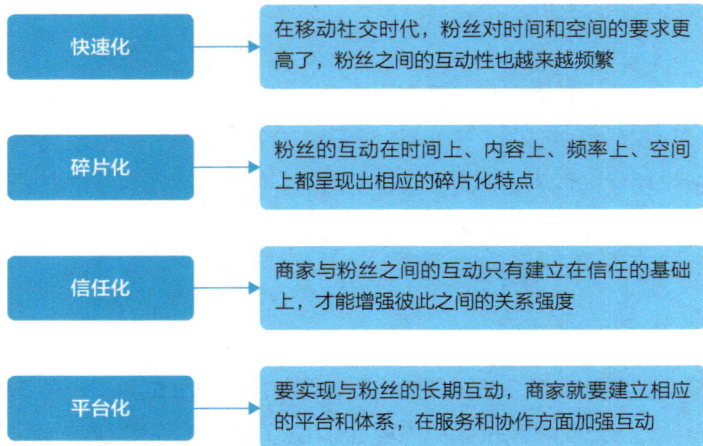

▲ 图 7-2　粉丝互动的 4 个特点

💡 专家提醒

　　粉丝互动所呈现的这 4 个特点，不仅是企业或商家与粉丝进行互动的一种现状表现，也是粉丝经济活跃的体现。因此，读者应把粉丝互动的这 4 个特点牢记在心，以便在运用时能够应对自如。

7.2　粉丝经济的 4 个重构

　　粉丝经济有 4 个重构，包括社会资本与信任关系、自组织网络与口碑推荐、互惠关系与消费者驱动的 C2B、社交对话与虚拟自我。本节主要对粉丝经济的这 4 个重构进行具体分析。

7.2.1　社会资本与信任关系

　　通俗地讲，社会资本指的是企业通过社会关系获得的资本，对企业与粉丝之间的联系起着不可磨灭的作用。例如，在当前的社交网络中，微博、微信及一些品牌社群里的粉丝，对企业来说，都是一种社会资本。因此，企业一定要重视对这些平台的粉丝的经营。

　　在社会学里，社会学家将社会资本分为 5 种命题。下面对社会资本的 5 种命题进行图解分析，如图 7-3 所示。

　　社会资本主要包括信任、规范和关系网络三大要素，其中，信任是关键要素。信任不仅存在于个人与个人之间，也存在于整个社会关系之中。由于社会资本与信任之间的关系非常紧密。所以，一般来说，相关人员在对社会资本进行研究的同时，也会从不同的角度对人们的信任指标进行测量。

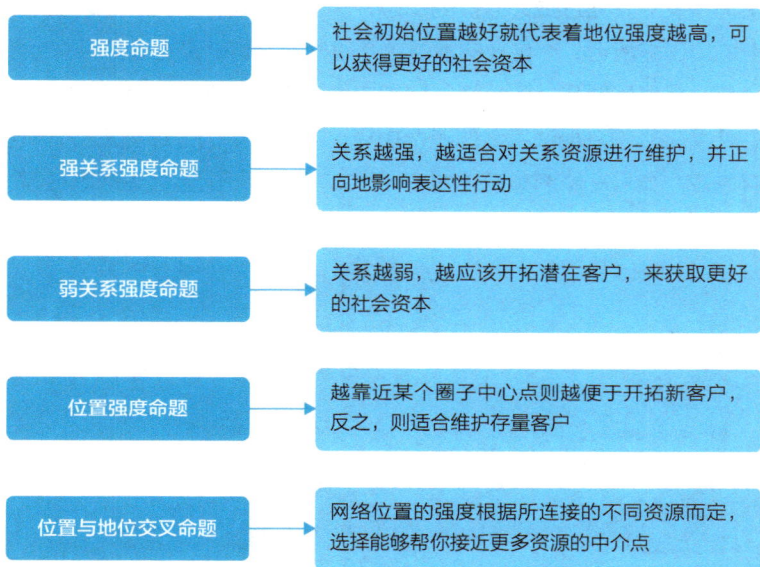

强度命题	→	社会初始位置越好就代表着地位强度越高，可以获得更好的社会资本
强关系强度命题	→	关系越强，越适合对关系资源进行维护，并正向地影响表达性行动
弱关系强度命题	→	关系越弱，越应该开拓潜在客户，来获取更好的社会资本
位置强度命题	→	越靠近某个圈子中心点则越便于开拓新客户，反之，则适合维护存量客户
位置与地位交叉命题	→	网络位置的强度根据所连接的不同资源而定，选择能够帮你接近更多资源的中介点

▲ 图 7-3 社会资本的 5 种命题

消费者的信任关系强度一般可以从以下 3 个方面来判定。

（1）年龄、性别、职业等。

（2）关注的时间、实际距离、互动频率、互动情绪指数等。

（3）信息流方向、行为的亲密度、互惠内容的价值量等。

由此可见，企业可以通过对信任关系强度的量化，来加强对粉丝的了解，并根据粉丝的差异化，对粉丝进行具体的分类。

7.2.2 自组织网络与口碑推荐

移动自组织网络是由移动通信和计算机网络相结合而产生的。从分布来看，其属于一种自治的、多跳式的网络，没有固定的基础设施。因此，在用户不能使用现有网络基础设施的情况下，它能够为用户提供一种终端之间的相互通信。

自组织网络具有以下特点。

（1）移动终端间的网络拓扑结构随时可能发生变化。

（2）没有严格的控制中心，并且所有节点的地位都是平等的。

（3）移动终端的发射功率和覆盖范围都是有限的。

在粉丝经济时代，企业或商家对产品或服务的推广多是凭借口碑推荐传播的。

一般来说，**口碑指的是消费者对企业的一种看法，是消费者之间互相传递信息的一种行为**。消费者对企业形成的较好的口碑，能够帮助企业扩大营销规模，然而，如果一个企业的口碑差的话，对企业的发展也是致命的伤害，甚至会危及企业的生存。

在这个移动互联网时代，消费者的口碑主要表现在对产品或服务的评价上，消费者的好评往往能够影响其他消费者的消费抉择。商家获得的好评越多，消费者对商家的信任度就越高；如果一个商家获得的差评比较多的话，则会阻碍商家经营。图 7-4 所示为淘宝评价的截图。

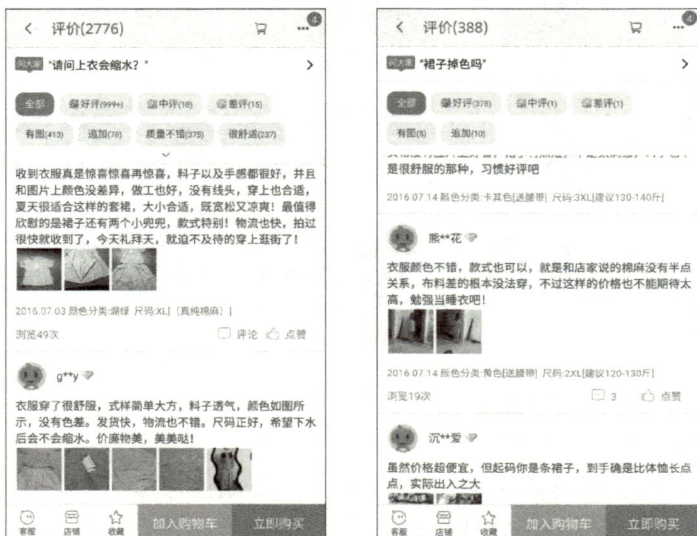

▲ 图 7-4　淘宝评价的截图

7.2.3　互惠关系与消费者驱动的 C2B

随着粉丝经济的蓬勃发展，企业或商家不再仅仅依靠传统的售卖方式来获得利润。它们也会利用互惠关系和粉丝驱动的 C2B 来获得一些创造性收入，例如，进行一些预售、团购、特卖和私人订制等。

可见，这种互惠关系和 C2B 模式是非常重要的，下面对其进行具体介绍。

1. 互惠关系

互惠关系主要发生在经济交换或交易方面，在社会化的电子商务中，其是核心的要素之一。这种互惠关系在企业和消费者之间主要表现在以下两个方面。

（1）**人与物的互惠关系**。企业或商家通过团购、促销等方式给消费者提供各种优惠，以此来吸引消费者，建立更加牢固的经济交换关系。

（2）人与人的社会交换关系。企业或商家要加强与粉丝之间的互动，在互动中建立彼此的信任。

2．C2B 模式

C2B 指的是消费者对商家的一种模式，主要的特点是消费者通过集体议价，可将价格的主导权从厂商转移到自身，告别了以往厂商定价的形式。消费者可以通过讨价还价的方式为自身赢得更多的利益。

7.2.4　社交对话与虚拟自我

粉丝经济的发展离不开商家与粉丝的互动。值得注意的是，社交对话是粉丝互动和参与的核心。品牌社群为粉丝提供的社会归属感和身份认同，也是粉丝实现虚拟自我的体现。下面对社交对话和虚拟自我进行具体介绍。

1．社交对话

社交对话是一个信息交换的过程，是人们进行信息传播和思想传播的有效途径。对企业和商家来说，它也是建立粉丝信任的主要方式之一。

2．虚拟自我

从目前来看，**虚拟自我多指人们利用互联网来构建的自我。虚拟自我的产生与人们内心的渴望是分不开的。现阶段，粉丝所参与的各种社交网络社群，可以说是一种虚拟社群。**在这种社群中，粉丝一般会根据自我与团体之间的关系及与他人交流的需要来呈现出一种虚拟的自我。

7.3　吸引粉丝的七大诀窍

对于商家来说，一个注册量过亿的社交产品无疑又是一个可以进行品牌推广的渠道。当年，微博崛起的大号纷纷筑巢微信，各行各业也都纷纷注册了自己的微信公众号。"圈地圈粉丝"的运动就这样开始了。但是，无论是个人还是企业，都面临了同样一个问题，如何吸引粉丝并留住他们？本节主要向读者介绍吸引粉丝的七大诀窍。

7.3.1　定位：找准目标消费群体

微信运营者在进行粉丝原始积累的时候是最累人的。一般来说，新手大都会采取求量不求质的方法，要么疯狂地互粉、要么疯狂地买粉。这种方法其实是不可取的。

这种营销模式一般水分很大，吸粉再多对微信公众号的发展也没什么作用。因此，微信运营者在进行吸粉时，一定要对粉丝进行定位，相比那种盲目地增粉，找准目标消费群体才是关键，如图7-5所示。

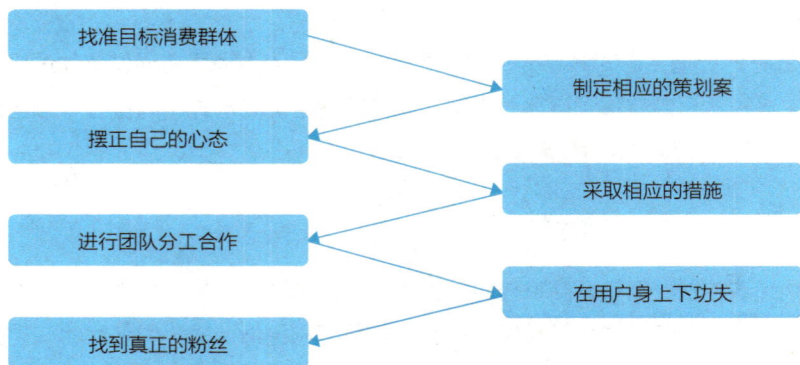

▲ 图7-5 找准目标消费群体的方法

商家在进行微信营销时，一定要有针对性，要根据不同的目标消费群体，制定相应的营销对策。

例如，苏宁和聚美优品虽然都是主打网上购物，但是两者的差别也很大。下面进行具体分析。

（1）苏宁主要是做电器电子这一块，因而它的目标用户群是知识分子、上班族、家庭主妇或电器商，他们对电子产品的需求比较大。

（2）聚美优品则是将精力主要放在化妆品上面，它最大的消费群体无疑是女性，而且有相应的年龄段。

7.3.2 内容：精致的内容和互动

微信运营者一定要重视真实粉丝的积累，只有积累了大量的真实粉丝，你推送的消息才能产生相应的价值。因此，在推送信息时，运营者一定要注意内容的逻辑性和精致度，其具体内容也一定要有主题，有思想，并且能够让粉丝感兴趣。只有这样，才能吸引更多的粉丝参与互动。微信公众号的营销主要包括内容营销和互动营销，下面对其进行具体分析。

1. 内容营销

内容营销主要是通过发布优质的内容来吸引客户的。企业在对内容营销进行分析时，可以从内容本身的价值、内容传播的渠道及内容的营销效果3个方面展开。

2. 互动营销

商家在进行微信营销时，很重要的一点就是要加强与用户的互动，以实现互动营销。无论是大企业还是小商家，都要在抓好营销内容的同时，也要开辟各种渠道为新老客户提供各种有价值的服务，以增加用户黏性。

7.3.3　活动：快速吸引粉丝关注

现如今，很多商家都在自己的微信公众号上开展各种活动，吸引了很多用户的参与。毫无疑问，对商家来说，在微信上做活动是一种快速增加粉丝最快的模式。图 7-6 所示为常州首届健身达人赛界面。

▲ 图 7-6　常州首届健身达人赛界面

商家利用活动来进行营销是符合受众需求的，并且所获得的粉丝几乎都是真实的粉丝。商家应该对自己的粉丝进行充分的了解，并根据粉丝的兴趣，针对粉丝的需求来进行商业活动。

当然，商家在推出这样的商业活动时，要考虑一个适度的问题，太频繁的活动推送只会让用户感到厌烦。因此，商家一定要坚持适度的原则。

7.3.4　游戏：充满趣味的植入营销

玩过微信的用户大概都玩过"抢红包""打飞机"等游戏。这些游戏并不算新奇，除了这些，微信旗下开发了很多有趣的小游戏。

当用户还在沉迷于这些游戏带来的欢乐时，不少商家已经将营销的目光转向了这些不起眼的游戏。直白的广告谁都烦，创意的广告反而能激起别人的小兴趣。为了增加粉丝的活跃度，商家还可以开发一些有趣的游戏来进行微信营销。图 7-7 所示为微信游戏"天天爱消除"界面。

▲ 图 7-7　微信游戏"天天爱消除"界面

7.3.5　认证：让商家获取粉丝信任

微信认证是商家获取粉丝信任和微信官方推荐的有效途径。微信认证有 6 个好处，如图 7-8 所示。

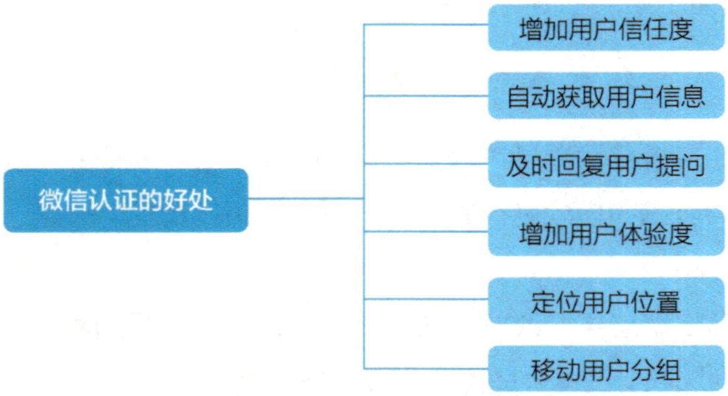

▲ 图 7-8　微信认证的好处

💡 专家提醒

需要注意的是，微信认证确实是获取粉丝信任的有效途径，但是，认证也不一定会赢得粉丝的信任，因此，一定要注意粉丝的真实性。

7.3.6　CRM：拥有二次营销能力

对企业来说，微信不只是营销渠道，也是一个客户关系管理系统，即 CRM（Customer Relationship Managemert）。这是微信实现二次营销的重要条件。企业在开发微信 CRM 时，首先要考虑的是设计业务架构。这需要熟悉 CRM 的模块。

CRM 系统可以分为 5 个模块，如图 7-9 所示。在确定微信 CRM 的业务架构后，就可以进一步设计具体的数据模型、功能模块和接口对接了。

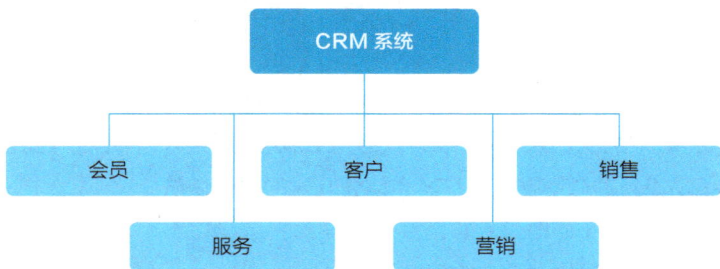

```
                    ┌─────────────┐
                    │  CRM 系统    │
                    └─────────────┘
        ┌──────────────┼──────────────┐
    ┌───────┐      ┌───────┐      ┌───────┐
    │ 会员  │      │ 客户  │      │ 销售  │
    └───────┘      └───────┘      └───────┘
        ┌───────┐          ┌───────┐
        │ 服务  │          │ 营销  │
        └───────┘          └───────┘
```

▲　图 7-9　CRM 系统

CRM 系统的还有其附属模块，包括产品、知识库、活动、交易、统计报表等。值得注意的是，从本质上来说，微信 CRM 是一个利用微信的特点和接口而扩展的 CRM 系统。当然，这也是离不开微信渠道本身的。

7.3.7　精准：一对一的个性化营销

企业在进行营销时，用户的不确定性是其重要的阻碍，从而使得企业的精准营销难以实现。因此，企业在进行微信营销时，一定要对用户进行精准的定位，实现一对一的个性化营销。

微信的精准营销主要表现在以下两个方面。

1. 目标客户精准

微信营销的一个最大特点就是，它所重视的不只是粉丝的数量而是精准的、真正的粉丝数量，是绝对的精准人群。

2. 推送内容精准

微信应当推送一些丰富的、高质量的内容，是能够为用户提供价值的东西。微信的这种一对一的个性化营销，一定会使企业的营销推广得到进一步提升。

7.4　八大策略教你如何增加粉丝

微信营销重互动、重技术、重服务，涉及更多的人工和技术开发，往往投资回报率高的惊人，一对一传播到达率几乎为 100%。开展微信营销的第一步，就是建立公共账号粉丝群。建立粉丝群之后，如何增加粉丝是企业或商家需要考虑的重要问题之一。本节主要对增加的粉丝的策略进行具体介绍。

7.4.1 微博群发

企业应该怎样推广微信账号呢？其实，借助微博原有的粉丝是有效的途径之一。在官方微博原有粉丝的基础之上，企业可以通过更新微博头像、增加头像二维码来进行推广。

通过微博大号带动，企业微信号就能收到第一波粉丝。当然使用这个办法的前提是产品的官方网站全新改版，以二维码微信为主流视觉导向。下面以"头条新闻"为例来分析它借助其新浪微博账号推广其微信公众号的具体做法。

（1）在微博上发布微信公告并且置顶。

（2）在微博背景模板上加入微信的二维码。

（3）通过进行微博活动来吸引粉丝扫描二维码、关注微信。

（4）微博还应该不定时地发布一些吸引用户关注微信的信息。

（5）加强与粉丝的互动，利用粉丝来展开传播。

7.4.2 摇一摇，漂一漂

不得不说，微信的摇一摇功能，实现了很多人的交友梦想。因此，摇一摇这种趣味交友的模式在年轻群体中一直是广受欢迎的。商家利用年轻人对摇一摇这个功能的好奇及想通过这种方式实现交友的欲望，对企业的活动进行宣传推广，如图 7-10 所示。

▲ 图 7-10 利用摇一摇增加粉丝

微信另一个可以利用的功能就是漂流瓶，使用漂流瓶的用户要比摇一摇更多。因此，对于商家而来，它更是一个增加粉丝的有效途径。

利用漂流瓶寻找潜在用户的方法也很简单，商家只需要注册多个小号，每天扔出一定数量的漂流瓶，内容可以是鼓动性或诱导性的，让用户主动添加关注。

> **💡 专家提醒**
>
> 需要注意的是，这种方法也存在一定的缺点，不适宜长期、单独使用。漂流瓶的转化周期和转化率并不像摇一摇那么显著，在宣传效果上可能有所欠缺，商家可以考虑和其他方法配合使用。

微信漂流瓶的操作步骤非常简单。用户只要通过扔瓶子、捡瓶子这样简单而有趣的方式，就能实现和商家及其他用户的交流互动，完成信息流通。图 7-11 所示为微信漂流瓶功能。

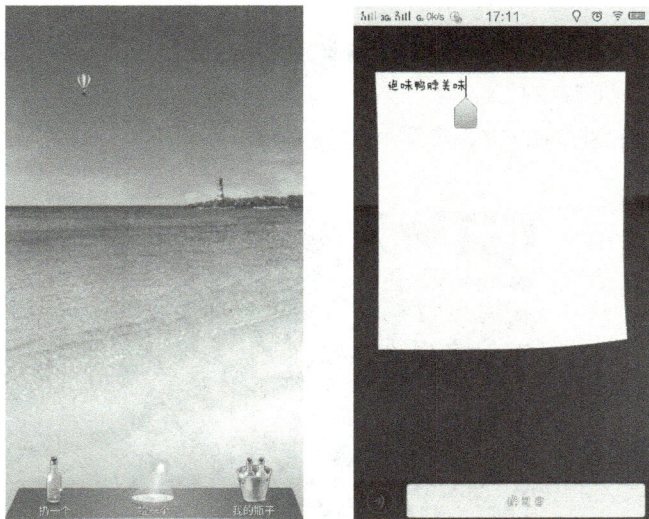

▲ 图 7-11　微信漂流瓶功能

7.4.3　头像换一换

大多商家的微信头像都是企业的 LOGO，千篇一律，受众容易产生疲软，在添加关注时，看到企业头像就直接略过。商家在无形中就错失了很多潜在客户。

针对这种现象，商家可以考虑把头像换一换，很多知名企业的头像也是商家，但是都是经过艺术处理的，或者可爱，或者文艺，很容易抓住用户的眼睛。图 7-12 展示的就是比较有代表性的企业微信头像。

▲ 图 7-12　各类企业微信头像

7.4.4　广告扫一扫

　　扫一扫这种方法主要是在商家的各种宣传广告中植入微信账号，让用户在看到广告的时候就能看到商家的二维码，通过扫一扫，就能关注最新动态。用户只要扫一扫二维码，就能将企业的动态掌握在手中，如图 7-13 所示。

▲ 图 7-13　微信二维码（此二维码只作为范例，不能扫描）

7.4.5　活动推广

　　"无活动、不营销"，这是商业一贯秉承的营销理念。但是，大家都知道，单纯的广告植入不仅难以吸引更多的受众，甚至可能给受众带来反感。这样的推广相应的关注度和阅读率一般是很低的。因此，企业要想利用微信来吸引更多粉丝的话，一定要注重企业的活动推广。

活动推广一般可以分为线上推广和线下推广两种方式。线上推广主要包括互联网和微信活动等。企业在微信上做活动的话，一般是用赠送礼品的方式来吸引用户关注，或者是以折扣和奖品来鼓励用户帮忙推广微信账号，让身边的亲朋好友关注。如图7-14 所示，微信公众号融界 e 筹采取关注有礼、转发有礼的计策。

▲ 图 7-14　微信活动推广

> 💡 **专家提醒**
>
> 需要注意的是，企业对微信活动的推广不是越多越好，需要把握一定的度，重要的是效果要好。

7.4.6　以号养号

以号养号指的是，商家采用微信个人小号来吸引用户，等积累了一定的粉丝数量之后，就将其转化为公共账号，或者转发有诱惑力的软文诱导粉丝主动关注公众账号。这种小号加粉方式的主要策略有以下几种。

（1）装修头像和签名，吸引用户关注，图 7-15 所示为有特色的微信个性签名。

（2）主动搜索。利用摇一摇、漂流瓶等功能，来者不拒，多添加好友，然后转化成粉丝。

（3）利用 LBS 进行推广。设置具有煽动性和诱惑性的个性签名，然后查看附近的人，就能被附近的用户捕捉，从而被关注。

▲ 图 7-15　个性签名

（4）漂流瓶。这个方法就是准备几百个微信小号，每天丢出成千上万的漂流瓶，写下留言，让捡到的人主动添加小号。当然，商家也可以直接宣传微信公众账号，只是不容易被发现。

（5）摇一摇。微信小号的目的就是让用户看到商家的签名和 LOGO（商标），产生好奇心，然后添加关注。商家可以选择固定的时间段和地段，摇一摇，添加附近的用户，既快捷方便，效果也很显著，如图 7-16 所示。

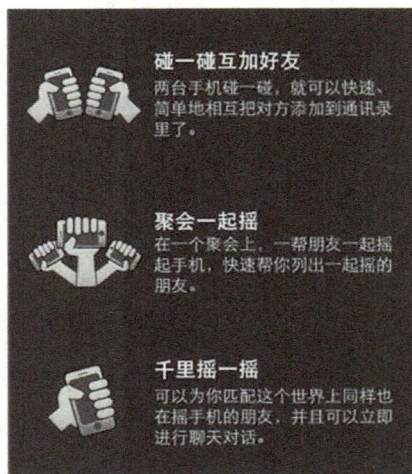

碰一碰互加好友
两台手机碰一碰，就可以快速、简单地相互把对方添加到通讯录里了。

聚会一起摇
在一个聚会上，一帮朋友一起摇起手机，快速帮你列出一起摇的朋友。

千里摇一摇
可以为你匹配这个世界上同样也在摇手机的朋友，并且可以立即进行聊天对话。

▲ 图 7-16　微信摇一摇

7.4.7　合作互推

现如今，随着微信的不断发展，更多的企业都会选择微信来互推。在微信互推的过程中，找到一个合适的互推对象很重要。当然，商家也应该具备一定的粉丝号召力，只有这样，才能使双方达到共赢。

微信合作互推主要有以下3种方式。

（1）群发资源互换。合作账号可以分享商家推荐的一些图文信息，可能是价值比较高的，也有可能是关注度比较高的，从而分享对方的超高人气。

（2）关键字回复资源互换。

（3）文章链接资源互换。

> **专家提醒**
>
> 微信公共账号想要长久运营，最关键的还是要靠内涵吸引用户。吸引粉丝是必需的，但是单纯地依靠技巧是无法留住粉丝的。

7.4.8　线下推广

线下推广具有高投资、低回报的特点，虽然并不能确保每一个投放出去的广告都能收到效益，但是广告的投放是必需的。同理，虽然并不是每一张二维码都能带来客户，但是企业或商家不应放过任何一个潜在的可能。线下推广的流程可以参考下面的建议，如图7-17所示。

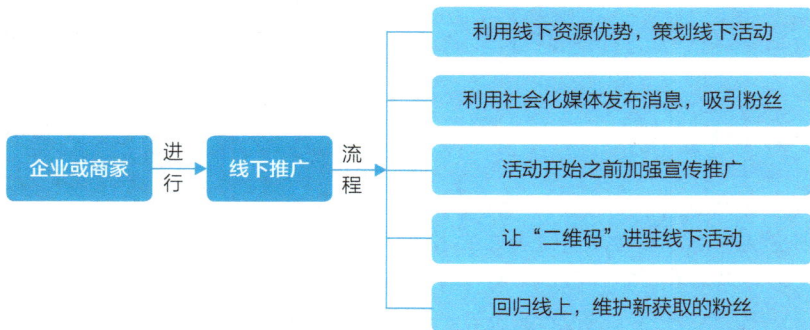

▲ 图7-17　商家进行线下推广的流程

7.5　粉丝运营模式

随着粉丝经济的不断发展，对企业来说，粉丝运营也越来越重要了，它甚至关系到某类产品或品牌的生死存亡。因此，企业在进行粉丝运营时，一定要考虑到粉丝是否能从中获得价值或者是用户想要的极致体验。只有这样，这个平台才能对粉丝产生持久的吸引力。本节主要对粉丝运营的模式进行具体分析，希望大家能够从中学到一些有价值的干货内容。

7.5.1　与粉丝互动是增加粉丝的基础

众所周知，在微信或微博平台上，加强与粉丝的互动是增加人气、打造真实粉丝的重要方法。加强与粉丝的互动，是增加粉丝的基础。微信、微博等平台有很多种与粉丝互动的方式，下面进行图解分析，如图 7-18 所示。

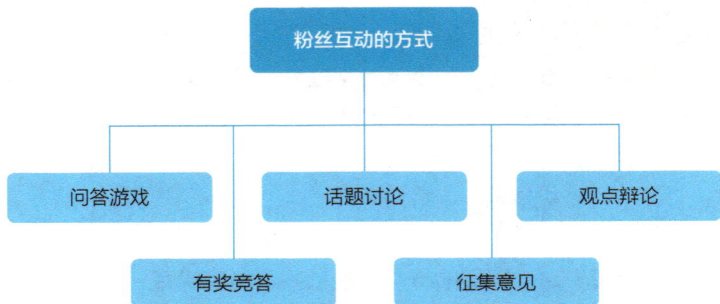

▲ 图 7-18　粉丝互动的方式

总之，在微博、微信等平台上与粉丝互动的方式是各种各样的，企业或商家要学会巧妙地运用各种技巧与粉丝的互动。在此基础上，听取并收集粉丝的意见也是非常重要的。这不仅是对粉丝的一种尊重，也是了解粉丝需求，进而调整营销策略的重要方法。

> **专家提醒**
>
> 企业或商家在利用以上方式与粉丝进行互动时，一定要注意把握分寸，不管哪一种方式，都不要运用得过度了，否则，只会引起粉丝的反感。这种方式也不是单一的，企业或商家可以根据具体情况来定。

7.5.2　学会使用网络工具，让粉丝具备"凝聚力"

随着移动互联网的不断发展，各种新媒体平台也开始横扫大街小巷，走进更多普通人的生活之中。但是，各种新媒体平台也因此铺天盖地而来，无疑也影响了粉丝对平台的忠诚度。

因此，对企业来说，粉丝的凝聚力一直是企业发展的一大难题。那么，企业该如何增强粉丝的凝聚力呢？下面对企业增强粉丝凝聚力的方法进行图解分析，如图 7-19 所示。

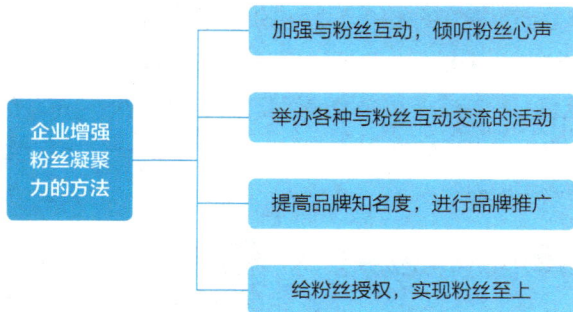

▲ 图 7-19　增强粉丝凝聚力的方法

一般来说，粉丝较高的凝聚力都会给品牌带来更高的影响力。从外在来看，粉丝的凝聚力主要表现在粉丝对品牌的热爱度及荣誉感，是粉丝对品牌向心力的一种表现。从内在来看，粉丝的凝聚力主要表现在粉丝之间的融合度及亲和力。它有利于缩短企业与粉丝的磨合期，进而提高品牌的知名度和影响力。

7.5.3　互联网的部落时代：如何运营好你的粉丝

在互联网的部落时代，"粉丝部落"是一种可以将线上和线下活动有效结合的组织。但当粉丝的力量越来越强大时，企业该如何运营粉丝成为了又一大难题。为了获取粉丝的支持，企业到底该怎样做呢？下面对企业运营粉丝的方法进行具体分析，如图 7-20 所示。

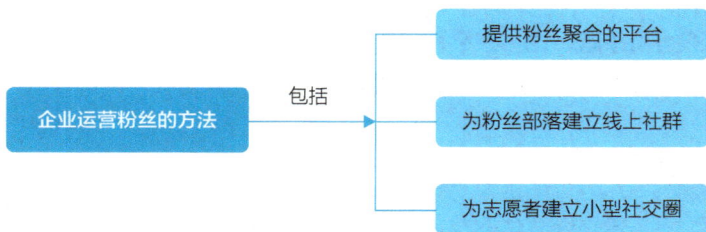

▲ 图 7-20　企业运营粉丝的方法

企业在进行粉丝运营时，一定要抓住金牌客户，即这个群体的领头羊。抓住了领头羊便可以说是抓住了整个群体。此外，企业不要一味地为了谋取商业利益对粉丝展开营销，有时候目的性太强只会让粉丝产生反感，企业要学会把目光放长远点。

7.5.4　网络推广：百万粉丝的运营秘诀

在互联网时代，粉丝经济快速发展，企业或商家都纷纷开始重视粉丝的力量。很多人都在寻找，那些运营得好的微信公众号都是怎么样来达到百万粉丝的？

就百万粉丝来说，小米是一个典型的例子。小米微信运营的理念是"将微信服务当作一个产品来运营"。其实，小米微信运营也没有特别的秘诀，甚至它的运营部门也只有9名工作人员。它就是凭借这种理念及坚定的信念一步一步走过来的。图7-21所示为小米微信公众号界面。

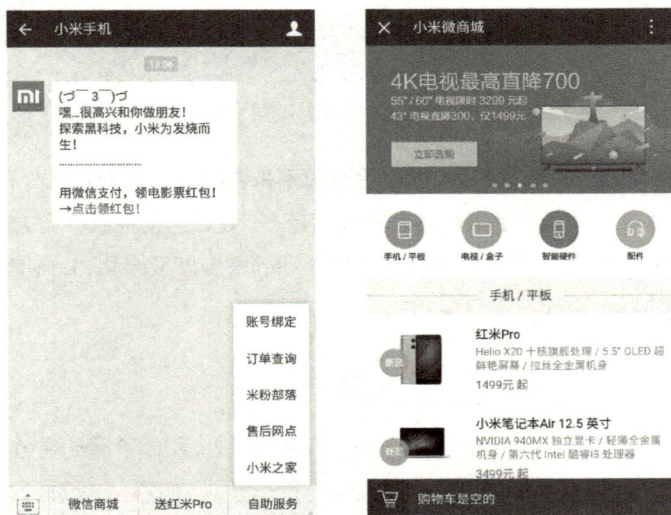

▲ 图7-21 小米微信公众号界面

一般的企业粉丝可能没有小米这样多，但是，只要不断地加强与粉丝的互动，随时调整自己的运营策略，也一定会积累大量的粉丝的。因此，企业一定要加强与粉丝的互动，甚至可以进行多平台的互动，以获取更多的粉丝。

7.5.5　超越粉丝的期望值

现如今，随着信息碎片化的发展，很多东西都变得泛滥。但是，能真正触动人内心的东西却越来越少了。因此，企业在进行粉丝营销也越来越难了。据了解，只有那些能够超越粉丝预期的东西才能够真正地吸引粉丝，能够为粉丝提供超出预期的体验也才能够真正地打动粉丝。

微信公众号墨迹天气在这方面就做得比较好。它独创了很多既实用又有特色的功能，比如那个能够给你穿衣提示的小人及时景功能等，将天气播报做到了极致。图7-22所示为墨迹天气APP界面。

▲ 图 7-22　墨迹天气 APP 界面

💡 **专家提醒**

　　企业在对粉丝进行营销时，一定要达到甚至超过粉丝的期望值，只有这样，才能获得粉丝的满意。

第8章

工具篇——新媒体以小博大的妙境

学前提示

新媒体的发展都是以各种工具为载体的。因其工具的多样化，新媒体运营的方式也呈现出各种不同的特点。现如今，主要的新媒体运营工具有微信公众平台、二维码、APP、微电影、微视频、大数据等。本章主要从这些工具出发，对新媒体的运用做进一步的讲解。

要点展示

- ≫ 微信公众平台：再小的个体也有自己的品牌
- ≫ 二维码：全新的数字化媒体运营模式
- ≫ **APP**：解密如何抢占媒体移动端入口
- ≫ 微电影：兼顾商业和大众舆论
- ≫ 微视频：新时代的引爆方式
- ≫ 大数据：如何做新媒体运营

8.1 微信公众平台：再小的个体也有自己的品牌

微信公众平台是一个人人都可以参与，人人都可以运营的平台。企业、商家、政府、个人都可以申请微信公众号，拥有一个属于自己的平台。微信公众平台的口号是："再小的个体，也有自己的品牌。"事实上，它也真正做到了满足每个个体的需求，品牌到底能不能做起来，这就要看运营者的本事了。那么，作为一名运营者，到底该怎样做呢？本节主要对运营公众号的方法进行具体介绍。

8.1.1 首先要注重用户定位

微信运营者在运营公众号之前，首先要对用户进行精准的定位，即弄清楚你的目标用户到底是谁。**运营者可以从用户的属性和行为两方面来考虑。**其次，将那些手机不离手、互动活跃的"90 后"人群作为种子用户，以进一步扩大用户群。运营者在进行用户定位时，也是要按照一定的步骤来的。下面对用户定位的步骤进行图解分析，如图 8-1 所示。

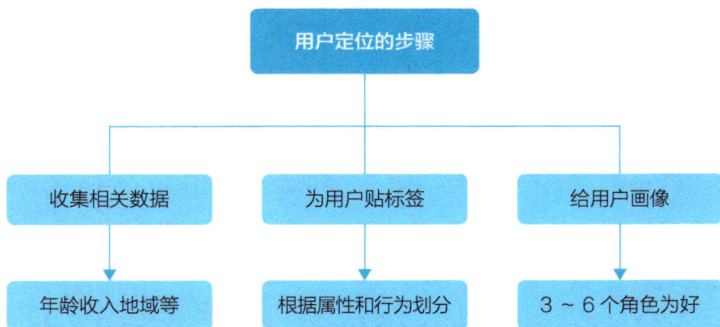

▲ 图 8-1 用户定位的步骤

8.1.2 了解公众号的内容特点

微信公众号能不能得到长足的发展，关键是要看公众号的内容能不能吸引用户的注意，能不能满足用户的需求。因此，**可以说，内容是一个公众号能否继续存活下去的关键。**值得注意的是，微信公众号的内容也有它独有的特点，具体分析如下。

（1）内容来源于受众的需求，专业性的干货、采编内容、市场热点、经济政策等。

（2）内容发布的形式主要分为单图文和多图文，其中，单图文主要推送高质量的文章，多图文则多分享资讯。

（3）图片是用户阅览的一大焦点，所以，图片一般都是进行过精心挑选和设计的。

（4）在文章开始或最后，可以设置引导关注，一般在文章的最后设置比较好。

8.1.3 学会使用 QQ 功能推广

微信和 QQ 都是腾讯旗下的产品，因此两者是可以互通使用的。作为微信运营者，一定要学会使用 QQ 功能来实现平台的推广。下面对 QQ 推广微信平台的方法和途径进行具体分析，如图 8-2 所示。

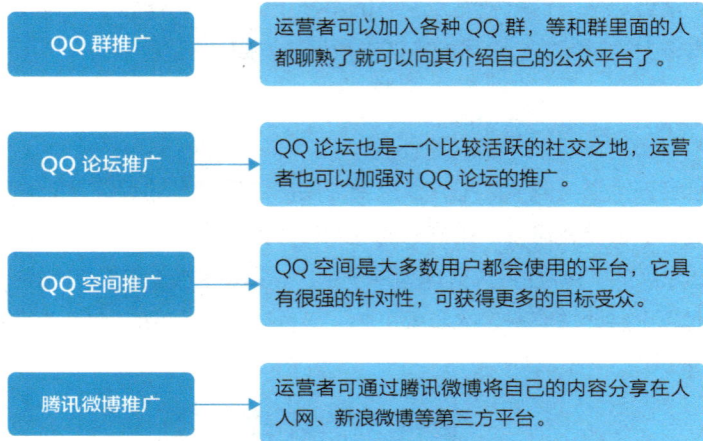

QQ 群推广	运营者可以加入各种 QQ 群，等和群里面的人都聊熟了就可以向其介绍自己的公众平台了。
QQ 论坛推广	QQ 论坛也是一个比较活跃的社交之地，运营者也可以加强对 QQ 论坛的推广。
QQ 空间推广	QQ 空间是大多数用户都会使用的平台，它具有很强的针对性，可获得更多的目标受众。
腾讯微博推广	运营者可通过腾讯微博将自己的内容分享在人人网、新浪微博等第三方平台。

▲ 图 8-2　QQ 功能的微信平台推广途径和方法

8.1.4 公众号之百度贴吧推广

对于微信运营者来说，在百度贴吧进行推广是势在必行的。图 8-3 所示为微信公众号的百度推广贴吧界面。

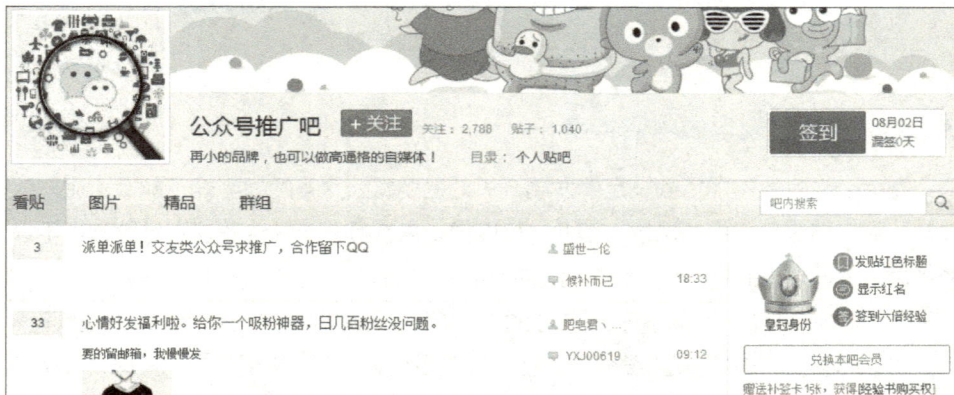

▲ 图 8-3　公众号推广吧

现如今，对年轻人来说，百度贴吧早已成为了一个重要的社群组织。人们在这里交友，在这里学习，在这里展开各种交流。可见，微信运营者只要抓住了贴吧这一渠道，就很容易获得更大的粉丝群。

8.1.5 通过品牌设计吸引人

企业微信平台的运营内容，一方面可以结合品牌特点来进行分类，另一方面可以结合品牌想传递给受众的信息来进行分类。内容对于微信公众平台的重要性不言而喻，不仅仅是企业，任何想玩转微信公众号的个人都要考虑"内容"这个重大的问题。

然而，要将内容运营好，就要建立自己的品牌栏目，并且通过这种品牌栏目来吸引用户。图 8-4 所示为 APP 每日推送的专栏设置。

▲ 图 8-4　微信栏目设置

🔘 **专家提醒**

栏目的根本性就在于考虑目标人群的需求。这就要求企业在设定目标人群的时候尽可能精准，否则在进行栏目设定的时候，很难"对症下药"。只有企业明白自己的目标人群类型，在确立目标人群的需求时，才将出现重大失误的概率降到最低，对将来的运营也会起到很好的作用，另外，用户的体验也会更好。

一般来说，企业在设置品牌栏目时，需要重点考虑的是如何让粉丝看到这些栏目。像 APP 每日推送，就在其推送界面的底部告知了粉丝栏目的入口，如图 8-5 所示，单击"看栏目"就能进入 APP 每日推送的栏目首页，如图 8-6 所示。

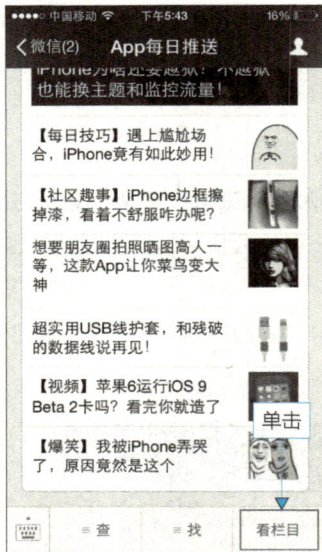

▲ 图8-5 APP每日推送微信

▲ 图8-6 APP每日推送栏目首页

想要让粉丝轻松地看到企业设置的品牌栏目内容，企业就要利用好关键字回复功能。这样才能根据粉丝的需要，做出相应回应。

专家提醒

例如，粉丝说"企业文化"，企业就可以向其展示有关企业文化方面的内容页面，总之是越细越好。只有这样，才能够更好地通过品牌设计来吸引用户。

8.1.6 必须掌握的营销方法

微信营销具有很强的媒体属性，它培养了用户参与活动、查看内容的习惯。作为一种传播途径，微信营销实现的宣传效果还是远胜其他传统媒介的。

但是，微信并不是全能的，在运营过程中，企业依然会遇到各种各样的难题，下面主要介绍微信营销的方法。

1. 找准目标群体

企业如果想要利用微信营销达到宣传或者盈利的目的，就一定要设定目标人群并制定针对性的方案策略，然后根据目标人群的属性，采取不同的措施去实现目的。

如图8-7所示，世界顶级珠宝品牌蒂芙尼的公众微信平台给用户推送的消息全部都是围绕着品牌进行，用故事和产品打造最完美的品牌和口碑。

▲ 图 8-7　蒂芙尼的微信及推送内容

2. 了解受众需求

对于企业来讲，了解受众需求是必须的，因为只有了解用户的需求，并为之提供相应的服务，才能留住用户。美国某企业就用户扫描二维码的原因进行过一次调查统计，有 40% 的用户想要获得更多关于产品、活动的信息，由此可见，很多用户关注企业微信公众号是为了更多地了解企业和产品信息。如果企业发布的信息并非用户希望看到的，那么这些信息就没有任何意义。因此，**企业只有了解用户需求才能抓准他们的内心**。下面对企业了解受众需求的方法进行具体分析。

（1）随时随地与客户保持沟通，为客户提供咨询。

（2）利用微信的即时回复功能实现自动应答，帮助客户解答问题，完成对客户的服务。

（3）除了服务需求和产品需求，企业还可以通过人文关怀留住客户，满足客户的情感需求，增加客户的黏性。

3. 学会拿来主义

微信营销的案例层出不穷，很多企业都是利用各种手段进行微信营销，从而获取利益。这些手段方法五花八门，让商界大开眼界。因此，企业做微信营销一定不要固步自封，把自己关在围栏里，要学会借鉴他人的经验和方法，从而来改善自己的营销模式。简单来说，就是拿来主义，通过借鉴和模仿，不断地把微信营销做好，只有不断地学习别人成功的方法，才能让自己企业的微信营销越做越好。图 8-8 所示为成功的微信营销案例。

借助微信——**SCRM**（Social CRM，动态客户关系管理），轻松解决良品铺子会员管理难题，推进线下销售。

交互功能　产品功能　游戏功能　LBS功能

随身交互　良品铺子　产生更多　O2O线上
个性服务　产品展示　交互方式　线下导流

▲ 图8-8　成功的微信营销案例

4. 善用各种资源

微信上有很多属性及功能，企业使用微信进行品牌营销和推广时，一定要弄清楚微信的各种属性和功能，因为这些功能和属性都是微信营销的重要资源。类似查找附近的人、LBS、摇一摇、二维码、朋友圈的功能等，都可以成为企业进行微信营销的手段，如图8-9所示。

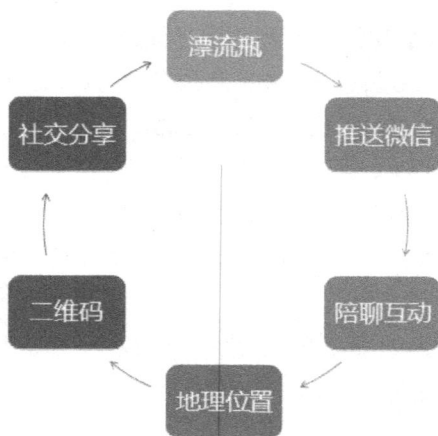

漂流瓶
社交分享
推送微信
二维码
陪聊互动
地理位置

▲ 图8-9　公众账号运营方式

5. 一定要接地气

企业在线上进行推广，除了向客户提供各类信息、营销活动之外，还可以经常给点奖励，如优惠信息、打折、抽奖活动等。同时，商家还可以结合微信LBS功能引导消费者产生线下行动，以实现潜在客户向意向客户的转化。图8-10所示为线上线下一体化的营销模式。

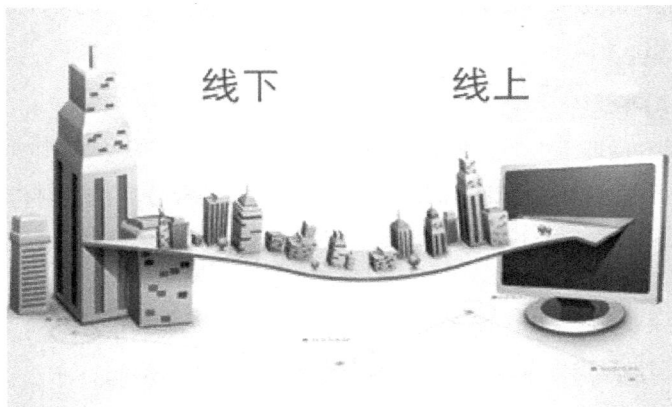

▲ 图 8-10　线上线下一体化的营销模式

　　线上线下活动结合的意义在于吸引更多忠实的粉丝，让企业微信公众号产生更鲜活、更接地气的内容。这样的微信公众号才会显得更真实，更有亲和力。同时，企业要经常对公司和产品的大数据进行整合分析，完成线上线下的互相转变。

6. 拥有 VIP 特权

　　所谓的微信 VIP 客户，可以理解为针对普通微信用户拥有更多特权和增值服务的微信客户。只要 VIP 客户每月支付一定的功能使用费，企业的微信用户就能拥有一定的 VIP 特权。例如，微信会员卡的用户可以在微信上实现与商家进行咨询、互动、预定甚至支付的功能。在享受各种便利的同时，帮助企业建立新一代的移动会员管理体系。图 8-11 所示为微信会员卡。

▲ 图 8-11　微信会员卡

用户通过扫描二维码获得会员卡之后，商家就可以针对微信的 VIP 客户，设计一些具有特色的会员服务。同时，商家还可以开发专属的服务器，以及语聊视频顺畅加速等方面的特权。

7. 打造独立 APP

APP 应用在智能手机上发展得越来越好，很多人愿意下载安装 APP 拓展手机功能。**企业应该要像打造独立 APP 那样打造自己的微信公众号，使其拥有完善的功能。**这样，不仅让用户免去了下载安装烦琐的 APP 应用的时间和精力，还能为企业公众号带来更高的关注率。

例如，龙卡信用卡的用户就可以利用微信平台，参与各种优惠活动，还能参与各种积分兑换、分期理财、享受全球乐购等服务，如图 8-12 所示。

▲ 图 8-12　龙卡信用卡微信号

8. 开启订阅模式

对于大多数企业来说，微信不仅是一个宣传平台，也是一个盈利的平台，但是，少部分企业微信的公众账号并不仅仅是商品营销，而是着重发掘微信交互性强的优势。这类的公共账号多数是个人经营，没有组织性，但是却拥有超高的人气和用户群。虽然他们不是以营利为目的，但是如果这类微信账号能够好好地利用起来，就能转化为商业模式，如微信公众号"为你读诗"。

9. 巧用 LBS 定位

LBS 是指基于位置的服务，为用户提供相应服务的一种增值业务。微信会员卡作为微信商业化的第一个重要产品，可以基于用户的地理信息、时间、用户的日常消费习惯等，查找出附近的商家，向微信会员推荐周围商家的活动信息，帮助用户省时省力，提供相应的服务。再加上微信移动支付的设立，用户可以通过微信会员卡，进行相关的产品交易。

8.1.7　诱导粉丝多次消费

在企业或商家推广的产品中，对那些常用品来说，消费者确实会经常购买。但是，就那些不常用的产品而言，消费者用完了就不能保证还会购买相同的产品。因此，**企业或商家一定要采取各种措施来增加用户黏性，进而诱导粉丝实现多次消费**。其实，这并不难。企业或商家只要从以下两个方面考虑就可以收到意想不到的效果。

（1）进行多次分享。不断重复产品的特性、功能、用途等，让消费者记住产品。

（2）创新产品功能。产品每增加一种功能不仅是产品本身的一次突破，也是引起消费者好奇心的一种最直接最有效的方式。

（3）抓住消费者的消费心理，不定期地开展各种打折促销活动。

8.1.8　引导粉丝尝试购物

企业或商家进行新媒体运营的主要目的，是对自身的产品或服务进行营销推广。当然，也包括对粉丝的购物进行引导。

一般来说，**微信运营者主要是通过软文营销来实现对粉丝的引导的**。要将粉丝的购买意向引向何处，并且是不动声色地将其表现出来，既让粉丝了解到这个信息，又不至于令粉丝反感，这就是微信运营者应该思考的重要问题。

微信运营者通过线上的软文营销方式，来引导粉丝购物的做法，既是线上营销的体现，也为粉丝实现线下交易提供了可能。

8.1.9　为粉丝打造极致体验感

一般来说，微信运营者会从以下 3 个方面来为粉丝打造极致的体验感，如图 8-13 所示。

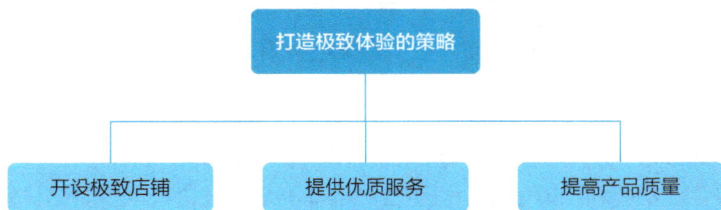

▲ 图 8-13　打造极致的体验的策略

线上平台是一个虚拟的平台，商家与消费者之间难免会缺乏信任。因此，对于微信运营者来说，满足粉丝对产品或服务的体验感又是一大难题。

8.1.10　公众号运营的几大忌讳

微信运营者在进行微信运营时一定要注意避免触犯相应的忌讳，否则，只会得不偿失。那么，微信公众号运营主要有哪些忌讳呢？下面做简单介绍。

1. 发垃圾广告

如何定义垃圾广告？每个企业都有自己的品牌，每个品牌都会有自己的主题，如果企业推送与微信号主题无关的广告，就叫垃圾广告。

例如，做化妆品的企业，在推送信息时，夹带与化妆品主题不相关的家居广告，这些就是不相关的内容。在用户眼中，这就是令人深恶痛绝的垃圾广告，企业要避免无节制地大量地发送不相关的垃圾广告，因为很有可能会遭到用户的反感，严重的还可能被关闭群发功能。

2. 发敏感话题

什么是敏感话题？凡涉及色情、政治及暴力的话题都被称为敏感话题。官方对于这点是非常重视的，一旦发现就很有可能立即关闭群发功能，严重的还会封号。因此，微信公众号所发布的内容应尽量不要涉及敏感话题。

3. 强求用户关注

不要以任何手段引诱、强求用户关注公众号。在这方面，官方管理得特别严格，很多公众号就是没注意到这点而被封了号。

4. 发虚假信息

企业推送的内容要做到真实可靠，不要推送假冒伪劣产品的广告信息，也不要发送虚假不实际的广告信息，否则很容易引起用户的不满，其直接结果是遭遇投诉，甚至被微信官方毫不犹豫地关闭群发功能，严重的还会封号。

5. 抄袭他人作品

微信公众平台对知识产权有保护作用，一旦发现抄袭，要么禁言，要么封号。因此，企业推送的内容，最好以原创为主，如果是引用，则必须注明作者和出处。

6. 缺乏人性化

微信公众平台要多从用户的角度考虑，尽量让微信更加人性化。譬如用户提出的问题，很多企业都是利用微信公众号后台的自动回复功能进行回复，这样做能够为企业省事不少，但是站在用户的角度来看，这样的设置还不够人性化，因为没有谁喜欢长期和一个机器人进行沟通。企业公众号应该尽量多地使用人工回复，增强人性化服务，给用户带来更多的乐趣。

7. 推送信息太复杂

企业不要随便什么信息都推送，因为公众账号每天只有一次推送机会，因此要尽量将信息精华化，否则用户容易产生审美疲劳，就不会再持续关注公众号了。

8. 不及时回复用户

如果用户向企业公众账号发出信息，而企业公众账号没有及时回复，用户就会有种被冷落的感觉，因此企业要及时回复用户信息，这样才能够快速建立起用户对企业的好感。

8.2 二维码：全新的数字化媒体运营模式

二维码的使用范围如此之广，给大众生活带来了诸多便利。但二维码的制作却并不复杂，可以直接在线生成。企业和个人都可以依据自身需求，制作独属于自己的二维码。本节将具体介绍二维码这种全新的数字化媒体运营模式。

8.2.1 二维码的制作要点

企业或商家要想实现二维码的营销，首先就要拥有自己的二维码。因此，就要学会二维码的制作。下面将介绍各种不同类型的二维码制作的要点。

1. 普通文本二维码

下面对普通文本的二维码制作要点进行介绍。

（1）有多家网站可以在线制作二维码，这里以其中的草料网为例。用户打开电脑中的浏览器，输入草料网网址（http://cli.im/），进入草料网主页，如图 8-14 所示。

▲ 图 8-14 输入草料网网址

201

（2）进入草料网主页后，网站主页默认设置为文本信息的二维码制作，在主页提供的文本框内输入需要制作的二维码内容，然后单击下方的"生成二维码"按钮，稍等片刻，就能在二维码生成框内看到含有所需内容的二维码图形，如图 8-15 所示。

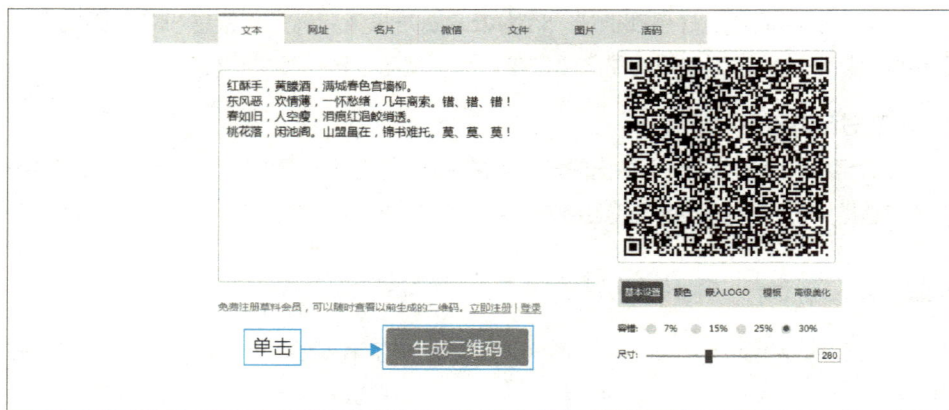

▲ 图 8-15 单击"生成二维码"按钮

（3）二维码生成之后，将完成的二维码图片保存到用户电脑或是下载到手机里，用户就拥有了一个属于自己的二维码，经扫描后就能显示二维码内蕴含的信息。

2. 网址链接二维码

下面以"网址链接二维码"为例，对二维码制作的要点进行简单分析。

（1）按照上一节第二步的介绍，进入草料网主页后，单击"网址"按钮，如图 8-16 所示。

▲ 图 8-16 单击"网址"按钮

（2）在文本框中输入需要链接的网站网址，然后单击下方的"生成二维码"按钮，稍等几秒钟，就能在二维码生成框内看到含有网站网址信息的二维码图形，如图 8-17 所示。

▲ 图 8-17　网址链接二维码制作

（3）将完成后的二维码图片保存到用户的计算机，或是直接下载到手机里，用户就拥有了一个属于自己的具有网站链接功能的二维码。由于该二维码制作时采用的设置是网站链接功能，所以用户在扫描后会直接进入到二维码内提供的网站链接页面，如图 8-18 所示。

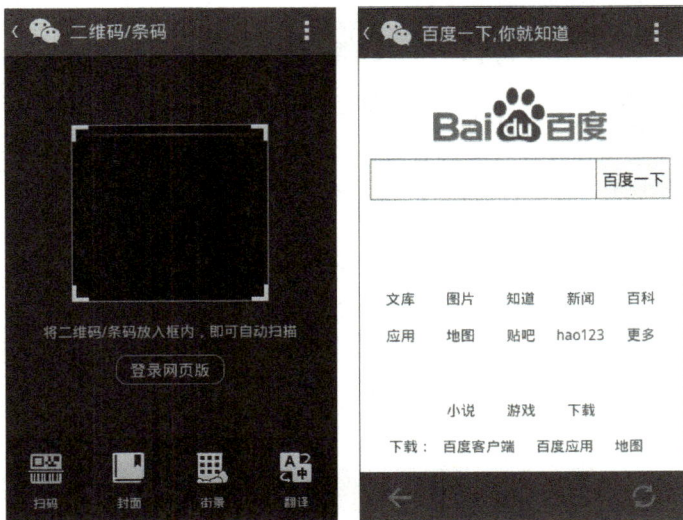

▲ 图 8-18　扫描二维码进入网页

3. 个人名片二维码

下面以"个人名片二维码"为例，对二维码制作的要点进行简单分析。

（1）打开浏览器，输入草料网网址（http://cli.im/），进入草料网主页后，单击主页上的"名片"按钮，如图 8-19 所示。

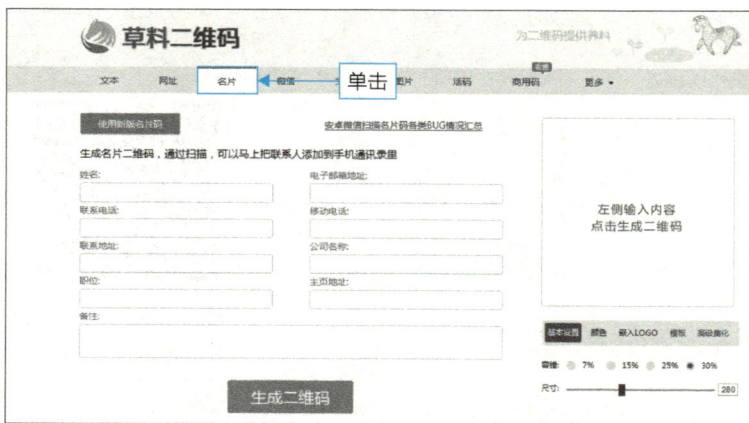

▲ 图 8-19　单击"名片"按钮

（2）用户在"名片"界面依据自己的情况，在文本框内填入相应信息即可，如图 8-20 所示。

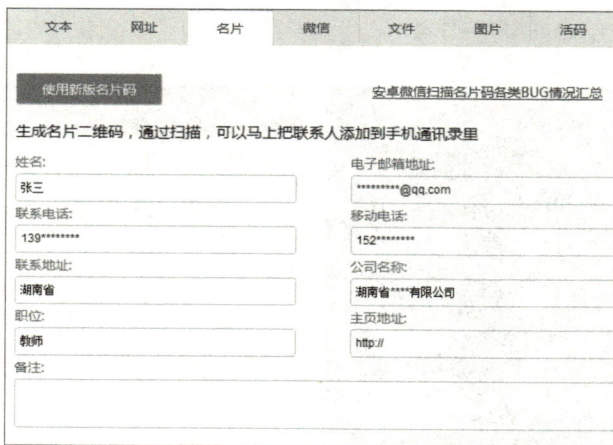

▲ 图 8-20　填写名片文本框信息

💡 专家提醒

在这个追求创新的年代，用户费尽心思对纸质名片进行创新的同时，也可以对二维码名片进行创意改动。在二维码名片制作界面中，二维码名片信息栏除去基本信息的填写外，还有供用户随意发挥的"备注"栏，用户可以在备注栏填写一些有意思的信息进行自我介绍。

（3）名片信息填写完毕后，单击文本框下方的"生成二维码"按钮，等待几秒钟后，文本框右侧的二维码生成框中，就会出现带有相应信息的二维码图案，如图8-21所示。

▲ 图8-21　单击"生成二维码"按钮

（4）将完成后的二维码图形下载到用户手机中，用户就拥有了一个只属于自己的二维码名片，如图8-22所示。

名片可只存在手机里，也可印刷在纸质或其他用户想用来生成名片的物品上。进行名片交换时，用户只需让对方用手机微信扫描自己的二维码名片，单击"保存"按钮，即可完成名片交换过程，如图8-23所示。

▲ 图8-22　生成后的二维码名片

▲ 图8-23　保存二维码名片

4. 文件内容二维码

下面以"文件内容二维码"为例，对二维码制作的要点进行简单分析。

（1）打开浏览器，输入草料网网址（http://cli.im/），进入草料网主页后，单击主页上的"文件"按钮，如图 8-24 所示。

▲ 图 8-24　单击"文件"按钮

（2）进入文件制作页面后，界面会要求用户选择需要进行制作的文件，有本地文件上传和下载网络文件两种选择，如图 8-25 所示。

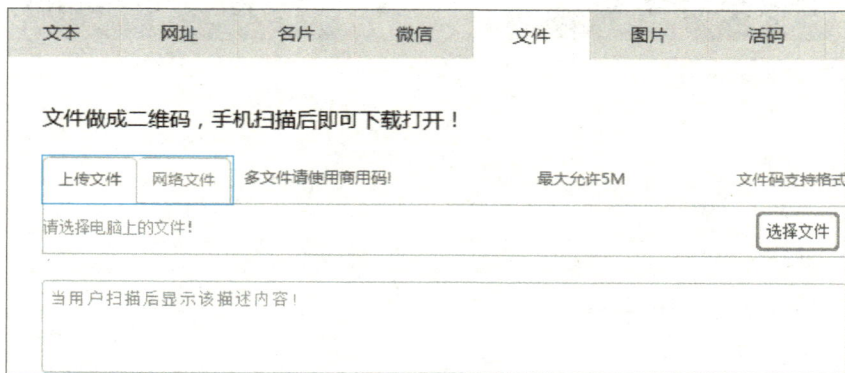

▲ 图 8-25　选择文件路径

（3）若用户需要使用本地文件制作二维码，单击"上传文件"按钮后，即可弹出"选择要上载的文件"对话框，如图 8-26 所示。

▲ 图 8-26 选择本地文件

（4）用户在"选择要上载的文件"对话框中，找到需要上传的文件夹，单击"打开"按钮，如图 8-27 所示。

▲ 图 8-27 找到所需文件夹

（5）进入相应文件夹后，选中需要的文件，单击"保存"按钮，即可完成用户对本地文件的选定，如图 8-28 所示。

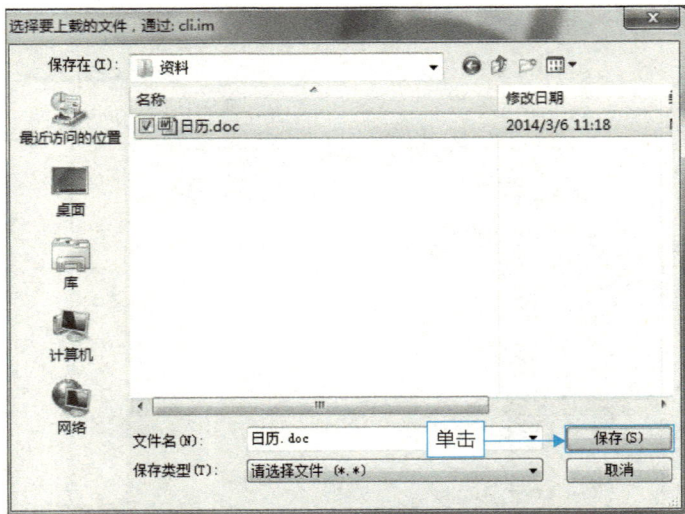

▲ 图 8-28　选中所需文件

（6）若用户需要使用网络文件制作二维码，单击"网络文件"按钮后，将所需文件具体所在位置的网址链接，输入文本框内，再单击文本框右侧的"确定"按钮，如图 8-29 所示。

▲ 图 8-29　选择网络文件

（7）用户在上传文件成功之后，还可以在"选择文件"按钮下面的文本框内对上传的具体文件进行简单的介绍，如图 8-30 所示。

▲ 图 8-30　介绍文件内容

（8）用户在对文件的选择和介绍完成之后，找到文本框下方的"生成二维码"按钮，并对其进行单击操作，稍等几秒钟，便可在界面的右侧看到生成后的二维码图案，如图 8-31 所示。

▲ 图 8-31　生成文件二维码

（9）使用手机扫描该二维码之后，单击"下载该文件"按钮，即可下载所上传的文件，如图 8-32 所示。

▲ 图 8-32　扫描读取文件二维码

5. 图片信息二维码

下面以"图片信息二维码"为例，对二维码制作的要点进行简单分析。

（1）打开浏览器，输入草料网网址（http://cli.im/），进入草料网主页后，单击主页上的"图片"按钮，如图 8-33 所示。

▲ 图 8-33　单击"图片"按钮

（2）进入图片制作页面后，界面会要求用户选择需要进行制作的图片。用户需要在"上传图片"和"网络图片"中进行选择，如图 8-34 所示。

▲ 图 8-34　选择图片来源

专家提醒

　　图片来源一般包括本地图片和网络图片两种，用户可根据实际需要进行操作。

　　（3）若用户需要使用本地图片制作二维码，单击"选择图片"按钮后，即可弹出"选择要上载的文件"对话框，如图 8-35 所示。

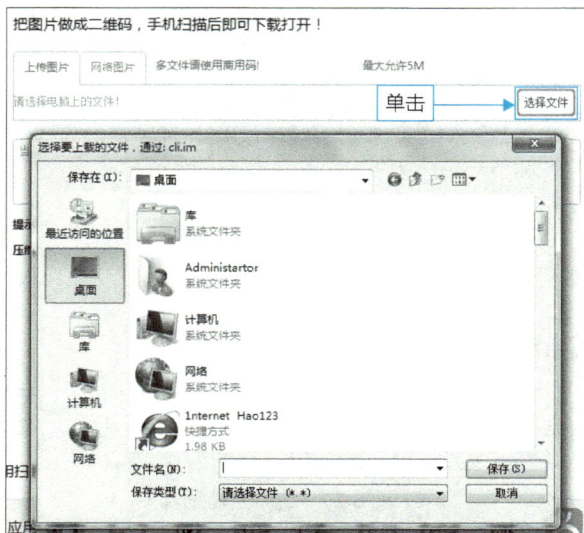

▲ 图 8-35　选择本地图片

（4）用户在"选择要上载的文件"对话框中，首先要找到需要上传的图片所在的文件夹，单击"打开"按钮，如图 8-36 所示。

▲ 图 8-36 找到所需文件夹

（5）进入相应文件夹后，选中需要的图片，单击"保存"按钮，即可完成用户对本地图片的选定，如图 8-37 所示。

▲ 图 8-37 选中所需图片

（6）若用户需要使用网络图片制作二维码，单击"网络图片"按钮后，将所需图片具体所在位置的网址链接，输入进文本框内，再单击文本框右侧的"确定"按钮，如图 8-38 所示。

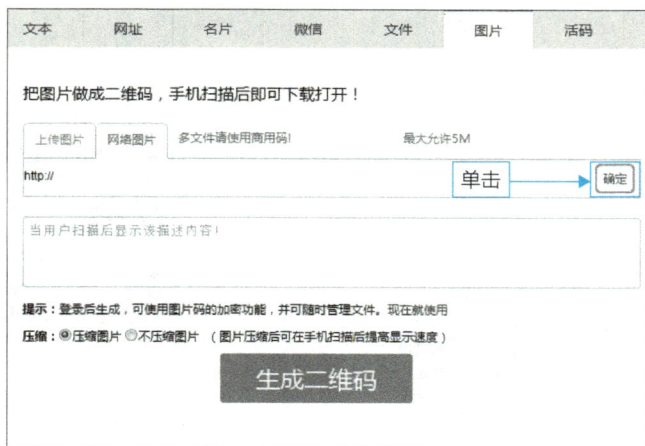

▲ 图 8-38 选择网络图片

（7）为了让扫描二维码的用户明确自己所扫描的内容，二维码设计者可以在内容描述文本框中输入简洁的介绍性话语，如图 8-39 所示。

▲ 图 8-39 输入图片内容

💡 专家提醒

在输入图片内容时，可对图片进行简单的介绍，让用户知道图片所代表的含义，语言最好简练、有力，概括性强。

（8）用户在完成对图片的选择和介绍之后，即可单击文本框下方的"生成二维码"按钮，稍等几秒钟，便可以在界面右侧二维码框中看到生成后的二维码图案，如图 8-40 所示。

▲ 图 8-40　生成图片二维码

（9）使用手机扫描后，即会直接在手机内显示二维码携带的图片及图片的主题内容，如图 8-41 所示。

▲ 图 8-41　扫描读取二维码图片

6. 地图信息二维码

下面以"地图信息二维码"为例，对二维码制作的要点进行简单分析。

（1）打开浏览器，如图8-42所示，输入联图网网址（http://www.liantu.com/），进入联图网主页。

▲ 图8-42　输入联图网网址

（2）进入联图网后，网站主页默认设置为文本信息的二维码制作，用户单击页面左侧的"地图"图标，如图8-43所示。

▲ 图8-43　单击地图二维码制作图标

（3）联图网主页将地图位置默认为"北京市"，需要查找北京市地图信息的用户，可直接在地图提供的区域寻找自己需要的地理坐标，然后单击该坐标，如图8-44所示。

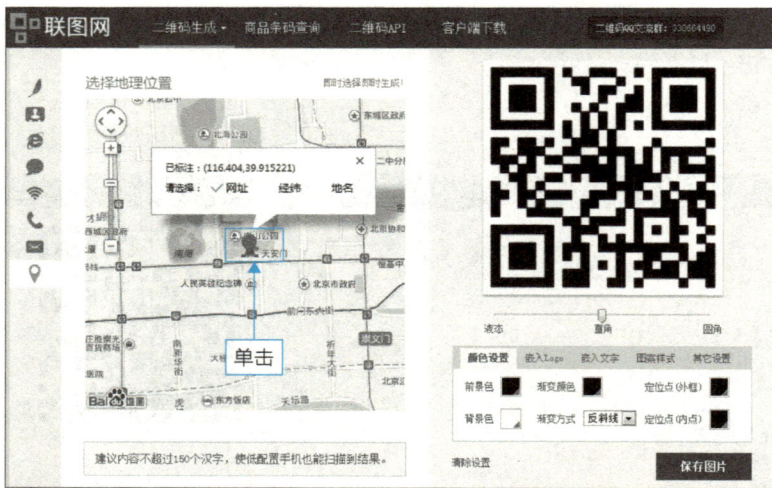

▲ 图 8-44 单击"天安门"坐标

专家提醒

　　二维码地图扫描后显示的当前位置，就是用户在二维码中设置的位置。二维码地图让用户既免去了问路的麻烦，又省去了手机网页浏览搜寻所耗费的时间，更方便快捷地进行地图查看。

　　（4）用户将二维码下载到手机后，便拥有了一个便携式的地图，扫描地图二维码后，手机会直接跳转到百度地图界面，如图 8-45 所示。

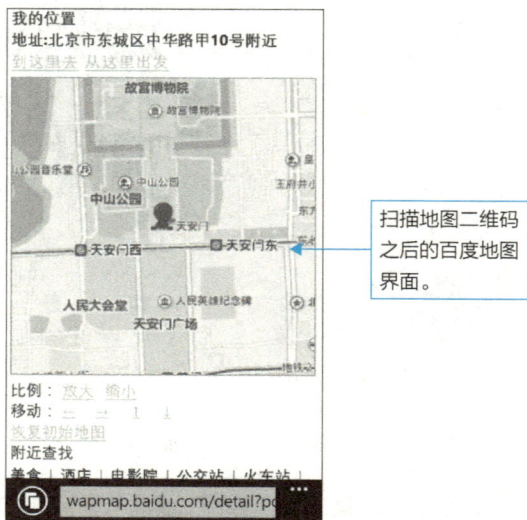

扫描地图二维码之后的百度地图界面。

▲ 图 8-45 出现百度地图

（5）想要查找其他省市信息的用户，将光标移至主页左上方"选择地理位置"字样的下方图标上，主页上就会出现原本隐藏的地理位置选项，如图8-46所示。

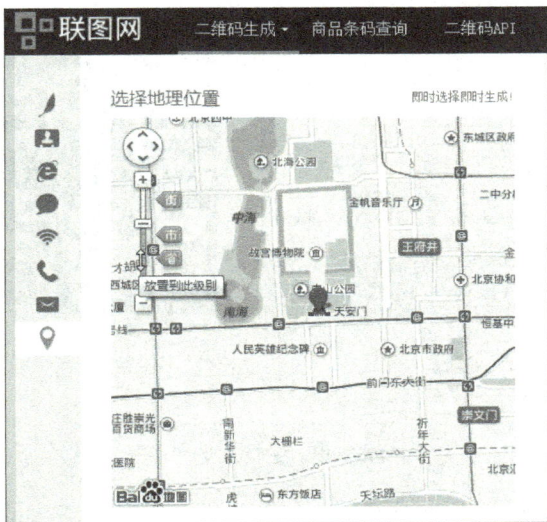

▲ 图8-46　找到隐藏图标

（6）以查找湖南省长沙市为例，单击隐藏图标中的"省"字样，然后单击"缩小一级"按钮，直到在地图中看到长沙市的坐标，如图8-47所示。

▲ 图8-47　定位其他城市

（7）单击"长沙市"坐标后，界面会自动进入长沙市地图，用户再在长沙市地图中找到所需的地理位置，如"长沙黄花国际机场"，单击该图标，即可在页面右侧出现长沙黄花国际机场的二维码地图，如图 8-48 所示。

▲ 图 8-48　生成二维码地图

（8）用户将二维码下载到手机后，便拥有了一个便携式的地图，扫描地图二维码后，手机会直接跳转到百度地图界面，如图 8-49 所示。

▲ 图 8-49　出现百度地图

7. 短信二维码

下面以"短信二维码"为例，对二维码制作的要点进行简单分析。

（1）用户按照前述方式进入草料网主页后，单击"更多"|"短信"按钮，如图 8-50 所示。

▲ 图 8-50　单击"短信"按钮

（2）在"短信二维码"界面输入发送对象的手机号码和短信内容后，单击"生成二维码"按钮，如图 8-51 所示。

▲ 图 8-51　单击"生成二维码"按钮

（3）使用手机扫码软件扫描生成的二维码，如图 8-52 所示。

（4）单击扫描结果后（有些手机系统会自动跳转），即可直接进入手机短信功能的界面，并且短信内容及收件人都已编辑好，如图 8-53 所示。

▲ 图 8-52　扫描二维码

▲ 图 8-53　跳转至短信界面

8. 电话二维码

下面以"电话二维码"为例，对二维码制作的要点进行简单分析。

（1）用户按照前面讲述的方式，进入草料网主页后，单击"更多"|"电话"按钮，如图 8-54 所示。

▲ 图 8-54　单击"电话"按钮

（2）在"电话二维码"界面输入需要拨打的电话号码后，单击"生成二维码"按钮，如图8-55所示。

▲ 图8-55　单击"生成二维码"按钮

（3）使用手机扫码软件扫描生成的二维码，如图8-56所示。

（4）单击扫描结果后（有些手机系统会自动跳转），即可直接进入手机的通话界面，并且呼叫号码已编辑好，如图8-57所示。

▲ 图8-56　扫描二维码

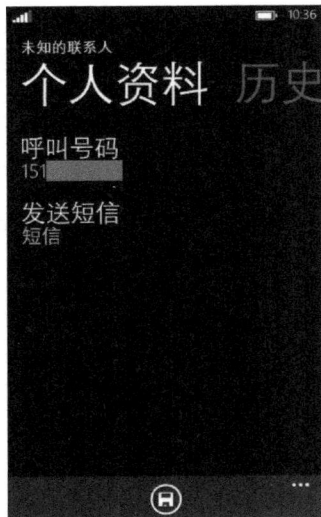

▲ 图8-57　跳转至通话界面

9. Wi-Fi 二维码

下面以"Wi-Fi 二维码"为例，对二维码制作的要点进行简单分析。

（1）用户按照前述方式进入草料网主页后，单击"更多"|"Wi-Fi"按钮，如图 8-58 所示。

▲ 图 8-58　单击"Wi-Fi"按钮

（2）在"Wi-Fi 二维码"界面输入 SSID/无线账号、无线 Wi-Fi 密码并选择加密类型后，单击"生成二维码"按钮，如图 8-59 所示。

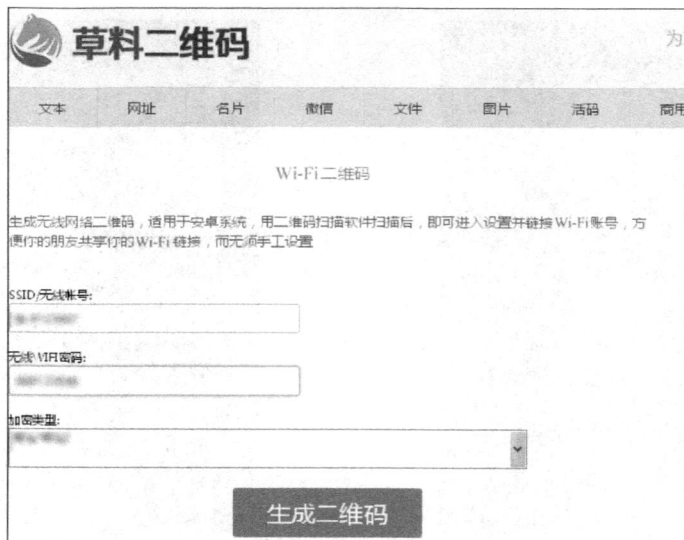

▲ 图 8-59　单击"生成二维码"按钮

（3）用户使用手机扫码软件扫描生成的二维码，即可自动连接到所设置的 Wi-Fi 地址。

8.2.2 二维码的推广途径

二维码主要有八大推广途径，下面对其进行图解分析，如图 8-60 所示。

▲ 图 8-60 二维码的推广途径

以上图解展示的是二维码的主要推广途径，企业或商家应该深入挖掘这八大途径，以达到二维码营销的目的。

8.2.3 二维码营销的方法

企业在进行二维码营销时，不仅要掌握它的推广途径，也要熟知相应的营销方法。二维码的营销方法如下。

（1）为了吸引用户，企业可以增加自己的创意，设计出带有图文的二维码，并将品牌及具体的产品信息植入到二维码中。

（2）为了圈住用户，企业在进行二维码营销时，一定要多考虑用户的利益，并且要及时追踪二维码的营销效益。

（3）为了增加用户，企业在设计二维码时要注意链接页面的设计，增加二维码的清晰度，提升用户体验。

8.2.4 选择正确的制作功能

企业在进行二维码制作时，要选择正确的制作功能，如图 8-61 所示。

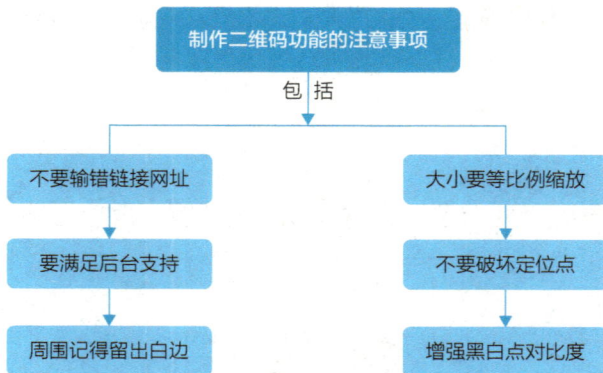

▲ 图 8-61　制作二维码功能的注意事项

8.2.5　追踪二维码营销效益

引导消费者扫描二维码后，可以评估一下二维码的营销效益。营销者可以通过实践以下3个方面，掌握二维码营销效果情况，以便于进一步推进二维码的微营销策略。追踪二维码营销效益的具体方法如下。

（1）重点是要抓住消费者在活动页面停留的时间。

（2）若二维码扫描量过低，就该反省中间的细节。

对企业来说，营销的效益才是重点。因此，不管二维码做得有多美观，但是企业的效益没有跟上，这也是徒劳的。

8.2.6　彩色二维码

彩色二维码不仅拥有黑体二维码的所有特征，更体现出了二维码的个性化。下面对彩色二维码的作用进行具体分析，如图 8-62 所示。

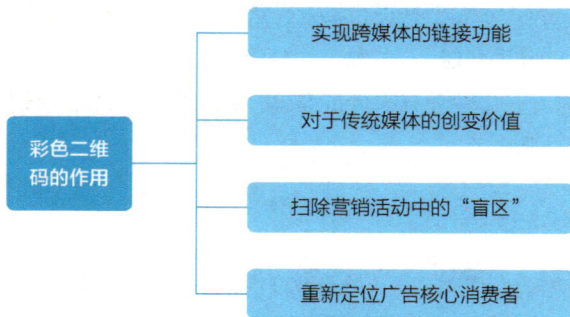

▲ 图 8-62　彩色二维码的作用

8.2.7 二维码的营销平台与渠道

二维码营销的平台与渠道主要包括微信、微博、企业名片及一些传统的派单等。下面对二维码营销的这 4 种主要的营销平台与渠道进行具体分析，如图 8-63 所示。

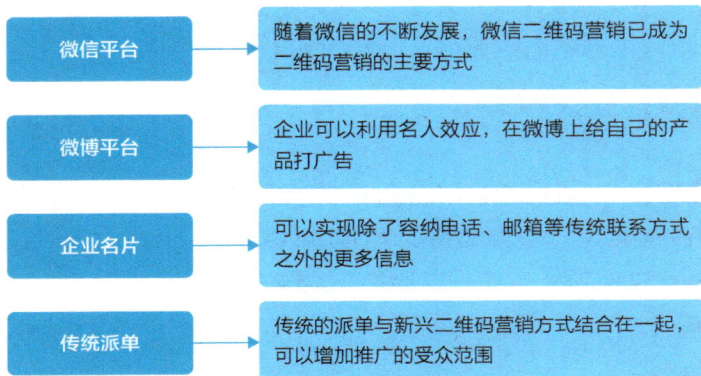

微信平台	→	随着微信的不断发展，微信二维码营销已成为二维码营销的主要方式
微博平台	→	企业可以利用名人效应，在微博上给自己的产品打广告
企业名片	→	可以实现除了容纳电话、邮箱等传统联系方式之外的更多信息
传统派单	→	传统的派单与新兴二维码营销方式结合在一起，可以增加推广的受众范围

▲ 图 8-63 二维码营销的平台与渠道

8.2.8 如何创意改造二维码

一般来说，二维码主要是以黑白为主的，为了吸引用户的关注，企业可以对二维码进行改造，其中最有特色的就是制作彩色二维码。

对二维码的改造，不仅体现在二维码的外观上，也可以在其内容上增加一些吸引用户的信息，如可以增加一些产品的链接等，可以方便用户查看相关信息。

8.2.9 企业 APP 的五大用户体验要素

企业 APP 有五大用户体验要素，下面对其进行图解分析，如图 8-64 所示。

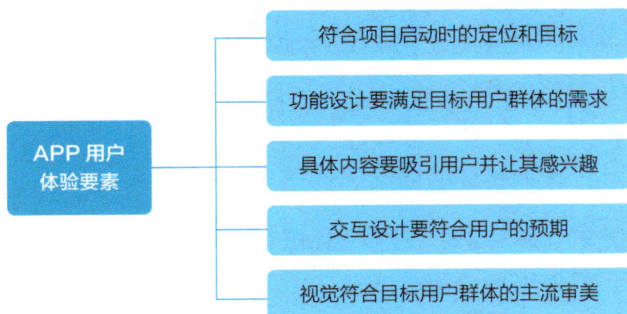

APP 用户体验要素	符合项目启动时的定位和目标
	功能设计要满足目标用户群体的需求
	具体内容要吸引用户并让其感兴趣
	交互设计要符合用户的预期
	视觉符合目标用户群体的主流审美

▲ 图 8-64 APP 用户体验要素

8.3 APP：解密如何抢占媒体移动端入口

APP 是企业进行营销推广的重要工具。那么，它是如何抢占媒体移动端入口的呢？本节主要向读者介绍 APP 抢占媒体移动端入口的方法。

8.3.1 创新营销战术：理论与实际相结合

在这个新媒体迅速发展的时代，对企业来说，在进行新媒体推广时，采用的营销战术是关键。

所谓的营销战术，说到底就是在前面章节介绍过的营销方法。企业只要将那些营销方法掌握好并运用好，就能够取得很好的营销效果。

但是，需要注意的是，企业一定要将理论与实际相结合，根据企业的具体情况来开展营销战略。

8.3.2 抢占推广渠道：线上线下与新媒体

在互联网时代，不同的推广渠道特别多，其中与 APP 推广相关的主要是线上、线下和新媒体 3 种渠道。下面对这 3 种渠道进行图解分析，如图 8-65 所示。

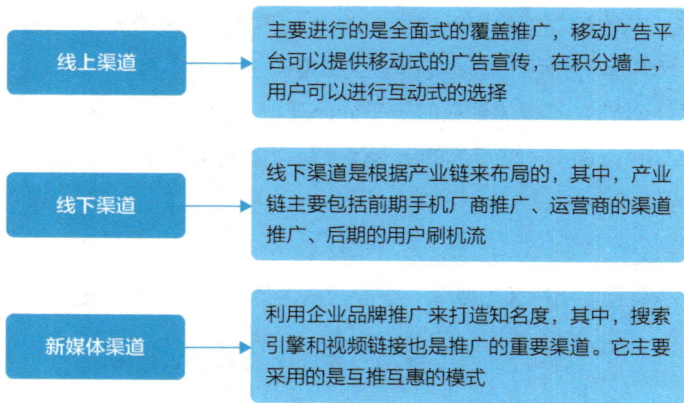

线上渠道	→	主要进行的是全面式的覆盖推广，移动广告平台可以提供移动式的广告宣传，在积分墙上，用户可以进行互动式的选择
线下渠道	→	线下渠道是根据产业链来布局的，其中，产业链主要包括前期手机厂商推广、运营商的渠道推广、后期的用户刷机流
新媒体渠道	→	利用企业品牌推广来打造知名度，其中，搜索引擎和视频链接也是推广的重要渠道。它主要采用的是互推互惠的模式

▲ 图 8-65 企业推广的渠道

8.3.3 攻心为上的策略：留住用户的 3 种计谋

企业留住用户的计谋有 3 种，主要包括核心计谋、辅助计谋、创新计谋。下面对其进行图解分析，如图 8-66 所示。

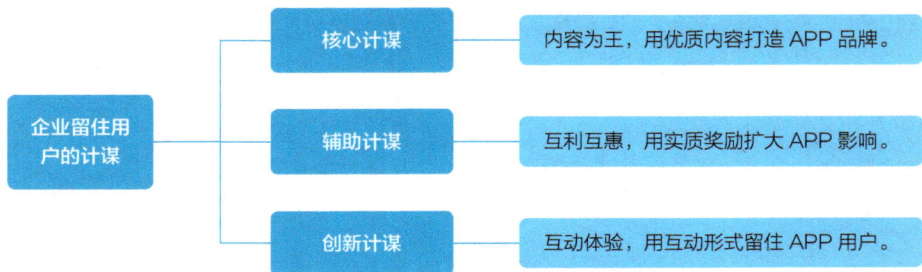

▲ 图 8-66　企业留住用户的计谋

8.3.4　亮点的创意设计：展现 APP 的独特价值

企业在利用 APP 营销时，也要进行相应的创意设计，如图 8-67 所示。

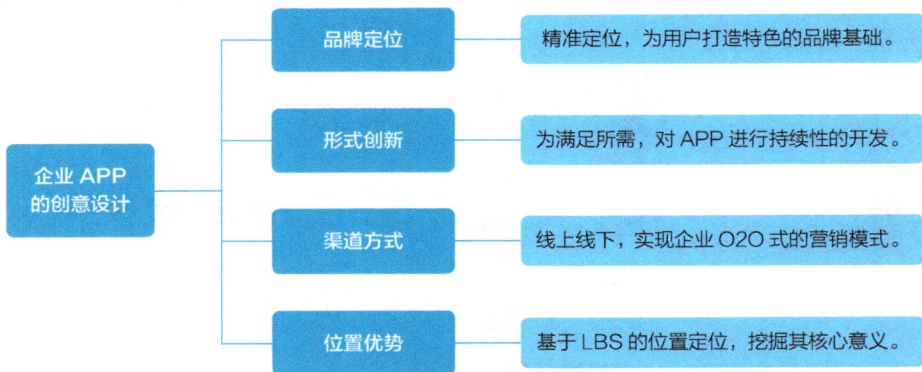

▲ 图 8-67　企业 APP 的创意设计

8.3.5　剖析精准数据：流量变现的技巧

数据是实现流量变现的重要基础，因此，企业在进行新媒体营销时，对数据的精准把握是非常重要的。下面对企业流量变现的技巧进行具体分析。

（1）精准定位是大数据时代的特色展现，企业应该开启主动营销的模式，对APP 进行改革，以达到引爆数据流量的目的。

（2）对相关模式进行细节分析，以实现推广变现。

（3）利用 LBS 进行定位营销，对用户进行位置服务。

8.3.6　把握话题营销：创意成就 APP 热点

现如今，微博、微信平台上的各种话题不断，不仅是粉丝交流的重要场所，也是企业进行营销的重要手段。下面对企业话题营销的方法进行图解分析，如图8-68所示。

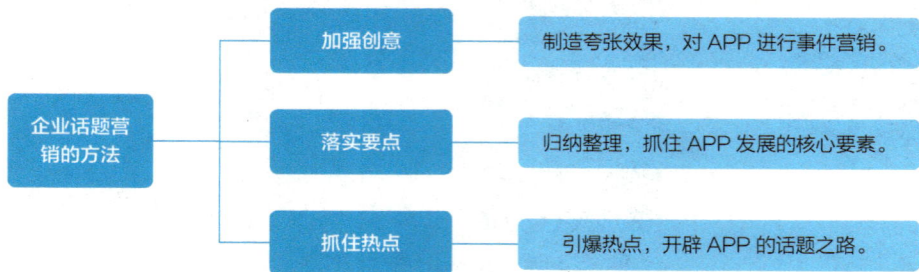

▲ 图 8-68　企业话题营销的方法

8.3.7　分流微信攻略：把握入口赢得市场

企业在进行微信营销时，一定要把握市场的入口。下面对微信的分流攻略进行具体分析，如图 8-69 所示。

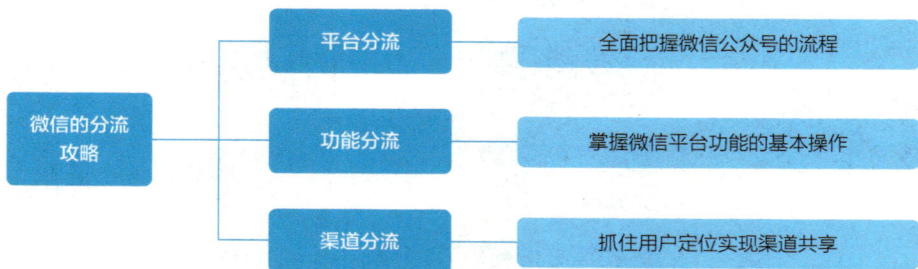

▲ 图 8-69　微信的分流攻略

8.3.8　成就高质口碑：APP 与口碑营销的结合

APP 需要推广，而口碑营销的优势就在于推广本身，所以 APP 与口碑营销的结合是大势所趋。下面对 APP 与口碑营销结合的方法进行具体介绍。

1. 定位目标用户

对于 APP 而言，目标用户的选择主要在于根据不同类型的用户群进行定位。在 APP 口碑营销方式的选择上，营销者需要符合用户的实际情况，因人制宜，突出用户和 APP 自身的特色。

2. 明确传播理念

明确 APP 的传播理念是启动口碑营销需要解决的最基本问题。在 APP 的口碑营销中，主要是以企业的 APP 推广和小团队的 APP 推广为主，其中企业在渠道等方面具备更优质的条件。

3. 展示软件本身

展示 APP 的直接效果就是迅速消除用户的陌生感，让 APP 从虚拟的广告形式发展成为可实际认识的功能集合体。

在展示 APP 的前期，需要注意的方面主要是定位的问题。APP 定位是指企业的 APP 要针对当前的和潜在的用户需求，开展适当的营销活动，从而为展示 APP 获得认可提供基础。

8.4 微电影：兼顾商业和大众舆论

相比微视频来说，微电影拥有更加强大的功能，因为它能在无形中为企业建立强大的品牌势能。如何利用微电影做好品牌微营销，将是企业重点探讨的话题之一。

8.4.1 新媒体时代的微电影传播特点

新媒体时代下的微电影传播，主要呈现出四大特点，如图 8-70 所示。

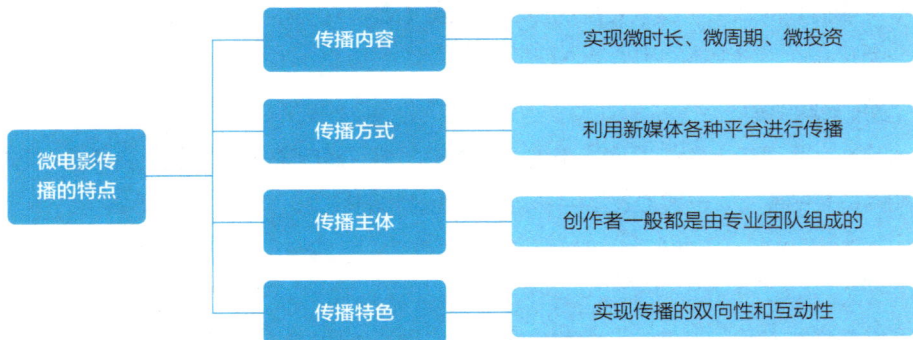

▲ 图 8-70 微电影传播的特点

8.4.2 微电影在新媒体时代的机遇

微电影制作简单，传播方式具有多样的特点，充分适应了新媒体发展的大环境。毫无疑问，新媒体为微电影的发展带来了新的机遇。

（1）新媒体的多元化发展，为微电影的传播提供了多元化的传播渠道。

（2）新媒体的受众都是主动获取信息的，然而，微电影的多样化也正为受众提供了自主选择的可能。可见，新媒体为微电影发展提供了受众的保障。

（3）在新媒体时代，企业的营销方式多种多样，微电影也成为了企业进行营销的重要手段。

8.4.3　微电影在新媒体时代的挑战

虽然微电影在新媒体时代发展形势很好，也被越来越多的受众喜爱，但是，它也同样面临着一些挑战。下面对微电影面临的挑战进行简单介绍。

1. 质量参差不齐

微电影的制作门槛较低，拍摄成本也较少，很多爱好摄影的人都会尝试去进行微电影的拍摄。这难免会使微电影在质量上表现出参差不齐的形态。

2. 市场准入门槛低

某些视频网站为了获取更高的点击率和浏览量，对发布视频的质量要求并不是很高，无疑降低了微电影的市场准入门槛。

3. 实现盈利困难

目前，我国微电影的发展处于尚未成熟的时期，微电影产业的盈利主要是广告植入和赞助商的支持，一般通过微电影自身实现盈利的很少。

8.4.4　微电影的传播策略

微电影有五大传播策略，主要包括独家操作、上线控制、花絮增加、媒体选择、内容展集。下面对微电影的传播策略进行图解分析，如图 8-71 所示。

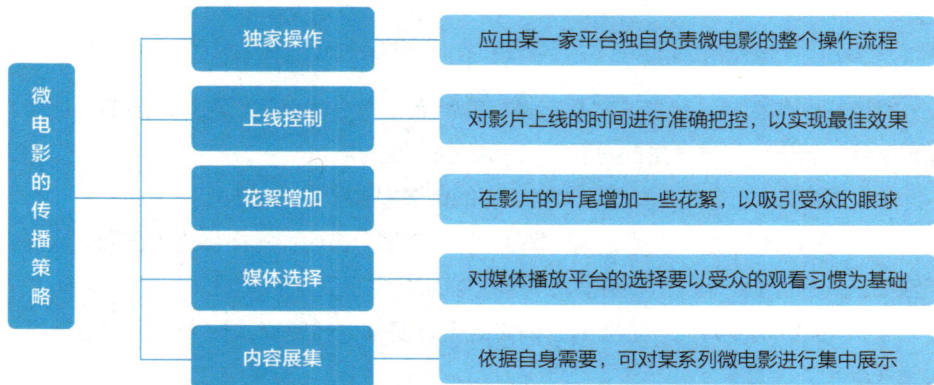

微电影的传播策略		
	独家操作	应由某一家平台独自负责微电影的整个操作流程
	上线控制	对影片上线的时间进行准确把控，以实现最佳效果
	花絮增加	在影片的片尾增加一些花絮，以吸引受众的眼球
	媒体选择	对媒体播放平台的选择要以受众的观看习惯为基础
	内容展集	依据自身需要，可对某系列微电影进行集中展示

▲ 图 8-71　微电影的传播策略

8.4.5 微电影的营销策略

微电影有五大营销策略，主要包括病毒营销、内容营销、文化营销、整合营销、用户互动。下面对微电影的营销策略进行图解分析，如图 8-72 所示。

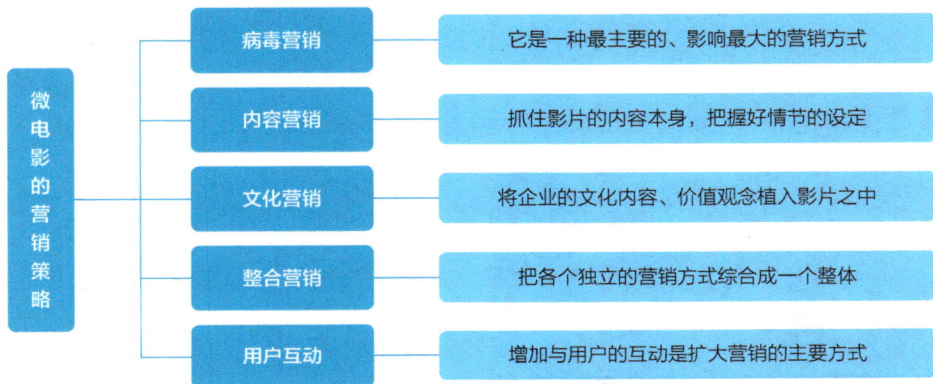

微电影的营销策略	病毒营销	它是一种最主要的、影响最大的营销方式
	内容营销	抓住影片的内容本身，把握好情节的设定
	文化营销	将企业的文化内容、价值观念植入影片之中
	整合营销	把各个独立的营销方式综合成一个整体
	用户互动	增加与用户的互动是扩大营销的主要方式

▲ 图 8-72　微电影的营销策略

8.4.6 微电影的营销技巧

微电影的营销技巧多种多样，下面主要从以下 3 个方面对其进行具体分析。

（1）从传播策略来看，微电影营销首先要对受众进行准确的定位，从而制定整体的营销规划，实现创意与文化的对接，进而优化传播效果。

（2）从传播内容来看，微电影重视创意，重视质量，强调的是内容致胜。一般来说，微电影要淡化广告意识，内容要有内涵、有深度，只有这样才能引起受众的共鸣，以达到情感营销的目的。

（3）从营销模式来看，微电影早已引入了市场机制，并且投放的渠道多样化。一般会通过企业赞助的方式来实现盈利。

8.5　微视频：新时代的引爆方式

视频是一种能够让企业广告打得非常直观的营销方式。一则有价值的视频，不仅能够吸引用户观看与分享，还能制造出病毒式的传播效应。在移动互联网快速发展的时代，视频的微小化、移动化的特性让其成为了企业发展的一把利器。

8.5.1 微视频的发展

新媒体时代下，各种微视频层出不穷，发展迅猛。这种微视频的发展只稍微滞后于网络视频行业的发展。

一般来说，微视频时常短、成本低、制作周期也并不长，很受广大受众的喜爱。与微电影一样的是，它也是依托于企业或商家的赞助得以发展的，并且多以广告的形式出现。

8.5.2 微视频的特点

新媒体时代，微视频呈现出以下四大特点，如图 8-73 所示。

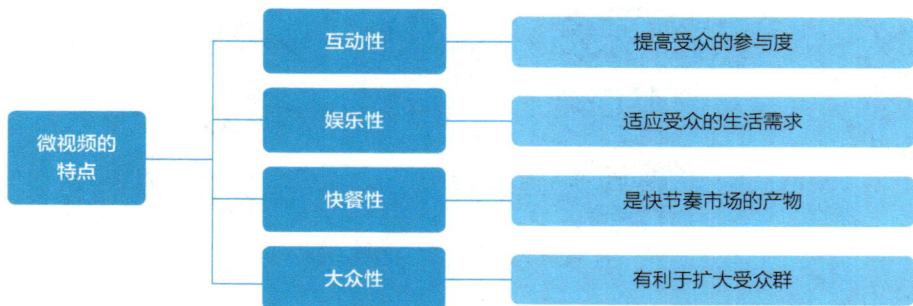

▲ 图 8-73 微视频的特点

8.5.3 微视频的营销策略

微视频的营销策略主要包括病毒微营销、事件微营销、整合微营销 3 个方面，如图 8-74 所示。

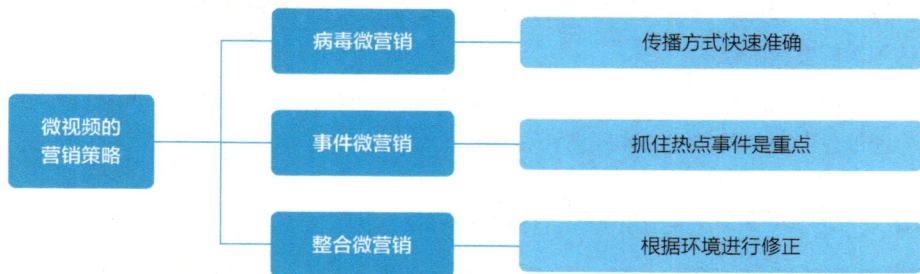

▲ 图 8-74 微视频的营销技巧

8.5.4 移动微视频的营销技巧

微视频有六大营销技巧，如图 8-75 所示。

从标题和内容入手

将视频放置首页

用创意来吸引用户

微视频的营销技巧

兼具商业性和艺术性

适当运用弹幕功能

借助平台进行推广

▲ 图 8-75　微视频的营销技巧

💡 专家提醒

微视频的这六大营销技巧分别从微视频的本身及推广两方面来展开，既体现了微视频的特点，也是对各大播放平台的有效利用。这些营销技巧，不仅给微视频带来了巨大的传播效果，也为企业带来了巨大的商业价值。因此，作为企业，必须对微视频的这六大营销技巧熟练地掌握。

8.5.5　微视频的营销原则

微视频的营销原则主要包括"四要"和"五不要"，如图8-76所示。

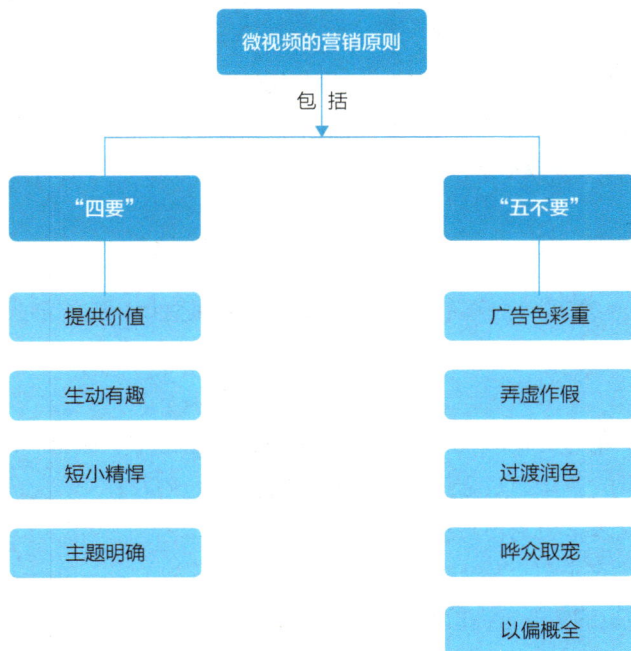

微视频的营销原则

包括

"四要"

提供价值

生动有趣

短小精悍

主题明确

"五不要"

广告色彩重

弄虚作假

过渡润色

哗众取宠

以偏概全

▲ 图 8-76　微视频的营销原则

8.6 大数据：如何做新媒体运营

随着移动互联网的发展，网络信息呈现出爆炸式的增长趋势，大数据时代早已悄然来临。其实，从本质上来说，新媒体就是一种大数据分析。那么，在这样一个大数据时代，企业又该如何做新媒体运营呢？

8.6.1 大数据时代的新媒体

大数据时代，新媒体开始呈现出数据化、社群化、中心化等特点。此外，它也出现了以下变化。

（1）传统的传播中心被打破，更加注重用户体验。

（2）在整合"社群化"的同时，更加重视"个性化"。

（3）在"云计算"的支持下，新媒体获得了进一步的发展。

（4）新媒体的发展已离不开大数据的分析，大数据成为了新媒体发展的基础。

8.6.2 新媒体指数

新媒体指数是由清华大学新媒沈阳团队在 2014 年 10 月创建的，是我国第一个免费的、开放的、可实现资源共享的平台。它的主要特点是以大数据为参考和依托，为广大用户提供大数据挖掘和服务。

现如今，新媒体指数平台已开放了微博和微信公众号平台，并利用新媒体平台实现大数据的监测和查询。例如，用户只需要在网站上输入微信公众号名称，就可以知道微信账号的具体数据以及排名情况，真正实现了"人人都可以做排行榜"。

8.6.3 大数据的营销价值

随着大数据的发展，很多企业开始纷纷进行大数据营销，有的企业或许只是盲目地跟从，对大数据的营销价值并不了解。其实，大数据的营销价值主要体现在以下几个方面。

（1）对用户的行为和特征进行分析，帮助企业筛选出重点客户。

（2）总结用户需求，对企业的产品及营销活动进行引导。

（3）实现品牌危机监测，方便企业进行内部管理。

（4）分析市场走向，发现新市场与新趋势。

以上是大数据的主要营销价值，企业或商家可以从中对自身的营销做出正确的判断，以适应现有的发展需求。

8.6.4 大数据带来的机遇和挑战

大数据的发展，为企业的发展带来很多福利的同时，也为其自身带来了发展的机遇和挑战。下面对大数据带来的机遇和挑战分别进行分析。

1. 大数据的机遇

大数据的核心是对数据进行挖掘和应用，因此，它将为自身创造出更多的价值。此外，大数据更加重视安全性，从而进一步保证了信息安全。

2. 大数据的挑战

大数据带来的挑战可以从人才、技术和信息安全 3 个方面来考虑。

（1）从人才方面来说，它对技术人员的要求更高了，需求也更大了。目前，大数据专业化的技术人才和管理人才，相对来说，还是比较缺乏的。

（2）从技术方面来说，传统的数据库管理能力已没办法应对现有的众多数据，大数据在处理时，需要更高的时效性。

（3）从信息安全方面来说，大数据已出现了数据窃取、数据非法添加和篡改及个人信息泄露等问题。因此，大数据的信息安全受到了很大的影响。

8.6.5 大数据中获取的优势

企业在利用大数据营销时，可以获得很多优势。这是毋庸置疑的。那么，企业到底会获得哪些优势呢？下面对其进行图解分析，如图 8-77 所示。

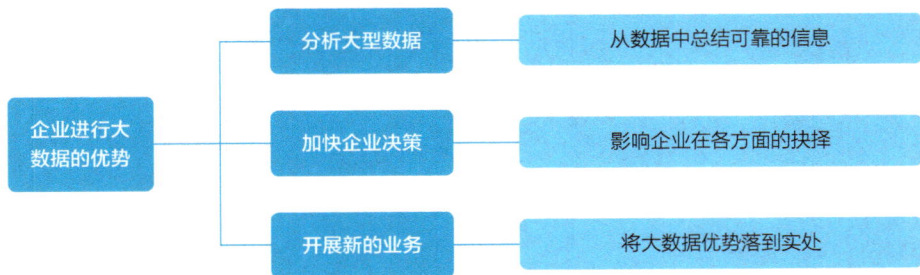

▲ 图 8-77 企业进行大数据的优势

专家提醒

对企业来说，大数据营销可以说是目前最重要的及最有效的营销方式之一。各大企业都应该利用好大数据资源，并且发挥好这种优势，将企业营销推向一个新的高峰。但是，也需要注意数据的真实性和安全性。